新时代背景下小学劳动教育的实践与探索

教育

蒋华卫 著

SPM 南方传媒 | 广东人民出版社

·广州·

图书在版编目（CIP）数据

新时代背景下小学劳动教育的实践与探索 / 蒋华卫著 . -- 广州 : 广东人民出版社，2024.10.--ISBN 978-7-218-17955-1

I.G623.92

中国国家版本馆 CIP 数据核字第 20246T4H31 号

新时代背景下小学劳动教育的实践与探索

蒋华卫　著

出 版 人：肖风华

责任编辑：钱飞遥　胡吕乔
责任技编：吴彦斌

出版发行：广东人民出版社
地　　址：广州市越秀区大沙头四马路 10 号（邮政编码：510199）
电　　话：（020）85716809（总编室）
传　　真：（020）83289585
网　　址：http://www.gdpph.com
印　　刷：长沙市精宏印务有限公司
开　　本：710 毫米 ×1000 毫米　1/16
印　　张：13　　　字　　数：278 千
版　　次：2024 年 10 月第 1 版
印　　次：2024 年 10 月第 1 次印刷
定　　价：68.00 元

目 录

第一章

新时代劳动教育的
背景与意义

对小学生而言，系统化劳动教育可以培养其劳动技能和实际劳动经验，从而提高他们的劳动素养水平，加强社会责任感，促进创新思维的激发和实践技能的成长，从而更好地促进他们的劳动素质的进步。因此，劳动教育的目的在于培养有理想、有技能、有社会担当的一代新人，使他们能够在未来的职业领域中以“辛勤劳动、诚实劳动、创造性劳动”的劳动观念，积极追求中国梦的实现。著名教育家苏霍姆林斯基曾强调，“劳动教育的最高目标在于在年青一代中树立起对待劳动的尊重态度”[1]。劳动不仅是人类生存所不可或缺的，缺乏它将难以维持人类的基本需求，劳动还是展示个体精神世界和精神财富的多元领域之一。我国杰出的教育家陶行知也强调了劳动教育的目标和价值，即在促进心智能力与实践能力的协同发展中，增强自主发展能力，同时获得对事物的深刻理解，以及了解从事劳动的人所经历的各种艰辛与乐趣[2]。在新时代，强化劳动教育对于培养社会主义劳动者以及促进青年学生的健康成长，具有重要而现实的意义。

1　转引自胡君进，檀传宝．劳动、劳动集体与劳动教育——重思马卡连柯、苏霍姆林斯基劳动教育思想的内容与特点 [J]. 国家教育行政学院学报，2018（12）：40-45.

2　唐海涛，张立昌．陶行知劳动教育思想的生成逻辑、科学内涵及当代价值 [J]. 教育理论与实践，2023，43（08）：8-11.

第一节　新时代背景下小学劳动教育的重要性

我国一直非常重视劳动教育，在多年的劳动教育理论研究与教育实践的基础上提出了一系列原则，如“教育必须与生产劳动相结合”和“使受教育者成为有社会主义觉悟的有文化的劳动者”等。基于这些劳动教育的基本原则，我国的劳动教育得以迅速发展。在20世纪80、90年代，我国的劳动教育获得了更深入的发展，最重要的进展是将劳动素质视作学生综合素质即德智体美劳五个方面的重要组成部分。2018年，习近平总书记在全国教育大会上高度强调了培养劳动精神的紧迫性，并强调了教育引导学生崇尚和尊重劳动，使他们懂得劳动最光荣、劳动最崇高、劳动最伟大、劳动最美丽的道理，长大后能够勤劳劳动、诚实劳动、创新劳动。这为劳动教育的进一步推动提供了重要动力[1]。在2021年的全国教育工作会议上，教育部部长陈宝生再次明确了“发挥劳动教育的综合育人作用”的使命。2022年，我国正式制定了义务教育阶段劳动教育课程标准，为劳动课程的规划提供了详细的指导。这些迹象表明，党和国家对劳动教育高度关注，同时，劳动教育也在不断与时俱进，教育研究和教育实践都在不断改进和完善。

一、新时代的科技与社会发展需要进一步加强劳动教育

新时代的科技和社会发展是当前开展劳动教育的重要时代背景。习近平总书记强调，要“努力让劳动者实现体面劳动，全面发展”[2]。为实现体面劳动和全面发展，当前的劳动教育必须紧密契合科技的进步和产业的变革，关注社会发展进步对劳动提出的新要求，特别需要针对不断涌现的新型劳动形态，重视新技术的支持和社会服务而引发的社会新变革[3]。

科技与社会发展的时代背景要求我们重新审视劳动教育的目标，以确保劳动者能够适应科技和产业的快速演进。此外，我们需要关注技术对劳动教育的推动作用，确保劳动教育与科技创新相互关联，使小学生这一未来劳动者主体具备跨学科和跨领域的技能，从而能够胜任未来的劳动需求。同时，社会服务领域的变化也需要反映在劳动教育中，以培养学生的社会责任感和公民意识，使他们能够更好地为社会做出贡献。由此可见，新时代的科技和社会发展为劳动教育提供了新的机遇和挑战，要求我们重新思考和

1　陈凤．新时代民办高校思想政治教学与劳动教育融合探索[J]．教育教学论坛，2022(29)：13-16.

2　习近平．在庆祝“五一”国际劳动节暨表彰全国劳动模范和先进工作者大会上的讲话[N]．人民日报，2015-4-29（02）．

3　钟飞燕．新时代学校劳动教育研究[D]．吉林大学，2021.

更新劳动教育的理念和实践，以确保劳动者能够实现体面的劳动并全面发展。

（一）新时代的科技与社会发展

当前科技与社会的迅猛发展既与时代的变迁密不可分，也与我们国家的自身发展以及党的领导始终相依。党的十一届三中全会后，我党在思想、政治、组织等领域全面拨乱反正，开启改革开放和社会主义现代化建设新时期，为社会主义现代化建设指明了前进方向。与此同时，自 20 世纪 80 年代以来，全球范围内新的科技革命方兴未艾，以原子能、高新科技、计算机技术等为代表的第三次科技革命深刻地影响着各国的经济与社会发展。自改革开放以来，党和国家各项事业和政策都以经济建设为核心，以支持社会主义现代化建设。劳动教育作为教育事业的重要组成部分，也需要与国家经济发展的需要相适应，满足党和国家对未来人才的要求。

因此，将科学技术学习纳入劳动教育是科技发展的必然要求，也是经济与社会发展的必然趋势。在这个时代背景下，1981 年，十一届六中全会通过的《关于建国以来党的若干历史问题的决议》提出了新的教育方针，强调要坚持脑力劳动与体力劳动相结合，知识分子与工人农民相结合，要尊重劳动、尊重知识、尊重人才、尊重创造。这些要求为科学技术在劳动教育乃至整个教育事业中的重要地位提供了理论基础。

科学技术学习作为劳动教育的重要内容主要表现在科学技术的学习能够将脑力劳动与体力劳动结合起来，为科学技术教育的社会实践奠定基础。随着科技的不断进步，我们的生活正在经历着深刻而又迅猛的变革。新一代科技的快速发展不仅推动着社会的前进，还带来了日新月异的创新。这些创新表现在以下几个方面：

智能化技术在推动产业升级方面发挥着重要作用。人工智能技术体现了工业领域的智能化、自动化和高效化发展趋势。受益于智能化技术，传统工业在不断迭代升级，不仅提高了生产效率和产品质量，还降低了劳动力和生产成本。随着专业化分工的不断深化，生产过程中需要处理大量信息，而传统的机器作业已不能满足工业迭代和产业升级的需求，智能化技术在这一时刻发挥了重要作用。

在文化创新方面，数字化技术提供了有力支持。数字化传播已经成为当今世界文化传播的主要方式。通过数字化技术，文化产业可以更广泛地为社会大众提供服务，从而使文化创意产业具有更广泛的市场和更深层次的影响。例如，数字化技术可以更全面地收集文化遗产，让我们的优秀文化遗产得到更好的保护和传承。数字化技术的发展也为文化产业注入了新的生机和活力。

随着互联网的进一步发展，物联网技术正在不断改善人类社会生活。物联网技术是新一代科技的重要组成部分，它建立了物体与互联网的通信系统，旨在实现物品与人类、物品与物品之间的连接。物联网技术的应用范围广泛，例如，通过智能家居系统，各种家电、安防设备、照明系统可以联网控制，人们可以远程控制家庭设备，如空调、照明和窗帘等，从而显著提高了生活的便利性，实现全方位的智能家居体验。

综上所述，信息化、全球化和智能化是全球科技与社会发展的方向，小学劳动教育也应该以此为方向，加强和深化劳动教育的内容与实施路径。

（二）新时代科技与社会发展对劳动教育的要求

在信息化、全球化和智能化的时代，因为科技与社会发展的影响，劳动形态不断演进，教育的目的、内容、方法与评价等各方面都经历了巨大的变革，因此劳动教育的教育主体、教育功能、教育内容、教育方法等方面存在许多不确定性，缺乏针对性、系统性和科学性则会严重影响劳动教育的实际效果。在这种情况下，发展科学化的学校劳动教育是新时代劳动教育建设的基本要求，也是推进劳动教育科学化的重要举措。

我国正在着力深化促进青少年儿童“德智体美劳”全面发展的教育体系，故特别强调劳动教育的独立地位。相关部门发布了一系列文件，对新时代学校劳动教育进行了顶层设计和总体规划。为了使劳动教育适应新时代科技和社会发展的要求，推动学校劳动教育的科学化，我们应该对学校劳动教育的发展进行系统规划，以“劳动”为核心进行教育设计和安排，合理构建学校劳动教育的目标、内容、实施方式以及评价方法[4]。

在学校劳动教育与科技与社会发展紧密融合的新时代背景下，加强劳动教育需要深刻洞察新的社会历史环境下的劳动教育新趋势以及学生学习的新特点。一方面，作为学校劳动教育的载体，劳动方式正在经历着深刻变革。在科技和社会迅猛发展、不断迭代的新时代，劳动形态不断转变和演化，劳动者、工具和工作对象等都在科技与社会发展的推动下发生了变革，表现在劳动与科技密不可分，体力劳动与脑力劳动融合，新形式如数字劳动、智能劳动、公益劳动、服务业劳动等涌现等方面。此外，从“奴役劳动—生计劳动—体面劳动—自主劳动”的人类劳动演变趋势来看，我国正在逐渐从“生计劳动”向“体面劳动”过渡，将劳动视为实现个体自我价值、人生价值、主体选择和幸福生活的重要手段[5]。正如习近平总书记所强调的，要“努力让劳动者实现体面劳动、全面发展”。新时代劳动形态的演变深刻影响着劳动教育，当前的劳动教育需要适应科技发展和产业变革，关注劳动新形态，注重新技术支持和社会服务的新变革。

与此同时，作为学校劳动教育的对象，学生及其学习方式也都在经历着变革。培养担当民族复兴重任的时代新人，是党和国家的教育战略任务，也是学校劳动教育的追求目标。时代新人应当具备理想信念、综合素养、社会担当，融入新时代的发展潮流，将个人命运与时代大局相紧密结合，成为德智体美劳全面发展的社会主义先锋和建设

4　于春玲，万美君．以“劳”育“德”：基本内涵、时代意义与实现路径［J］．思想教育研究，2021（11）：124-129.

5　钟飞燕．新时代学校劳动教育研究［D］．吉林大学，2021.

者[6]。然而，因为科技和社会发展，身处信息化、全球化、网络化时代的青少年有其具有时代特色的特征。他们在虚拟社交媒体和网络信息空间中成长，经历了不同寻常的文化传递方式，也出现了后喻文化的发展趋势。他们的思想和认知呈现出包容和开放的价值观念，但此特征也会导致其在行为和生活方面可能表现出追求轻松舒适、渴望不劳而获、盲目消费、拜物教等特点。因此，为了培养社会主义劳动者和建设者，需要进一步加强劳动教育，同时学校劳动教育需要对学生当前的特点进行有针对性的规划和设计。

二、培育和践行社会主义核心价值观需要加强劳动教育

劳动教育不仅是全面贯彻党的教育方针的基本要求，也是实施素质教育的重要内容，同时也被认为是培育和践行社会主义核心价值观的有效途径。这意味着在学校强化劳动教育具有重要的意义和价值，表现为学校劳动教育有助于塑造学生的价值观，有助于培养他们成为社会主义核心价值观的忠实践行者。通过劳动教育，学生可以更好地理解和内化社会主义核心价值观，这些价值观包括爱国、团结、公正、法治、诚信等。劳动教育提供了一个实践的平台，使学生能够亲身经历和实践这些价值观，从而更好地理解和信仰它们。因此，正如《关于全面加强新时代大中小学生劳动教育的意见》所指出的在学校加强劳动教育的必要性，即劳动教育是实现党的教育方针、推进素质教育、培育社会主义核心价值观的关键途径之一[7]。通过培养学生的劳动精神、团队合作意识和社会责任感，劳动教育有望为新一代青少年的全面成长和社会主义核心价值观的传承和践行做出积极贡献。

（一）社会主义核心价值观与青少年成长

党的十六届六中全会中将社会主义核心价值体系总结为四个主要方面，即马克思主义指导思想、中国特色社会主义共同理想、以爱国主义为核心的民族精神和以改革创新为核心的时代精神及社会主义荣辱观。这四个方面相互关联、相辅相成、逐层深化、有机统一[8]。

社会主义核心价值观是中国青年成长中的重要内容。社会主义核心价值观是在建设社会主义的实践中形成和发展起来的，适应社会主义经济政治制度，适应社会主义文化繁荣发展要求，在社会主义价值体系中居统治地位、起主导作用的价值理念。

基于此，在年青一代的成长过程中，更加需要将社会主义核心价值观融入学校教育

6　耿博雅，石中英．新中国成立以来小学价值观教育的历史演进 [J]. 中国教育科学（中英文），2022，5（01）：65-77.

7　耿博雅，石中英．新中国成立以来小学价值观教育的历史演进 [J]. 中国教育科学（中英文），2022，5（01）：65-77.

8　邹国振．社会主义核心价值体系认同的层次性分析 [J]. 学术论坛，2011，34（02）：179-182.

体系、家庭教育、社会教育等“家校社”三方面的文化价值观的培养中。此举将有助于引导年轻人成为具备高度文化素养、道德品质、创新能力和团队合作能力的社会主义新时代的劳动者，并有可能成长为思想领袖、社会领袖和开拓者。因此，学校劳动教育对青少年的引导和教育必须基于正确的政治方向、正确的思想导向以及正确的政策措施。这包括政策支持、价值观学习、时代使命赋予以及生活指导等多种形式。与此同时，我们需要培养青少年自尊、自强、自立、自重等品质，以营造积极的社会风气和良好的社会环境。这既是实现青少年成长的必要条件，也是确保他们能够在实现个人价值的同时，为社会的发展和进步做出积极贡献的关键要素。

社会主义核心价值观的培养对青少年成长的价值在于，有助于塑造青少年的社会责任感、家国情怀、公民意识和文明素养等品质，对于青少年的成长和道德建设起到重要的推动作用。然而，受到西方自由主义价值观的冲击以及经济社会发展的影响，家庭教育和社会教育中的价值观教育受到了挑战，甚至陷入各种误区，导致青少年对社会主义核心价值观的理解和认同受到影响，可能出现一些不良行为和价值观偏差。此外，应试教育的影响也使得学校的价值观教育存在一些问题，如过于强调知识的传授而忽视品德和实践教育，过于注重校内成绩而忽视校外社会实践等。这些问题使得学校教育偏离了促进人的全面发展的初衷，更加片面地关注分数和升学率，与社会对具备社会主义核心价值观的青少年的需求相悖。

因此，有必要通过劳动教育加强青少年的社会主义核心价值观教育，帮助他们树立正确的价值观。例如，作为新一代青少年，他们可以积极参与由教师组织的课外的劳动活动[9]，这些活动以弘扬社会主义核心价值观为主旋律，有助于培养青少年的社会责任感和公民意识。同时，青少年也可以从身边小事做起，坚持自己的信念，踏实地行动，提高自身能力，身体力行地真正践行社会主义核心价值观。通过劳动教育培育青少年社会主义核心价值观，有助于确立和弘扬正确的社会主义核心价值观，促使青少年在成长过程中更加积极向上。

（二）通过劳动教育培育青少年社会主义核心价值观

劳动教育作为培育青少年社会主义核心价值观的有效途径，具有多重重要作用：首先，能够助力实现社会主义核心价值观的国家层面的道德理想，即劳动教育鼓励勤劳致富，引导人们积极参与社会主义劳动实践[10]。通过劳动，青少年能够深刻体验到努力工作的价值和意义，培养出奋发向前、不怕困难的品质，有助于他们更好地理解和实践社会主义核心价值观中的劳动精神。其次，能够帮助他们学会协调劳动关系中的人际关系，因为劳动教育不仅传授技能，还关注劳动关系中的人际关系问题。劳动教育关注劳

9　刘成军．城区小学劳动教育与学科课程的整合策略 [J]. 家长，2022（21）：63-65.

10　于春玲，万美君．以“劳”育“德”：基本内涵、时代意义与实现路径 [J]. 思想教育研究，2021（11）：124-129.

动关系中的民主问题，能够增强大众的民主观念。这有助于让青少年认识到在工作和生活中，人际关系和平等权益的重要性，促进他们的情感、社交等非认知能力的发展，从而培养他们积极参与社会事务的能力。

此外，劳动教育还有利于发展社会主义先进劳动文化。通过劳动教育，可以传承和发展社会主义先进劳动文化，强调集体主义、互助合作、奉献精神等价值观。这有助于提高全民族的劳动素质，推动全社会向更高的文明水平迈进。劳动教育能够传递生态和谐观念。劳动教育涉及人与自然的互动，通过亲身参与与自然界的互动，青少年能够更好地理解人与自然的生命共同、命运共同意识。这有助于培养他们对生态环境的尊重和保护意识，形塑全社会的和谐共生理念。

由此可见，劳动教育不仅仅是一种技能培训，更是价值观教育和社会责任教育的平台。通过劳动教育，可以培养青少年积极向上、有社会责任感、尊重劳动、尊重他人的价值观，为实现社会主义核心价值观在国家层面的道德理想提供了有力支持。

劳动教育引导青少年形成社会主义核心价值观，具体表现如下：

其一，劳动教育是促进青少年通向自由与平等的实践途径。通过劳动教育的规范与引导，个体能够培养自由择业和自主就业的劳动素养。这意味着个体具备了选择和追求自己职业生涯的能力，不受不合理的限制和就业歧视的影响。同时，劳动教育也有助于培养尊重劳动和劳动人民的道德情感，使个体更容易与他人平等相待，减少社会不平等现象。

其二，劳动教育是实现公正与法治的重要途径。劳动教育有助于个体提升对捍卫合法劳动权益和自觉履行劳动义务的法律意识[11]。这意味着个体将更加明智地维护自身劳动权益，同时也更愿意尊重和遵守相关法律法规，促进社会的法治建设。这种法治意识有助于维护和促进社会的公平正义，确保每个人都有平等的机会参与劳动。

其三，劳动教育是涵养爱国之情与敬业精神的必由之路。青少年通过参与劳动，可以习得质朴的民族情愫和严谨的工作态度。劳动教育不仅鼓励爱国之情，还能够将敬业精神融入工作。这有助于将情感升华为行动，引导人们将爱国之情转化为报国意识，将敬业精神转化为全身心的忘我投入，促进个人层面真正践行社会主义核心价值观。

其四，劳动教育是促进诚实劳动与社会诚信的重要手段。劳动教育强调诚实劳动，认为诚实劳动是社会诚信体系建设的基础。通过劳动教育，个体会明白诚实劳动的重要性，了解不正当手段和不诚实的行为对社会的危害。这有助于培养个体的诚信意识，推动社会诚信理念的培育、认同与践行。

11　于春玲，万美君．以“劳”育“德”：基本内涵、时代意义与实现路径［J］．思想教育研究，2021（11）：124-129.

其五，劳动教育促进构建和谐友善的劳动关系。劳动教育能够通过促进学生合作沟通而建立和谐友善的劳动关系。因为在工作和社会互动中，个体应该尊重他人，积极协作，避免冲突和争斗。这种和谐友善的劳动关系是社会和谐的根基，通过劳动教育，个体能够培养这种友好相处和合作的价值观念，从而推动社会的和谐发展。

综上所述，劳动教育不仅仅是为了传授技能，也是为了培养青少年的社会主义核心价值观。通过劳动教育，个体可以更好地理解职业，从而享受自由选择职业的权利。同时劳动教育引导学生尊重劳动和劳动人民，培养他们的法治意识，积极维护自身权益，促进社会公平正义。这些都是社会主义核心价值观在社会层面的体现，劳动教育在其中发挥着关键作用。

劳动教育在个人层面有助于涵养爱国之情、敬业精神、诚实劳动和和谐友善的劳动关系等道德规范。这些规范不仅有助于个体的自我成长与发展，也为社会主义核心价值观的传承与践行提供了坚实的道德基础。劳动教育的重要性在于它通过劳动实践，引导个体将价值观念转化为具体的行动，从而推动社会的道德提升与和谐发展。因此，劳动教育的重要性还在于它作为践行社会主义核心价值观的重要手段，具有深刻的政治、历史和社会意义。劳动教育以培养社会主义建设者和接班人为旨归。通过劳动教育，学生可以深刻理解社会主义核心价值观中的劳动价值，将之内化为自己的信仰和行为准则，成为积极参与社会主义建设的人才。同时，劳动教育在中国具有深厚的历史传统。中国的文化传统中，劳动被赋予了高度的价值和尊严。通过劳动教育，传承和弘扬这一历史文化，有助于学生更好地理解和珍视中国的文化传统。劳动教育有助于引导学生崇尚劳动价值、追求劳动创造、尊重劳动人民。在现代社会，劳动不仅是创造财富的手段，还是实现个人价值和社会发展的重要途径。通过劳动教育，学生能够认识到劳动的社会意义，明白个人的成就与社会的进步息息相关。

总之，劳动教育不仅是为了培养具有劳动精神、责任感和创新能力的新一代人才，还具有深远的政治、历史和社会意义。它有助于将社会主义核心价值观融入学生的思想和行为，为中国特色社会主义建设提供坚实的道德支持，推动社会的和谐与发展。因此，劳动教育在新时代具有不可替代的重要地位。

为更好地培育小学生的社会主义核心价值观，学校应当充分重视劳动课程学科教学，将劳动教育与社会主义核心价值观教育有机地融合，积极开展有针对性的劳动教育主题活动。这样的努力有助于培养学生的劳动意识，提升他们的实际劳动能力，构建完善的劳动教育体系，并最终协助落实立德树人的根本任务[12]。

为此，学校教育需要劳动教育与核心价值观教育相互融合。将劳动教育与社会主义核心价值观教育融为一体，让学生在实际劳动中体验社会主义核心价值观的实际运用，

12　秦超．小学劳动教育评价体系研究[D]．曲阜师范大学，2021.

进一步理解和感知其中的道德内涵[13]。学校应创造有利于劳动教育的育人环境，例如提供适当的劳动场所和工具，引导学生在实践中学习与合作。

除了劳动教育课程之外，劳动教育也应该融入学科教学。劳动课程的设置与教学，使学生了解劳动的价值，培养劳动的兴趣和积极性。此外，还可以设计劳动教育主题活动，设置一些实际操作的任务，举办以劳动为主题的活动，如社区义工、环保志愿活动等，让学生在实践中体验劳动的乐趣与挑战。通过参与社会实践，让学生感受到劳动的价值，培养其责任感和奉献精神。

劳动教育不仅要传授理论知识，还应培养实际劳动技能。通过劳动教育的课程计划，帮助学生掌握基本的劳动技能，为未来更广泛的社会参与做好准备。学校通过建立起更加系统和完善的劳动教育体系，培养学生的社会主义核心价值观，让他们在成长过程中早日树立正确的劳动观念和价值取向，为国家的繁荣和发展做出积极贡献。

三、促进学生全面发展需要加强劳动教育

学生的全面发展是指在德智体美劳五个方面全部得到发展，而不是指偏重学业成绩。作为“五育”之一，劳动教育在全面发展教育中扮演着至关重要且独特的角色。它不仅在理论上与马克思主义有着紧密的内在逻辑联系，尤其是关于人的自由全面发展的学说，而且在实际教育过程中，劳动教育综合考虑了个体的德、智、体、美各方面的发展，具有重要的现实实践价值[14]。

（一）作为“五育”之一的劳动教育

在马克思主义的“五育”理论中，劳动教育被定位为一个特殊领域，其内涵综合了德、智、体、美等多个方面。这种观点与马克思主义理论体系中的劳动理论地位在逻辑上保持了一致。因此，马克思主义关于人的全面发展理论是我国开展劳动教育的重要理论指导。在这一理论中，马克思详细阐述了劳动推动人的全面发展的观点，深入探讨了“人的全面发展”与“劳动教育”的密切联系[15]。在当代社会，人的全面发展在很大程度上被视为人的现代化。

人的现代化是人的综合素质现代化，指的是各种素质从传统形态向现代形态的转变过程，包括了人的身体素质、思想道德素质、心理素质和科学文化素质等。在建设社会主义和谐社会的重要历史时期，中国人的现代化发展主要表现在以下几个方面：首先是个人能力从局限于某一领域的专业能力向应用于各个领域的关键能力的转变，即从专

13　王垚．社会主义核心价值观教育怎样进小学校园［J］．文教资料，2020（04）：164-165.

14　项贤明．劳动教育的理论意蕴［J］．华东师范大学学报（教育科学版），2023，41（08）：44-52.

15　陈好敏．新时代劳动育人研究［D］．武汉大学，2020.

业化向通才化的转变。这意味着人们的能力不再局限于特定领域，而是具备跨领域的综合能力。其次是个人认知结构的现代化，即从单一结构向复合结构的演变。这表明人们的思维方式更加综合和多样化。其三是个人需要的现代化，即从单一物质需求向全面需求的变化。这反映出人们对生活更多层面的需求，不仅仅局限于物质层面。其四是行为能力的现代化，即从盲从行为向文明行为的发展。这意味着人们的行为更加自觉、文明和社会责任感更强。其五是思维模式的现代化，即从片面思维方式向辩证思维方式的过渡。这展示了人们的思考方式更具深度和多样性。这些方面的现代化发展都反映了中国社会在不断推动个体全面发展以适应现代社会需求方面取得的显著进展。

随着教育改革的深入推进，高质量的教育越来越注重个体的全面发展，与此同时，劳动教育的地位也日益凸显。自党的十九大以来，考虑到我国对于人才培养的新需求，劳动教育的重要性前所未有地凸显。劳动教育的实质涉及对劳动与教育之间的关系进行深入讨论。根据马克思的观点，劳动是一种客观的物质性活动。在进行劳动活动的过程中，人们不仅改变了自然界，还满足了自身需求和发展。人通过劳动创造世界、历史的同时，也创造着人本身，而教育的本质在于培养和塑造人，使个体能够全面发展。劳动教育的意义和价值早已体现在马克思主义理论中。

将劳动与教育相结合是培养全面发展的人的有效途径。只有将教育与劳动相互融合，才能真正体现教育的社会价值，有助于实现个体的全面发展。个体的全面发展与劳动实践密不可分，二者是相互作用、相互构建的过程。在劳动实践的过程中，个体不仅改造了自然环境，同时也塑造了自身的主观世界，这意味着个体得到了进一步的发展。因此，劳动作为人类最基本的实践活动，是人类改造自然、创造生活，并最终实现个体发展的重要途径。随着人类社会的不断发展，劳动的理论内涵和价值含义也在社会进步的过程中不断丰富和发展。

“五育”教育中，劳动教育具有重要的作用，能够为学生提供多方面的帮助。具体现在如下：

首先，劳动教育有助于促进学生的思想道德发展。劳动被视为一种美德，它有助于培养学生的劳动意识，让他们认识到通过劳动可以为社会做出贡献。同时，劳动教育还有助于传递各种道德价值观念和个性品质，如诚信、勤奋和坚韧不拔等，这些品质对学生的成长和未来发展至关重要。

其次，劳动教育可以促进学生的身体健康。现代社会中，学生常常承受着来自课业和考试的巨大压力，过分依赖书本和电子设备会导致学生缺乏足够的运动和锻炼。劳动教育注重培养学生的动手能力，劳动使学生活动身体，增强体魄，提高体质，这对保障学生的身体健康至关重要。

其三，劳动教育有助于促进学生的认知发展。劳动为学生提供了一种有益的学习途径，可以让他们亲身体验自然科学和社会科学。例如，学生在种植蔬菜园时可以了解植物学，学习植物的生长过程。同时，劳动还可以教授学生社会学知识，例如团队合作的重要性和效率的提高等，这些有助于提高学生的认知水平。

其四，劳动教育有助于培养学生的实践能力。通过劳动教育，学生能够在实践中体验生活，深入了解社会。此外，职业教育和技能培训也可以帮助学生深化专业知识，提升技能水平，为未来的工作打下坚实的基础。

最后，劳动教育可以提高学生的综合素质。对学生综合能力的评价曾经一度主要侧重于学科知识的掌握，但现今社会对人才的需求已不再局限于此。劳动教育以劳动为基础，有助于提升学生的综合素质[16]。

（二）劳动教育促进人的全面发展

与德智体美四育不同，劳动教育是具有综合性的领域。劳动教育的综合性在于它涵盖了德、智、体、美等多个方面的发展。正是因为如此，苏霍姆林斯基强调了“我们是紧密联系德育、智育、美育来看待劳动教育的”，强调“劳动素养和一般发展（即道德的、智力的、审美的、身体的发展）相结合”[17]。

劳动教育促进人的全面发展，体现在劳动教育能够培养中国学生发展核心素养。从学生发展核心素养的角度来看，我们的目标是更好地理解党的教育方针，指导教育者的实践，同时也是对“人的全面发展”的具体描述。这基于对未来社会总体发展趋势的客观判断，以及对未来人们所需核心素质的粗略描述[18]。

《大中小学劳动教育指导纲要（试行）》所规定的劳动教育总体目标，包括树立正确的劳动观念，具有必备的劳动能力，培育积极的劳动精神，养成良好的劳动习惯和品质。因此劳动教育以促进学生核心素养为目标，以传承和弘扬劳动精神为核心，劳动观念、劳动能力、劳动习惯和品质是相互关联、不可或缺的重要组成部分。精神与价值观、必备品格和关键能力在劳动学习和实践的过程中逐步形成，在其中得到反映和体现。

16　傅文芳，何东冬，王璐等．思想政治教育视角下五年一贯制中职阶段学生劳动能力培养探讨[J].科学咨询（科技·管理），2021（09）：235-236.

17　苏霍姆林斯基．关于全面发展教育的问题[M].王家驹等译．长沙：湖南教育出版社．1984，122.

18　杨第兴，李孝川，杨屿航．劳动教育何以全面地发展人——结合马克思主义原理的分析[J].和田师范专科学校学报，2023，42（01），44-48.

第二节　小学劳动教育的目标与价值

因为不同年龄阶段学生所处的身心发展阶段不同，其学习目标也有差异，因此劳动教育的目标与价值也因学习阶段的不同而不同。小学阶段的学生正处于全方位发展的关键时期，因此对他们进行劳动教育有着重要的意义。劳动教育塑造他们正确的劳动观念、培养积极的劳动情感和态度，还包括培养他们良好的劳动行为和习惯[19]。小学阶段不同主体的劳动教育实践，在价值、育人和实践层面有着不同的重点。在价值层面，强调劳动在劳动教育中所体现的价值。在育人层面，主要探究劳动教育对其他四育（德育、智育、体育、美育）的重要作用。而在实践层面，注重把握劳动实践活动的基本特征。因此，在对学生进行劳动教育时，不仅需要传授基本的劳动知识和劳动技能，还应该注重相关情感态度与价值观念的培养，以此来培养学生正确的劳动价值观[20]。深入理解小学阶段劳动教育的价值，不仅能在一定程度上促进五育的融合，更有助于培养适应时代的新一代，帮助学生融入家庭和社会。

一、小学劳动教育的目标

小学劳动教育目标的制定需要基于以下两个方面的考量：一是劳动教育如何促进学生发展核心素养；二是劳动教育如何促进学生的全面发展。

学生发展核心素养框架的提出为新世纪人才培养目标提供了新的范式，这一范式成为了新时代小学劳动教育的内在逻辑基础。解读《关于全面加强新时代大中小学劳动教育的意见》和《中小学综合实践活动课程指导纲要》即可发现，两份指导文件在明确小学劳动教育的目标和原则时，已经是基于学生发展核心素养构建小学劳动教育的要素。

学生发展核心素养融入小学劳动教育的要素，表明了小学劳动教育正经历根本性的变革，包括劳动观念的更新、内容的整合以及教育方式的改变。这种变革预示着新时代小学劳动教育的发展方向，将更加注重培养学生的核心素养，使其在劳动教育中不仅获得知识，还培养创新意识和实践能力，以适应社会发展的要求[21]。这一变革将有助于为学生提供更加全面和实用的教育，以更好地满足他们在未来社会中的需求。

在新时代，教育的目标是培养德、智、体、美、劳全面发展的完整的人，而非仅

19　傅强．校外实践基地劳动教育的基本策略 [J]．江苏教育研究，2020（17）：39-42.

20　史智慧．新中国成立以来小学劳动教育发展研究 [D]．东北师范大学，2021.

21　李雅洁．核心素养视角下小学劳动教育研究 [D]．湖南师范大学，2020.

仅在某一领域有所深入发展而忽略其他，特别是社会主义建设的新时期需要全面发展的、德才兼备的人才，因此强调个体全面发展。为了促进学生健康和谐的全面发展，确保劳动教育教学活动有效进行，必须始终将学生全面发展的理念贯穿于学生发展整个过程中，并高度重视设定劳动教育的目标。同时为实现新时期“五育”的有机融合，我们需要将劳动教育融入德、智、体、美等其他四育。

我国学者陶凤云、沈紫晴等指出，“大中小学劳动教育是一个整体，不同阶段之间的劳动教育应该是相互联系的。”因此劳动教育的目标应该从第一学段到第三学段相互联系，形成一个整体。本节首先确定小学劳动教育目标的基本维度，以此作为具体劳动教育目标的基础。核心素养的基本维度包括知识、技能和态度，根据以上讨论，本书依据核心素养的基本构成维度，将小学劳动教育的目标划分为知识、能力和态度三个方面。

（一）知识目标

劳动知识是指在劳动过程中所涉及的知识，包括在劳动中应用的知识以及在劳动实践中所积累的知识。对于小学生而言，劳动知识涵盖了解不同劳动方式、提高劳动意识的相关知识，以及进行劳动实践所需要的知识。因此，掌握与劳动相关的知识被视为我国对小学劳动教育提出的必然要求[22]。

对于学生发展核心素养而言，劳动知识的功能不仅在于帮助学生更好地理解和应用劳动方式，还有助于培养他们对劳动的认识和态度，促进他们积极参与劳动实践。由于小学生在认知、情感以及能力等方面都处于初步发展阶段，家长、学校以及社会给予其的劳动机会相对较少，因此他们对劳动知识的掌握通常相对欠缺。然而，这种劳动知识的缺乏会严重影响小学生的成长与发展，由此可见，劳动知识在小学劳动教育中具有重要的作用，它是培养学生全面素质和劳动能力的重要基础。

《关于全面加强新时代大中小学劳动教育的意见》和《中小学综合实践活动课程指导纲要》等文件都明确规定了小学生劳动知识的内容，强调了劳动知识在劳动教育中的关键作用。例如，《意见》中明确提出要让小学生“学习必要的劳动知识与技能”，而《纲要》则多次强调了小学生对劳动知识的获取。这些文件要求小学生要“主动获取知识”，“促进相关知识技能的学习，提升实践能力”，并鼓励他们“手脑并用，灵活掌握、融会贯通各类知识与技巧，提高学生的技术操作水平、知识迁移水平、体验工匠精神等”[23]。可以看出，《意见》和《纲要》等文件将劳动知识视为小学劳动教育构成的基础要素，强调了其在培养小学生全面发展和实践能力方面的重要性，从而确保小学生在劳动教育中能够充分获得必要的知识和技能，以便他们更好地适应未来社会的需求[24]。

22　李雅洁．核心素养视角下小学劳动教育研究 [D]. 湖南师范大学，2020.

23　教育部、团中央、全国少工委．关于加强小学劳动教育的意见 [Z].2015.7.

24　李雅洁．核心素养视角下小学劳动教育研究 [D]. 湖南师范大学，2020.

核心素养的重要构成维度之一即为知识，因此核心素养的提出意味着应该更加重视劳动知识的重要性，更加重视劳动知识的习得。为促进学生发展核心素养的培养，劳动知识的学习方式也需要变革，即劳动知识的习得已经不仅仅指知识的传递，而是更注重学生对于劳动知识的自主构建过程。核心素养体现了我们对小学生综合素质培养的关注，而劳动知识则需要通过还原为经验并通过反思性思维，才能适应儿童的成长。

劳动知识具有开放性和发展性的特征，所谓开放性是指劳动知识的获得更依赖于个体的经验，而发展性指劳动知识在不断地通过经验的增长而重构，所以劳动知识的习得过程在小学生的实践中是一个“习得知识—反思经验—建立新知”的过程。小学生可以在劳动中积极地获取、灵活地掌握各类知识，并将之融会贯通，从而在劳动过程中运用劳动知识，发挥劳动知识的作用，并使劳动知识得到进一步的扩展和加深。

劳动知识是劳动教育的基础，但我们需要关注小学生在掌握劳动知识方面的多种可能性，使劳动知识的学习与小学生自身的发展相结合，实现知识与个体的真正相融。核心素养的理念与劳动知识的习得相互呼应，共同促进小学生全面而有深度地成长。

（二）能力目标

劳动实践能力是指在知识应用和劳动中积累的认知能力、问题解决能力以及创造性产出能力等。对于小学生而言，开展劳动教育的重要目的在于更好地通过劳动解决生活与学习中的问题，从而培养劳动实践能力。劳动实践能力对小学生的成长和发展至关重要，也是劳动教育的主要目标之一。

通过劳动实践能力的培养，小学生能够在实际劳动中运用所学知识解决问题，还能够创造性地应用知识，使其转化为实际成果。这种实践能力的培养不仅有助于小学生更好地适应社会和未来工作的需求，还有助于他们的全面成长与发展。因此，可以说劳动实践能力是小学生成长与发展的重要条件之一，也是劳动教育的核心目标之一。通过劳动教育，小学生可以不仅仅掌握知识，还可以培养劳动实践能力，使他们能够在实际生活中更加成功地运用所学，创造更大的价值[25]。

劳动实践能力是劳动教育中的重点。《关于全面加强新时代大中小学劳动教育的意见》明确强调了劳动实践能力的培养，要求小学生直接参与劳动过程，增强劳动感受，体验劳动的艰辛和喜悦，掌握劳动技能，养成劳动习惯，提高动手能力以及发现和解决问题的能力。此外，文件还要求在小学、初中和高中的各学段安排一定时间的劳动实践，帮助学生掌握劳动技能，更进一步促进学生实践能力的养成和发展。

《中小学综合实践活动课程指导纲要》也特别重视劳动技能的培养，鼓励小学生主动参与实践活动，强调他们应该在实践中开展探究和创作，获得丰富的实践经验，并

25　李巧清．小学劳动教育存在的问题与改进策略研究 [D]. 广州大学，2020.

培养问题解决和创意物化的意识和能力[26]。这些政策文件都强调了让小学生通过实际的动手劳作、探究和创作来培养劳动技能，紧密贴合小学生的生活，为小学生的终身发展奠定基础。因此，劳动技能是劳动教育中的核心目标之一，两份劳动教育指导性政策文件明确了培养劳动技能的重要性，并提供了具体的指导和要求，以确保小学生能够通过劳动教育获得劳动技能的培养和发展。

劳动实践能力也是核心素养中实践创新素养的主要组成部分。实践创新素养的培养与劳动技能的提高密不可分，实践活动又是能力形成与发展的必要条件。

在小学劳动教育中，劳动活动是核心载体。从核心素养的角度看，小学生的劳动活动与实践紧密相关，实践不仅是思维的源泉和发展的动力，还是评价小学劳动教育成效的主要标准。因此，在小学劳动教育的实践中，必须强调实践能力的培养。这种实践能力既可以通过直接实践获得，也可以通过间接实践，如阅读等途径获得。小学生在求知、实践、交往和生存方面都需要实践能力的支持，实践能力是小学劳动教育的关键要素。劳动实践能力的培养不仅有助于小学生的个人发展，还有助于实现小学劳动教育的目标。通过在实际劳动中的探索和创新，小学生不仅能够提升自己的实践能力，还能够培养解决问题和创新的能力，从而为实现核心素养的全面发展奠定基础。

（三）态度目标

根据布鲁姆的认知领域教育目标分类，态度是一个重要的组成部分，通常被称为“情感目标”或“价值观目标”。这些目标涉及学生对自己、他人和学习的态度和价值观，以及他们对社会和道德问题的看法。在小学劳动教育的目标方面，体现为劳动精神。

劳动精神是一种表现出崇尚、热爱、辛勤和诚实的个性品质。进入新时代以来，习近平多次讴歌和赞美劳动创造和劳动精神，并概括总结了劳动精神的内涵，提炼出以“崇尚劳动、热爱劳动、辛勤劳动、诚实劳动”为核心的新时代劳动精神[27]。为了传承这种精神，我们应该教导学生珍视劳动，使他们明白劳动是最光荣、最崇高、最伟大的事情之一。只有这样，他们在长大后才能够勤奋、诚实、富有创造性地从事工作。学者乔东认为，劳动精神包括了工作态度、工作理念以及在工作中展现出的精神品质[28]。根据以上讨论，本书把劳动精神分为劳动态度、劳动精神和劳动意志三个方面。

劳动态度是在特定的劳动价值观指导下，长期的劳动情感体验形成的一种相对稳定

26 李雅洁．核心素养视角下小学劳动教育研究 [D]．湖南师范大学，2020.

27 张梅，王玥．新时代劳动精神的生成逻辑 [J]．社会主义核心价值观研究，2022，8（06）：59-66

28 乔东．新时代职工文化对劳动教育的重大战略价值 [J]．工会博览，2020（15）：26-28.

的心理倾向[29]。积极的劳动态度有助于引导学生在实际劳动中展现出积极的行为表现，例如主动承担家务、自觉维护班级卫生、积极参与社会公益活动等。实际上，劳动态度是形成劳动精神的前提和基础，因此，小学阶段培养积极的劳动态度是塑造学生精神品质的第一步。

劳动精神是指劳动者为创造美好幸福生活而在奋斗过程中秉持的基本态度、价值观念及其展现出来的精神风貌。好的劳动精神风貌指的是将正确的劳动激励与稳定的劳动行为融合，内化为一种积极的精神品质。这一品质在个体的劳动过程中呈现为多元的特质，如勤奋、奋斗、诚实、创造等，共同构成了劳动精神的综合体。劳动既能创造美好生活，又能推动社会不断进步。在新时代背景下，弘扬劳动精神需涵盖六个关键方面：尊重、崇尚、热爱、辛勤、诚实以及创造性。考虑到小学阶段是个体精神塑造中的关键时期，培养学生从小就能够在劳动中表现出积极主动的进取精神、坚忍不拔的意志品质以及具备创新精神，对于他们未来释放劳动创造潜力具有极为重要的意义。因此，小学生劳动精神的培养应特别关注勤俭节约、艰苦奋斗、实践创新以及乐于奉献这几个关键方面。

劳动意志指个体在劳动过程中，自觉地调动自身行为，克服困难以实现预定目标的心理倾向。无论是履行日常家务职责、参与学校的劳动活动，还是积极参加社会公益事业，都需要学生发挥劳动意志，以克服各种困难，最终实现工作目标。从心理学的角度来看，劳动意志主要包括劳动的自觉性、自制性、坚持性以及果断性等方面[30]。在小学阶段，学生可能面临主动参与劳动以及坚持工作的挑战。因此，教师和家长在日常生活中需要积极引导和教育学生，包括鼓励学生坚持工作，不轻易放弃，克服工作中的难题，培养坚韧的意志力。这一过程不仅有助于他们的劳动素养发展，还为将来的成长和职业发展奠定了坚实基础。

二、小学劳动教育的价值

新时代的社会主义建设需要德才兼备、全面发展的创新型人才，小学劳动教育在培养新时代对人才这一需求方面起到重要作用。同时，根据2015年发布的《关于加强中小学劳动教育的意见》，小学劳动教育的着眼点是小学生的终身发展和人生幸福。这一政策明确了小学劳动教育的价值所在，即提高小学生的劳动素养，使他们认识到“生活需要劳动创造，人生也依赖劳动创造”，并培养他们勤奋学习、自觉劳动、勇于创造

29　刘向兵．新时代高校劳动教育的新内涵与新要求——基于习近平关于劳动的重要论述的探析[J]．中国高教研究，2018（11）：17-21.

30　李珂，曲霞．1949年以来劳动教育在党的教育方针中的历史演变与省思[J]．教育学报，2018，14（05）：63-72.

的精神[31]。可以看出，小学劳动教育的根本价值在于“以人为中心”的理念，体现了小学生在教育过程中的主体地位。

（一）小学劳动教育中彰显学生主体的条件

根据《义务教育课程方案和课程标准（2022年版）》对劳动课程的育人目标的解读，培养学生对劳动的热爱和对劳动的尊重被视为关键目标。这一目标旨在通过劳动教育，促使学生养成积极的劳动态度，激发他们的热情，使其自愿参与劳动实践。在主动投身劳动的过程中，学生将逐渐培养并树立良好的劳动品质，使之成为他们的自觉行为。

与自然界中的其他生物不同，人类具有主体性，能够通过自我意识主动地改变周围的世界，这个过程被称为劳动。然而，随着社会的进步，特别是在资本主义社会中，资本家对劳动者的剥削和压迫问题造成了劳动的异化。这导致了人的主体性逐渐被淡化，甚至从劳动中剥离出来。劳动被异化，劳动变成了对人们实施压迫和剥削的一种手段。此外，劳动的异化还表现在将其用作规范人类行为的一种工具。当然，劳动在教化和规范不良行为方面确实能够取得成效，但不能因此忽视它对劳动者的背离。尤其是当劳动被引入学校作为培养儿童的内容和方式时，这种异化更加明显。正如曹孚所指出的，学校中的劳动教育并非仅仅是让学生从事劳动，更重要的是确保这种劳动具有教育意义。新时代的小学劳动教育的终极目标是通过教育来培养学生，而劳动只是实现教育目标的一种手段。因此，劳动教育本质上仍然是一种教育形式。

异化的劳动对于从事劳动的个体来说，往往是一种外在的、压迫性的、强加的经验。在这种劳动中，劳动者往往感到自我被否定，因此无法获得幸福感，反而会感到不幸[32]。异化的劳动不仅对劳动者的身体和精神造成伤害，还会阻碍个体的发展。它实际上是一种抑制和摧残个体发展的手段。

由于强迫性的劳动往往受到外部力量的控制和强制，因此也不具备培养个体的价值。因此，强迫性的劳动同样不具备育人的意义。在小学劳动教育中，应该重视确保劳动具有教育意义，以促进学生的全面发展和幸福。

马卡连柯也明确指出，绝不应在任何情况下对学生施加身体强制，因为这是最不利的方法，可能导致儿童对劳动任务产生厌恶情绪[33]。此外，即便在劳动教育中采用一种不会引发学生厌恶感的强迫式劳动方式，例如通过提供物质奖励来激励学生参与劳动，也难以实现劳动教育的育人目标[34]。这是因为在这种情况下，学生从劳动中获得的愉悦和幸福感并非来自劳动本身，而是来自外部的物质奖励。因此，劳动仅仅成为获得奖励

31 李敏，高峰．新时代的劳动教育属于生活[J]．人民教育，2019（07）：49-52.

32 王鑫萍．课程化视域下小学劳动教育的再思考[J]．教育探索，2021（09）：5-8.

33 马卡连柯．儿童教育讲座[M]．诸惠芳，译．石家庄：河北人民出版社，1997:67.

34 张延婧．劳动何以成人[D]．华东师范大学，2022.

的手段，无法真正促进学生的个体发展。

因此，只有当学生能够根据自己的主观意愿自发参与劳动时，劳动教育才能够实现其培养学生“成人”的育人价值。在这种情况下，学生的参与是出于内在动力和自愿，而不是外部奖励的驱动。这种自觉劳动有助于塑造学生的品格和价值观，促进他们的个人成长和发展。

（二）劳动教育是发挥学生主体地位的重要途径

小学劳动教育的最终目标是培养学生成为具备“成人”素养的个体。在劳动教育过程中充分发挥劳动教育的主体性价值，让学生积极参与自觉劳动，可以帮助学生建立对自身的清晰认知。因此劳动教育能够培育学生的劳动素养，形成自觉劳动的意识和习惯，发挥学生在教育过程中的主体性作用。

没有劳动教育培养劳动素养，则有可能形成与自觉劳动不同的强迫性劳动。在强迫性的劳动实践中，劳动常常脱离甚至违背学生的主体意愿，学生的劳动行为受到外部强制的支配，因此无法通过这种劳动来帮助学生深刻地认识自己。而在自觉劳动中，学生的主体性得到充分发挥。当学生在劳动教育过程中主动选择并自觉参与劳动时，他们的劳动行为与他们的主观意愿密切相关。这种自觉劳动能够让学生通过与外部环境的互动来获得反馈，从而更清晰地认识自己的特点和潜力。

因此，劳动教育的主体性价值在于通过自觉劳动来激发学生的主观能动性，使他们在劳动过程中积极探索自我，逐渐建立自我认知，为实现“成人”的育人目标奠定基础。要在劳动教育中实现自觉劳动，必须确保学生成为劳动教育的主体，这一主体性与强迫劳动者的客体性相对立存在。作为主体的学生在教育活动中充满活力，能够主动发现问题并积极学习知识，解决问题。相反，客体性表现为在教育活动中失去了自主意识，只能被动接受事物，缺乏主动性[35]。

在劳动教育中，学生作为主体的体现不仅表现在他们能够亲身参与具体的劳动活动，更体现在劳动教育应该允许学生根据自己的主观意愿自由选择不同的劳动方式。此外，劳动教育还应该激发学生主动发现劳动实践中的问题，并容忍不同的劳动结果。例如，当一群学生参与相同的劳动时，由于个体差异，必然会呈现出不同的成果。有些学生可能在劳动中表现得非常出色，而有些可能并不擅长。然而，这种外部表现的差异实际上反映了每个独立个体的本质差异。没有人是完美的，无法在所有实践活动中都表现出色是很正常的。因此，具有主体性价值的劳动教育应该通过提供不同劳动实践的机会，让学生在各种实践活动中寻找自己的人生价值，而不是被学习成绩所定义和束缚。

35　史亚路．学生的主体性研究 [D]．山西大学，2017.

这样的教育方法可以帮助学生更全面地认识自己，鼓励他们积极参与社会和生活的各个方面。

劳动教育为学生提供了更多的实践选择机会，使他们能够参与各种不同的劳动实践活动。通过这些参与，学生得以发掘自己的兴趣和长处，寻找自己的人生价值，并更加清晰地明确自己未来的成长方向。这种教育方式鼓励学生积极参与各种社会生活领域，有助于他们更全面地认识自己，为未来的个人和职业发展打下坚实基础。

第二章

小学劳动教育实施的
展开逻辑

中共中央、国务院在2020年3月发布了《关于全面加强新时代大中小学劳动教育的意见》，这份文件着重强调了劳动教育在新时代教育体系中的重要性，并明确提出了将劳动教育正式纳入大中小学国家课程方案。为了进一步提升劳动教育的地位，该意见还规定设立劳动教育必修课程，这无疑是对劳动教育价值的一种高度认可。然而，尽管政策层面已经明确指示，但仅仅将劳动教育纳入课程方案并不意味着它能够在实际教学中得到有效实施。目前，我们不得不面对一个现实的问题：在小学阶段，劳动课程虽然已经被列入必修课程，但在实际操作中，它仍然缺乏应有的实践地位。很多学校在执行劳动课程时，往往更加注重理论教学，而忽视了实践操作的重要性，这使得劳动教育的实际效果大打折扣。例如，在某些学校中，劳动课程可能只是作为课外活动或者选修课程存在，而并未真正融入日常教学体系。此外，由于缺乏足够的教学资源和专业师资，很多学校的劳动课程往往流于形式，难以达到预期的教学效果。面对这样的现状，我们不禁要思考：这究竟是因为小学“不想”实施劳动课程，还是他们实际上“不能”有效实施？要解答这个问题，我们需要深入分析课程实施主体与劳动课程本身及其要素之间的相互关系。一方面，学校需要充分认识到劳动教育对学生全面发展的重要性，并积极创造有利条件来推动其实施；另一方面，教育部门也应提供必要的支持和指导，帮助学校解决在实施过程中遇到的困难和问题。

为了更深入地理解小学劳动课程中各参与主体与课程之间的紧密关系，我们可以从课程实施的内部机制入手进行探究。这一机制的运作过程可以分为几个关键阶段，每个阶段都有其特定的任务和要求。首先，我们来看“采用阶段”。这一阶段的核心任务是将劳动课程正式纳入小学的国家课程方案。要实现这一目标，各级教育主管部门需要充分认识到劳动教育在培养学生全面发展中的重要作用。他们应当制定具体的政策和规划，明确劳动课程在课程方案中的地位，以及应达到的教学目标和要求。这一过程不仅涉及课程内容的设置，还包括教学方法的选择、教学资源的分配等诸多方面。接下来是“调适阶段”。这一阶段关注的是在具体教学过程中，如何根据学生的实际情况（如年龄、兴趣、能力等）来合理安排和设计劳动课程。这就要求教师不仅要有扎实的专业知识，还要具备灵活调整教学策略的能力。例如，对于低年级的学生，教师可以通过游戏化的方式引入劳动概念，而对于高年级的学生，则可以设计更加复杂和具有挑战性的劳动任务。这样的个性化指导，有助于激发学生的学习兴趣，提高他们的参与度。最后是“应用阶段”。在这一阶段，学生将在劳动实践中运用所学知识和技能，这不仅有助于培养他们的实践能力，还能激发他们的创新意识。为了实现这一目标，学校和社会需要共同提供丰富的实践机会和良好的实践环境。例如，学校可以与当地的企业或社区合作，建立实践基地，让学生在实际的工作环境中体验劳动的乐趣和挑战。在整个过程中，教育主管部门的角色也至关重要。他们应加强对劳动教育的政策引导，为学校提供必要的资源支持，如教学材料、设备等，确保劳动课程能够顺利实施。同时，学校也要不断加强教师队伍建设，通过定期培训和提供实践机会，提高教师的专业水平和教育能力。此外，家庭和社会也是劳动教育不可或缺的一部分。家长可以通过日常的家务劳动来培养孩子的劳动习惯和责任感，而社会各界也可以通过各种公益活动或实习机会来为学生提供更广阔的实践平台。

第一节　新时代小学劳动教育的价值取向

劳动课程在小学阶段成为必修课是教育政策的有力推动。然而，劳动课程在小学中的具体展现方式和教学形态，则深受价值抉择过程的影响。在这个复杂的生态系统中，政府、学校和社会构成了劳动课程实施的三大主体，他们各自的价值取向对课程实施产生深远影响。为了确保劳动课程能够顺利并有效地实施，必须明确这些多元主体的价值取向，进而平衡各个主体之间的价值诉求，最终目标是构建一个良性的劳动课程实施生态系统。政府在推动劳动课程必修课化中扮演了举足轻重的角色。通过出台一系列的政策和法规，政府不仅明确了劳动课程在学校教育体系中的重要地位，还为其发展提供了坚实的法律保障。政府的价值取向，比如是更侧重于培养学生的实践能力和职业素养，还是更强调激发学生的创新精神和创业意识，这些都在很大程度上决定了劳动课程的整体定位和教学目标。这样的决策进一步影响了劳动课程的教学内容选择、教学方法运用以及评价方式设计等多个方面。学校作为劳动课程实施的主要阵地，其角色不容忽视。学校需根据教育方针和学生的实际需求，精心设计和组织劳动教学活动。学校的价值取向，如偏重提升学生的实践动手能力，或是着重培育学生的团队协作精神和社会责任感，这些都会在一定程度上塑造劳动课程的独特内涵和教学特点。此外，学校还需根据学生的年龄特征、兴趣爱好和发展需求，精心挑选适合的教材和教学资源，努力营造一个良好的学习环境，并为学生提供多样化的实践机会。社会在劳动课程实施中也发挥着不可或缺的作用。社会对劳动课程的广泛认可与支持，为该课程的发展和实施提供了有力的社会环境和资源保障。各类社会组织和企事业单位可以提供丰富的实践机会和必要的资源支持，与学校携手合作，开展形式多样的劳动实践活动。这些合作不仅为学生提供了真实的职业体验，还让他们有机会深入参与社会实践，从而极大地丰富了劳动课程的教学内容和教学形式，有效提升了学生的学习积极性和实践意义。

一、相互调适与彼此妥协的价值博弈

政府、学校和社会在小学劳动课程的推进中，各自承担着独特的角色和责任。政府作为决策者，为劳动课程的实施提供政策指导和支持；学校则是实施者，负责将政策转化为具体的教学实践；而社会则扮演着协同者的角色，通过提供资源和环境，共同促进劳动课程的落地。这三者在课程实施中持有的价值取向各不相同，从而对劳动课程的实施产生深远影响。其中，政府占据主导地位时，制定劳动课程的相关政策，并引导学校和社会共同实现这些政策目标。这种模式下，劳动课程的实施被视为一个线性的、理性的技术过程，旨在达到预设的政策效果。这种模式也面临着一些挑战。首先，政策目标是否明确无误，能否为实施者提供清晰的指引，这是一个关键问题。其次，政府、学校和社会之间的信息交流是否畅通，也直接影响到课程实施的效率。再者，不同主体之间可能存在的价值冲突也是一个不容忽视的问题。目前，虽然已有文件明确了劳动教育的总体目标，但在劳动课程的具体目标和实施机制等方面还存在空白，这无疑增加了实施过程中的不确定性。而以学校、社会等实施者为中心时，这些主体的实际行为被视为劳动课程实施的逻辑起点。这充分尊重了学校、社会等课程主体的裁量权，使得他们能够根据自身情况和理解对课程进行灵活调整。当然它也有一系列问题。例如，学校和社会是否具备对劳动课程进行“再造”所需的知识和技能？他们的自主裁量权应如何合理界定？这些问题使得劳动课程的实施可能成为一项充满困惑的集体行为。

因此，为了消除仅遵循单一主导带来的实践上的困惑，我们必须在两者之间找到一个平衡点。实现这种平衡可以从以下几个方面入手：首先，我们需要清晰地界定劳动课程的宗旨和目标。政府、学校以及社会各界应当携手合作，通过深入研讨，对劳动课程的具体目标和意义达成共识。这样的明确性不仅能确保课程的实施与学生的实际需求相匹配，还能使其更加符合社会的整体期望。其次，强化多方之间的沟通与合作机制也至关重要。政府、学校和社会应当建立起有效的沟通桥梁，加强信息的交流与协作。这样做能够增进各方之间的理解和尊重，从而共同推动劳动课程的顺利实施。再者，构建共享的实践经验和资源平台是一个有效的途径。通过政府、学校和社会共享实践经验、教学资源和研究成果，可以推动劳动课程的创新与发展，进而提升其教学质量和效果。此外，重视并提升实施者的专业素养也是关键。政府、学校和社会应当共同投资于实施者的专业知识与技能培训，通过提供专业的培训和支持，帮助他们更好地掌握劳动课程的理论知识和实践技能，从而提高其教育教学的专业水平。最后，政府需要出台明确的政策文件和指导方针，以规范劳动课程的实施细节。这些文件应详尽规定劳动课程的目标、内容框架、教学方法以及评价方式，为各参与方提供明晰的指引和参考。通过上述的综合措施，我们可以在政府、学校和社会之间构建一个协同合作的劳动课程实施生态体系。这样的体系将有助于平衡各方之间的价值取向，推动劳动课程的持续进步和完善，从而为学生提供更为优质的劳动教育环境，助力他们的全面发展。

为了实现决策者、实施者及协同者之间的动态平衡，劳动课程的相关各方必须构建合作与协调的机制。这一机制的构建，可以通过确立清晰、明确的课程标准及相应的实施细则来完成。在这一过程中，政府无疑扮演着举足轻重的角色，需要出台具有约束力和推动力的政策，以促进劳动课程的落地实施。政府在策划相关政策时，应全面考虑各参与方的权益和需求，以确保劳动课程能够顺利且有效地推进。同时，政府也应对其他课程主体保持尊重，避免对其日常运作造成不必要的干扰。作为劳动课程的执行者，学校在执行这些政策时需要保持一定的灵活性。学校应依据自身的实际情况和学生的具体需求，对劳动课程进行适应性的调整和优化。这包括设定贴切的教学目标、科学安排教学时间以及合理整合教学内容等。借助多样化的教学手段和策略，学校能够更精准地满足学生的学习需求，提供与现实生活紧密相连的劳动教育。学校与社会的联系是密不可分的。社会应为小学实施劳动课程提供必要的支持和资源，这些包括但不限于技术支持、实践场地以及专业人员等。这些支持将有助于学校更为顺畅地组织和实施劳动课程，为学生提供宝贵的实践机会和真实体验，从而使他们能够将课堂所学与实际应用紧密结合。同时，小学也应通过劳动课程为社会带来一定的经济效益和文化价值。劳动课程不仅能培养学生的劳动技能，还能激发他们的创新意识，从而为社会的发展和进步贡献力量。政府与社会之间的紧密合作是推动劳动课程实施不可或缺的一环。双方可以以小学为连接点，携手并进，共同推动劳动课程的发展与实施。政府应通过政策制定和资源提供来引导和激励社会各界积极参与到劳动课程的推进中来。而社会则可以通过提供技术、场地、人力等各方面的支持，为小学实施劳动课程打造良好的外部环境和条件。政府与社会的合作应基于互利共赢和相互理解的原则，充分考虑并平衡各方的利益和需求，以共同推动劳动课程的深入实施。

二、儿童得到全面发展的价值追求

根据马克思主义理论，人的全面发展是指“人以一种全面的方式，占有自己的全面的本质”[1]。然而，在实际操作中，由于不同主体利益追求和观念上的差异，劳动课程的实施过程可能会遭遇多种价值观念的冲突。为了解决这些潜在的冲突，我们需要在教育体系内为多元的课程主体保留合理的利益空间。这要求各相关主体之间要相互尊重，积极协调各自利益关系，并共同参与制定劳动课程的目标与内容。通过这种方式，可以确保每个主体的合理利益得到满足，进而实现整体利益的最大化。在实施劳动课程的过程中，我们不仅要注重传授劳动技能，还要着力培养学生的劳动精神。劳动技能的培养涵盖了对理论知识的学习和实践操作能力的提升，目标是使学生能够适应并满足社会的劳动需求。与此同时，劳动精神的培养则更加侧重于引导学生对劳动的尊重以及对劳动价值的认同，激发他们的创新思维和责任心。通过这样的教育方式，我们期望学生能够积极投身于社会劳动，不仅具备相应的劳动能力，还有着高度的劳动自觉性和热情。

劳动课程的价值追求与实际教学目标之间存在一定的博弈关系，这导致了两种看似相互矛盾的诉求。政府和学校倾向于利用劳动课程来教育和培养学生，旨在实现他们的全面发展，而企业等社会组织则更注重追求经济利益的最大化。为了在这两种价值追求之间找到平衡点，我们需要将学生的全面发展需求与社会实践和物质生产的需求紧密结合。政府和学校对劳动课程寄予厚望，希望通过这一课程，全面培养学生的德、智、体、美、劳等各个方面，为他们的未来生活奠定坚实基础。然而，我们必须认识到，学生的全面发展不能脱离社会实践的土壤，也不能忽视物质资料生产的实际需求。因此，政府和学校需要为劳动课程的利益目标找到合理的定位。这可以通过扩大劳动学习的知识领域，创新劳动学习的实践方式来实现，特别是将物质资料生产与劳动实践学习有机结合。这种做法不仅能够为企业、职业院校等组织创造经济效益，提升其文化形象，同

1　中共中央编译局．马克思恩格斯全集（第42卷）[M]．北京：人民出版社，1979:123.

时也能有效满足学生全面发展的内在需求。对于企业等社会主体而言，人的全面发展是实现每个社会成员自由、充分和谐发展的关键所在。因此，这些主体在追求自身经济利益的同时，也必须自觉肩负起社会责任，培育和弘扬劳动精神。他们需要用长远的眼光来审视劳动课程的价值，充分挖掘和利用劳动课程实施过程中的潜在资源。这包括但不限于拓展自身的服务范畴、提升核心竞争力以及增强文化底蕴等。为了实现这些目标，他们可以采取一系列具体措施。首先，他们可以与学校、政府等相关方进行深度合作，共同制定符合学生全面发展需求的劳动课程目标和内容。其次，他们可以提供实践机会和经验丰富的实践导师，让学生在真实的工作环境中获得宝贵的学习和实践经验。这样的实践经历不仅能够增强学生的就业竞争力，还能为企业带来可观的经济效益。此外，企业还可以积极参与各类社会公益活动，以实际行动回馈社会，履行社会责任。志愿者服务、社区服务等项目，不仅能够培养学生的社会责任感和公民意识，还能在推动学生全面发展的同时，为社会做出应有的贡献。

三、构建劳动教育生态系统的价值愿景

在劳动课程实施的生态体系中，多元的生态主体构成了该体系的基础框架。这些主体不仅包含小学教育机构，还涵盖教师、学生、家长、各类社会组织以及政府机构等多个参与方。每一个主体都在这个生态体系中发挥着独特且不可或缺的作用，彼此之间相互影响、相互依赖。教师扮演着知识传递者和学生成长引导者的双重角色，他们引导学生通过实践活动来探索和学习。学生不仅是这个体系的受益者，同时也是积极的参与者，他们通过参与各种实践活动来培养和提升自己的技能和素养。与此同时，家长、社会组织和政府也为劳动课程的实施提供了重要的支持和资源，成为推动课程实施的重要力量。劳动课程的生态体系还涉及多个维度。从时间维度来看，劳动课程的实施是一个持续不断、循环往复的动态过程。从空间维度来分析，劳动课程的实施则涉及小学校园内外环境的互动与交流。校园内部环境包括教室、实验室、工作坊等实践学习场所，外部环境则涵盖了社区、企业以及自然环境等各类资源。这些不同环境层次之间的交流与互动，共同构成了劳动课程实施的复杂网络。此外，劳动课程实施的生态体系还展现出多样化的生态模式。这些模式包括以实践为主导的教学方式、与社区紧密合作的模式及与行业深度合作的形式等。实践教学是劳动课程实施的核心环节，它让学生通过亲身参与实践活动，将所学的理论知识与实际操作紧密结合起来。社区合作模式则有效地将学校资源与社区资源相融合，为学生提供了更加广阔和多元的实践平台和机会。而行业合作模式则是学校与企业、职业院校等机构的深度合作，旨在为学生提供更加贴近职业需求和行业发展的实践机会与专业培训。

多元生态主体的角色分工在劳动课程实施中占据了举足轻重的地位。正如前文所述，劳动课程的推进是一个涉及小学、政府、家庭以及社会等多个层面的综合性工程。这些主体间的融合难题，很大程度上缘于“融合能力”的欠缺以及“主体协作机制”的

不完善。[2] 换言之，各个主体因其独特的价值观念和利益诉求，在共同推进劳动课程时，必然面临相互调适和妥协的过程，以寻求一个能够满足各方需求的“折中”方案。在这一复杂的生态系统中，小学不仅扮演着引领者的角色，同时也是积极的合作者。作为教育机构，小学对劳动课程的具体实施形式具有决定权，它们负责规划课程内容、设计教学方案，并确保课程的顺利进行。然而，当小学与企业、职业院校等其他主体携手合作时，便需要灵活性和包容性，通过必要的妥协以达成更广泛的共识。举例来说，小学可能希望劳动课程能够更贴近学生的实际生活，而企业则可能倾向于将课程内容与未来的职业技能相结合。在这种情况下，双方需要通过深入的沟通与协商，找到一个既能激发学生学习兴趣，又能为其未来职业生涯奠定基础的平衡点。此外，行业组织、社会公益组织等其他课程主体也在劳动课程实施中发挥着不可或缺的支持作用。这些组织为小学提供了包括技术指导、教学设备、人力资源、资金支持以及实践场地等宝贵资源。同时，他们也对劳动课程的实施方向和具体内容拥有一定的话语权。例如，行业组织可能会根据行业的最新发展趋势，对课程内容提出专业建议，以确保学生所学的知识与技能与市场需求保持同步。

多维生态层次的合理有序是劳动课程实施过程中的一个重要考量维度。为了确保劳动课程的有效推进，我们需要从三个不同层次进行深入理解和规划。首先，从微观层面来看，劳动课程的具体实践环节是至关重要的。在这一层面，教师和学生需要灵活运用各种劳动课程资源，不断探索和创新劳动教育的内容与方法。这不仅要求教师具备丰富的教学经验和专业知识，同时也需要学生积极参与，发挥其主观能动性和创造性。通过不断地尝试和改进，我们可以有效提高劳动教育的教学效果，从而培养学生的劳动技能和劳动精神。其次，中观层面的考虑则涉及劳动课程实施的内外部联动。小学作为实施劳动课程的主要阵地，需要与职业院校、公益组织等外部主体建立紧密的合作关系。通过这种合作，我们可以共同搭建综合实践平台，研发有特色的劳动课程，并逐步构建起专业化的劳动课程体系。这种跨界的合作与交流，不仅能够丰富劳动课程的内容与形式，还能够为学生提供更多元化的学习体验和实践机会。最后，在宏观层面，我们需要关注社会环境对劳动课程实施的影响。政府在这一过程中发挥着关键作用。政府应积极倡导尊重劳动、热爱劳动的价值观，通过政策引导、宣传推广等方式，在整个社会中营造一种支持劳动课程实施的良好氛围。这种氛围的营造，不仅能够提升劳动课程的社会认可度，还能够激发学生的劳动热情和创造力。值得注意的是，多种生态的灵活互动是构建劳动课程实施生态系统的关键所在。在这个生态系统中，多元生态主体和多维生态层次之间需要通过能量互换、信息传递等多种形式的互动来激发整个系统的活力。例如，师生之间可以通过教授和学习劳动技能进行深度互动；小学与职业院校等校外主体则可以通过师资、技术、场地等资源的共享与交流来实现互利共赢；同时，在政府的主导下，各类课程主体可以形成协同机制，共同推动劳动课程的实施与发展。

2　张敏．协同视域下高校劳动教育思政功能的实践方略［J］．高校教育管理，2023，17（02）：44-51.

第二节 新时代小学劳动教育的建构逻辑

当前，小学劳动课程的实施正遭遇一系列具有挑战性的现实问题。其中一个显著的问题是劳动课程的工具性被过分强调，而其蕴含的思想性却在逐渐减弱。这种现象导致了课程内容上的断裂以及实施方式上的不协调，严重影响了劳动课程的教育效果。[3]具体来说，过于重视劳动技能的传授，而忽视了对学生劳动态度、价值观和合作精神的培养，使得劳动课程变得单一而机械。举例来说，在某些小学中，劳动课程可能仅仅被看作培养学生动手能力的一种手段，而缺乏对劳动意义、劳动精神的深入探讨。这样的课程设计，虽然能让学生在短期内掌握一些基本的劳动技能，但难以培养他们的劳动情感和社会责任感。这些问题已经成为阻碍劳动课程在小学阶段有效实施的重要因素。为了克服这些难题，我们迫切需要对劳动课程进行重新建构，以确保其科学性和合理性。然而，这种重构并非创造一个全新的、理想化的课程体系，而是根据实际情况，对现有的劳动课程进行自上而下的调整和优化。这种重构需要从理论到实践，从宏观到微观的全方位调适。在理论层面，我们需要重新审视劳动课程的教育目标，明确其在培养学生全面发展中扮演重要角色。在实践层面，我们需要调整课程内容，平衡技能传授与思想教育的比重，同时创新教学方式，使劳动课程更加生动有趣，更能吸引学生的注意力。这种自上而下的重构，旨在构建一个既符合教育规律，又能满足学生实际需求的劳动课程体系。这不仅是小学实施劳动课程的重要逻辑，也是劳动课程建构的核心思路。通过这样的努力，我们可以期待劳动课程在未来能够更好地服务于学生的全面发展，培养他们的劳动技能，同时塑造他们正确的劳动观念和价值观。

一、基于“五育融合”的“立德树人”课程建设

在小学阶段实施劳动课程时，我们必须首先确保其紧密贴合我国全面发展教育体系的核心要求。这一目标的达成需要我们深入探索如何科学地设置劳动课程，以便使劳动课程的目标与全面发展教育体系的宏伟蓝图有效对接。为了实现劳动课程与全面发展教育体系的无缝衔接，我们需要从多个维度进行深入探讨。

首先，劳动课程的规划必须围绕明确、具体的教育目标展开。这些目标不仅应与全面发展教育体系的根本理念保持高度一致，更应着重于培育学生的综合素养、实践操作能力以及创新思维。通过精心设计的劳动课程，我们期望学生能够掌握实用的操作技能，激发他们对各类职业的兴趣，更重要的是，能够将课堂所学灵活运用于解决实际问

3 徐长发．新时代劳动教育再发展的逻辑 [J]．教育研究，2018（11）：12-17.

题，从而勇敢面对现实生活中的各种挑战。其次，劳动课程的设计必须充分考虑到小学生的年龄特点和发展需求。小学生正处于身心发展的关键时期，不同年龄段的学生在认知、情感、社交等方面均存在显著差异。因此，劳动课程的内容和难度设置需细致入微，充分考虑到各阶段学生的特点，尽量照顾到每个学生的个性化需求。同时，课程应着重培养学生的动手能力、团队协作精神以及实践创新能力，这些都是他们未来融入社会、贡献社会所不可或缺的能力。再者，劳动课程不应孤立存在，而应与其他学科有机融合。劳动教育与科学、技术、艺术等多个学科领域都存在着深厚的联系，它们之间相互促进，共同发展。通过与这些学科的交叉融合，不仅可以有效拓宽学生的知识视野，更能够全面提升学生的综合素养和跨学科解决问题的能力。最后，劳动课程的设计必须紧密结合社会需求和实际应用。劳动教育的终极目的不仅是促进学生的个体成长，更是要培养出能够适应社会需求、为社会发展贡献力量的优秀人才。因此，劳动课程应积极寻求与社区、企业以及各类社会组织的深度合作，为学生提供丰富多样的实践机会。通过真实的劳动实践，学生能够将课堂所学与社会实际紧密结合，从而在实现自我价值的同时，也为社会的进步贡献自己的一份力量。

劳动教育在其本质机制上，显然具备着一种独特的双重属性。这不是一个单独的教育领域，它既是一项目标，需要有效地整合德育、智育、体育、美育等其他四个教育领域，形成一种协同育人的模式，也是一种手段，通过有机的方式渗透到这四个领域中，增强各领域的教育效果[4]。这种特性使得劳动教育在小学教育体系中占据了举足轻重的地位。当我们尝试在小学中引入劳动课程时，可以采纳两种主要的形式。首先是“纵向融通”。这一策略的核心在于通过设立专门的劳动教育必修课程，明确规定具体的劳动学时，确保学生有足够的时间和机会去实践和体验。课程内容应全面涵盖生产性劳动、服务性劳动以及创造性劳动等多个方面，同时融合德智体美四育的价值目标和内容体系。这样的设计旨在形成一种五育的整体倍增效应，使得各个教育领域能够相互促进，共同提升学生的综合素养。[5]举例来说，我们可以设计一个以“植物成长”为主题的劳动课程。在这个课程中，学生将亲身参与田间的辛勤劳动，体验从播种到收获的全过程。通过这样的实践活动，学生不仅能够锻炼身体，磨炼劳动意志，还能掌握种植农作物的基本技能，从而在实践中促进智育的发展。而农作物成熟后，我们还可以组织学生进行爱心义卖活动。这样，学生不仅能够亲身感受到劳动的美妙和收获成果的喜悦，还能实现劳动成果的再创造，最终在心中树立起劳动最光荣的价值观。

然而，仅仅通过专门的劳动课程来实施劳动教育是不够的。正如著名教育家杜威所言：“只是在课程中增加游戏、竞赛、手工艺和劳动练习是不够的，关键在于以何种方式进

4　刘向兵．多学科视域下劳动教育的中国特色审视［J］．劳动教育评论，2020（1）：12-30.

5　石中英．推进新时代普通高中育人方式改革要处理好三个关系［J］．中国教育学刊，2019（9）：27-31.

行这些活动的融合。”[6] 这也引出了我们引入劳动课程的另一种主要形式——“横向渗透”。所谓“横向渗透”，即在其他学科课程中有机地融入劳动课程的相关内容。这种融合方式旨在展现劳动教育对其他四育领域的特殊促进作用，使得学生在学习各学科知识的同时，也能培养起对劳动的尊重和热爱。具体来说，在德育方面，我们可以将塑造劳动最光荣的价值观的德育目标与思想政治课的立德树人总目标相结合，通过劳动实践来培养学生的社会责任感和集体荣誉感。在人文学科中，我们可以结合文化自信的培养，让学生通过研究传统文化中的劳动元素，如农耕文化、工匠精神等，来加深对劳动价值的理解。在自然学科中，我们可以将劳动教育与求真务实的科学精神相结合，让学生在科学实验中体验劳动的艰辛与乐趣。在智育方面，我们可以将掌握劳动知识和技能的目标渗透于数学、物理等学科的专业内容中。例如，在数学课上，我们可以通过计算工作量、材料用量等问题来引入劳动的概念；在物理课上，我们可以通过研究机械原理、能量转换等来让学生了解劳动中的科学原理。在体育方面，我们可以通过学校的日常值日活动和社会实践活动来实现培养健康的身体和磨炼劳动意志力的目标。例如，我们可以组织学生参与校园环境的整治工作，让他们在劳动中锻炼身体，同时培养起对公共环境的责任感。在美育方面，我们可以通过美术、历史等人文学科课程来实现培养高尚的审美情操的目标。例如，在美术课上，我们可以引导学生通过制作手工艺品来感受劳动的美；在历史类课上，我们可以通过讲述劳动人民的故事来让学生领略劳动人民的智慧和勤劳之美。

二、基于“新时代”需求的劳动课程设置

在人工智能日益发展的时代背景下，我们见证了一系列新兴产业和复合型劳动的迅速涌现。这种变革对劳动教育产生了深远影响，使得其内容和形式变得比以往任何时期都更为多元和复杂。如今，劳动教育的发展方向正逐渐从传统的体力劳动向半体力、半智力甚至纯智力方面转变。同时，提高劳动中的科技含量和效率也成为了重要的教育目标。然而，在追求技术进步的同时，我们不能忽视劳动教育中的人文关怀精神。[7] 这种精神是劳动教育的灵魂，它提醒我们，劳动不仅仅是技术的运用，更是对人类需求和生活质量的关注与提升。基于这样的理解，小学劳动课程的内容设置显得尤为重要。它必须紧密反映当前社会的需求，既要充实扩容，将创造性劳动纳入课程体系，以培养学生的创新思维和实践能力，又要奠基固本，明确基础性劳动的内容，确保学生掌握必要的技能和知识。例如，可以在课程中引入编程、机器人操作等现代技能，同时强调手工艺、园艺等传统技能的培养。

6　杜威．民主主义与教育 [M]．薛绚译．南京：译林出版社，2014：178-179.

7　曾天山．新时代中国特色社会主义劳动教育的本质与独特价值 [J]．劳动教育评论，2020（1）：1-11.

然而，课程内容的丰富性也带来了一定的问题，即“泛而不精”。为了避免这一问题，我们需要对教育机构和教师提出更高的要求。在课程设计和教学实施过程中，他们应巧妙地整合不同领域的劳动知识和技能，使之形成一个有机整体。此外，社会实践和实习等形式的引入也是关键，它们能让学生亲身参与到真实的劳动活动中，从而提升实际操作能力和团队合作意识。在整合劳动课程内容的过程中，我们还需特别关注学生的创造性思维和创新精神的培养。劳动教育应鼓励学生勇于提出问题、解决问题，并在实践中激发他们的创新潜能。例如，通过创客教育、设计思维等活动，学生可以在动手实践的过程中体验到创造的乐趣和成就感，从而进一步激发他们的创新热情。同时，我们不能忘记劳动教育的人文关怀精神。劳动不仅仅是为了追求生产和效益，它更是满足人们需求、提高生活质量的重要手段。因此，在劳动课程中，我们应引导学生关注劳动的社会价值，理解劳动对于个人和社会的意义，从而培养他们的人文素养和社会责任感。

在推进劳动教育的过程中，我们必须深思熟虑并确保实施几个关键方面。这些方面的有效整合与实施，对于全面提升学生的劳动素养、社会责任感以及创新精神具有举足轻重的作用。

首先，我们应当将日常生活劳动和传统劳动内容常态化。这一点至关重要，因为它为学生提供了一个持续且稳定的实践平台，有助于他们形成稳固的劳动习惯和正确的劳动观念。为了实现这一目标，小学应该明确校内常规清洁劳动的时间和范围，确保每个学生都有机会参与其中。同时，加强对这些活动的监管和评价也是必不可少的，这可以确保劳动的质量，并激励学生更加认真地对待每一次劳动机会。通过劳动光荣榜和劳动展示周等形式，学校可以进一步激发学生的学习兴趣和参与度。这些活动不仅为学生提供了一个展示自己劳动成果的平台，还通过表彰优秀，激励更多的学生投入劳动。此外，培养良好的卫生习惯和劳动意识也是这些活动的重要目标。当学生看到自己的努力被认可和赞赏时，他们会更加珍视劳动的价值，并逐渐形成积极向上的劳动态度。为了进一步增强学生的实践体验，学校还可以设立各种劳动岗位，如班级卫生岗、操场管理岗等，让学生轮流担任。这些岗位不仅可以让学生亲身参与学校环境的维护和管理，还能帮助他们更好地理解劳动的意义和价值。通过这些实践活动，学生可以深刻体会到劳动的重要性，并逐渐形成热爱劳动、尊重劳动的良好品质。在课程设计上，我们也可以融入更多的劳动元素。例如，自然科学课程，可以设置种植小菜园的实践环节，让学生亲手种植和照料植物，观察它们的生长过程，这不仅能培养他们的观察力，还能增强他们的动手能力和对自然的敬畏之心。艺术课程，可以加入手工艺制作的项目，让学生学习传统的手工艺技能。这不仅有助于传承和弘扬民族文化，还能培养学生的创造力和审美能力。而技术课程则可以设置机器拆卸和维修的实践活动。让学生了解机器的内部结构和工作原理，培养他们的动手能力和团队协作精神。这些课程的设计旨在通过丰富多彩的劳动实践活动，全面提升学生的综合素养。

其次，我们应以创造性劳动为媒介，巧妙地将生产劳动和服务性劳动融合起来。随着科技的飞速发展和产业的深刻变革，劳动教育必须与时俱进，紧密关注新形态的劳动方式。[8]这就要求我们在设计劳动课程时，不仅要涵盖传统的手工剪纸、植物栽培等内容，更要结合产业新业态和劳动新形态，引入具有创新性和实用性的劳动项目。例如，模型制作便是一个极具潜力的新兴劳动专题。通过引导学生参与模型的设计和制作，我们不仅可以培养他们的创造力和动手能力，还能帮助他们深入理解现代科技和工业设计的精髓。[9]此外，学习创意设计也是培养学生想象力和表达能力的重要途径。在这个过程中，学生需要发挥自己的主观能动性，探索新的设计理念和实现方法，这无疑会对他们的创新思维和实践能力产生积极的推动作用。

最后，强化公益劳动的价值引领作用在劳动教育中占据着举足轻重的地位。新时代的劳动教育追求的不仅是技能的提升和知识的积累，更重要的是塑造学生真善美的品格。因此，我们必须注重公益劳动的实践意义和社会价值，让学生深刻体会到劳动对于个人成长和社会进步的重要性。学校可以积极组织学生参与各种公益活动，如社区志愿服务、环境保护行动等。这些活动不仅能让学生亲身感受到劳动的意义和价值，还能培养他们的社会责任感和奉献精神。[10]同时，学校还可以开展丰富多彩的劳动教育主题活动，邀请社会公益组织和企业代表来学校举办讲座和交流。通过这些活动，学生可以了解到不同领域的劳动者的故事和经验，从而激发他们对劳动的兴趣和热情。

三、基于“自我实现”的劳动教育课程实施

尽管劳动课程已经正式纳入小学必修课程体系，这一变革在提升学生的实践能力和认识社会价值方面起到了积极作用，但是实施过程中也暴露出一些亟待解决的问题，如课时分配不足、教学内容和形式缺乏多样性等。为了解决这些问题并更好地适应小学的教学实践，劳动课程必须进行跨学科整合。劳动教育的本质在于实践，因此跨学科整合不仅意味着对劳动课程内部进行重构，更要实现与其他学科的外部融通。这一整合过程应是全方位的，旨在将劳动教育的理念和实践渗透到日常教学的方方面面。劳动课程的有效实施对小学教育的重要性不言而喻。首先，通过劳动课程，学生能够亲身参与实践活动，从而提升动手能力和解决实际问题的能力。这种实践能力是学生综合素质发展中不可或缺的一部分，有助于他们更好地适应未来社会的挑战。其次，劳动课程在培养学生的创造力和创新精神方面发挥着关键作用。在实际操作中，学生需要灵活运用所学知识，这种过程不仅锻炼了他们的思维能力，也在潜移默化中引导学生形成积极探索和勇于创新的态度。

8　曾天山．劳动教育重在落实 [N]. 人民政协报，2020-04-08（006）.

9　林克松，熊晴．走向跨界融合：新时代劳动课程建设的价值、认识与实践 [J]. 湖南师范大学教育科学学报，2020（2）:71-77.

10　徐海娇．重构劳动教育的价值空间 [J]. 中国教育学刊，2019（6）:51-56.

此外，劳动课程在学生的全面发展中起到了不可忽视的作用，尤其是对学生团队合作意识和沟通能力的提升。在劳动过程中，学生需要相互配合，共同完成任务，这无疑会加强他们的协作精神和团队意识。同时，劳动过程中的沟通交流也能锻炼学生的口头表达能力，提高他们的社会交往能力。这种合作与沟通的能力，在未来的生活和工作中都是极其重要的。然而，尽管劳动课程有着诸多益处，但其实施过程中也面临着一些挑战。

首要的问题就是课时分配。由于劳动课程需要占用一定的教学时间，这可能会对语文、数学等其他主要学科的教学造成一定的压力。毕竟，在现有的教育体系下，这些学科的教学任务已经相当繁重。再者，劳动课程的内容与其他学科可能存在一定的重叠。例如，某些科学实验或手工制作活动可能与科学课或美术课的内容相似，这可能导致学生在学习上的负担增加，产生不必要的重复学习。另外，目前劳动课程的教学形式还相对单一，主要以手工制作、实践操作等活动为主，缺乏多样性和创新性。这种单一的教学形式可能会让学生感到枯燥，难以激发他们的学习兴趣和积极性。

为了解决这些问题，我们提出劳动课程与其他学科的跨界整合。这种整合不仅可以促进不同学科之间的知识共享和互补，避免内容的重复和冗余，还能创新教学方式，提高教学效果。例如，在进行园艺实践活动时，可以结合数学中的测量知识，让学生计算土地面积、植物间距等；同时，也可以引入科学课中的植物生长原理，让学生更深入地理解园艺活动的科学内涵。劳动课程作为综合实践活动课程的重要组成部分，需要进行内部重构和外部融通。内部重构意味着我们需要重新审视和设计劳动课程的教学内容、教学目标以及评价方式，使其更加符合现代教育理念，同时与其他学科的教学内容形成互补。外部融通则强调劳动课程与其他学科的紧密联系和合作，这种合作能够促进知识的交叉融合，使学生在学习过程中能够形成更加完整和系统的知识体系。

在劳动教育领域，我们必须重视并实施两个关键的方面。首要的是，劳动课程与综合实践活动课程之间的多方面对接问题。劳动教育涵盖了诸如自我服务劳动、生产劳动、公益劳动以及创意劳动等多元化的内容，这些内容与综合实践活动课程在内容和形式上均存在深厚的联系。因此，当前在小学阶段设立劳动课程，并非意味着增加一门全新的、孤立的课程，而是可以通过创新性的方式，将综合实践活动课程有机地转化为劳动课程。举例来说，我们可以通过体力实践和团队协作的方式，实现社区服务、自我服务劳动以及公益劳动的融合。学生可以在老师的引导下，参与社区的环境清理，这既是一种体力实践，也是一种公益劳动，同时还需要团队成员之间的协作。此外，通过职业体验，学生可以更深入地了解社会实践和生产劳动。比如，学校可以组织学生参观工厂或农场，让学生亲身体验劳动过程，了解各种职业的特点和要求。我们必须认识到，劳动教育和综合实践活动课程的内容是相互关联的，二者的整合需要经历一个逐步发展的过程。最初可能是“点对点”的整合，即某些具体的劳动教育活动与综合实践活动课程的特定部分相对应。随后，这种整合可以逐渐扩展为“点对面”，即劳动教育的某一方面与综合实践活动课程的多个部分产生联系。最终，我们期望达到“面对面”的全面整合，以专题的形式实现劳动课程的优化和完善。除了与综合实践活动课程的对接外，劳动课程还需要与小学的其他课程进行融合和渗透。这种融合主要体现在两个方面：一是劳动课程内容的综合化，即劳动课程应涵盖更广泛的内容领域，与其他课程产生更多的交集；二是其他课程内容的劳动化，即在其他课程中融入劳动教育的元素，使学生在学习各科知识的同时，也能体验到劳动的价值和意义。例如，在数学课上，教师可以通过解决实际问题的方式，让学生理解数学在劳动中的应用；在科学课上，教师可以通过实验和手工制作，让学生亲身体验科学原理的实际应用，这也是一种劳动的过程。

第三节　新时代小学劳动教育落地的展开逻辑

劳动课程落地实施涉及劳动课程主体、劳动课程本身以及劳动课程实施环境这三个要素。劳动课程需要具备相应的师资力量，包括对劳动教育理论的深入理解、教学设计和实施的能力以及对学生的引导和评价的能力。同时，教师还需要根据学生的实际情况和需求，结合劳动课程的目标和内容，制定相应的教学策略和活动，以促进学生的全面发展和综合能力的培养。其次，劳动课程应当与社会文化背景、地方特色和学校环境相结合，以提供丰富的学习资源和实践机会。例如，学校可以与社区、企业和机构建立合作关系，通过参观实习、社区服务和实际生产等活动，让学生亲身体验和参与实际的劳动实践，从而增强他们的实际操作能力、社会责任感和创新能力。最后，劳动课程应当鼓励学生主动探索和实践，培养他们的创造力和解决问题的能力。同时，教师也需要在教学设计和实施中注重创新和改进，以适应不断变化的教育需求和社会发展的要求。因此，将劳动课程从理论构想推向实践需要教育机构和教师共同努力，进行师资力量的培养和提升，充实课程资源，创造适宜的实践环境，并注重课程与环境的结合。这样的变革将为劳动教育的发展提供有力支撑，促进学生全面成长和综合素质的培养。

一、班主任群体是小学劳动教育开展的核心力量

根据相关研究的深入探索，我们不难发现，当前小学劳动教育所面临的主要瓶颈在于师资力量明显不足。在实际的教学过程中，班主任与学科教师成为了劳动教育的主体执行者。然而，他们往往缺乏与劳动教育紧密相关的专业技能，这无疑对劳动教育的深入实施构成了障碍。[11] 当然，有人或许会问，为何不直接依赖专职的劳动课程教师来解决问题？但事实上，这并非一个切实可行的方案，更不应成为我们的终极目标。劳动课程的推进，需要的不仅仅是专业知识的灌输，它更要求教师具备跨学科、跨领域的整合能力，以及与学生日常生活紧密相连的实践能力。正因如此，我们提出了劳动教育教师一体化发展的构想。[12]

所谓“一体化发展”，即希望每位学科教师不仅能在自己的专业领域内传道授业，更要能够与其他教师紧密合作，共同为培养学生的综合素质而努力。这也意味着，每位

11　武秀霞．“劳动”离教育有多远？——关于劳动教育实践问题的反思［J］．当代教育论坛，2020（4）：1-10.

12　周美云．“双减”政策背景下的学校劳动教育：契机、困境与路径［J］．教育理论与实践，2023，43（08）：3-7.

教师都应当肩负起立德树人的崇高使命，而不仅仅是完成自己的教学任务。在这样的背景下，我们迫切需要构建一个以班主任为核心的劳动教育共同体。这个共同体的核心目标是提升劳动教育师资的整体专业素养，为劳动课程的顺利推进提供坚实的智力支撑。这个共同体的构建，首先要确保班主任在劳动教育中发挥引领作用。为此，我们应该为班主任提供系统的培训和专业成长的机会，确保他们能够全面掌握劳动教育的核心理念、教学方法以及评价方式。此外，定期的交流和研讨活动也是必不可少的，这不仅能促进班主任之间的经验互享，更能帮助他们在反思中不断完善自己的教学实践。

当然，除了班主任，其他学科教师的参与也是至关重要的。这些教师在各自的学科领域内都拥有深厚的专业知识和实践经验，他们的加入无疑会为劳动教育注入更为丰富的内容。因此，我们应当鼓励并引导他们积极参与劳动教育的实践，与其他教师一同制定并执行跨学科的劳动教育方案。此外，这个共同体还应当与教育研究机构和专业组织保持紧密的合作关系。这样，我们不仅能够及时获取最前沿的教育研究成果和资源，更能确保劳动教育的持续创新和发展。同时，这种合作也为教育研究机构和专业组织提供了一个宝贵的实践平台，使他们的研究成果能够在真实的教学环境中得到验证和完善。

就劳动教育的具体实施方式而言，它涉及多个层面的协作与整合，尤其是跨学科的教学结对以及校域间的管理协作。这种实施方式的复杂性源于劳动教育本身的综合性特征，它要求教育者从不同的学科视角去挖掘劳动的价值，以及选择恰当的劳动内容。在这一实施过程中，班主任的角色显得尤为重要。他们不仅是班级的管理者，同时也是某一学科的专职教师。因此，班主任需要以班级为基本单位，积极寻求与其他学科教师的跨学科“结对”合作。这种合作模式的核心目的在于，通过不同学科教师的共同探讨，深入挖掘各个学科中蕴含的劳动育人元素，精心甄别并选择那些既符合学生年龄特征又能体现劳动价值的劳动内容。这样，才能确保劳动教学与评价的有效性和针对性。

除了跨学科的合作，班主任还需要承担起引领共同体成员进行反思的职责。他们需要定期组织成员对“结对”合作过程以及劳动课程的实施成效进行深入的反思和讨论，以便及时发现问题并进行改进。这种反思机制有助于提升劳动教育的质量，确保其能够真正促进学生的全面发展。同时，为了更全面地了解学生的劳动教育情况，班主任还需要密切关注学生在劳动方面的认知水平和实践表现。这不仅包括学生在课堂上的表现，更包括他们在课外参与的各种劳动活动。[13] 因此，在进行如职业体验、社会实践等校外劳动时，班主任需要与职业院校的教师等外部师资力量进行紧密的联合合作。

目前，这种合作主要以职业院校单向被动输送的方式为主。职业院校在劳动教育中扮演着“局外人”的角色，他们提供劳动学习的场所和工具，同时向学生传授相关的技术知识。然而，这种合作模式并非一成不变。随着小学劳动教育师资团队的不断成熟

13　林克松，熊晴．职业院校联合小学开展劳动教育：逻辑、向度与机制[J]．教育与职业，2020（1）:28-33.

和经验积累，普职合作的形式也将逐步朝着双向互动合作的方向发展。在双向互动合作中，小学和职业院校将能够更加深入地参与彼此的劳动教育。双方可以共同制定劳动课程计划，确定教学目标和内容，以及分享教学资源和经验。这种合作模式不仅有助于提升劳动教育的质量，还能够进一步促进小学和职业院校之间的密切联系和共同发展。

二、多维资源开发是小学劳动教育开展的关键所在

为了确保小学劳动课程资源的开发与整合既具有可操作性又易于实施，我们必须探索出合理且适宜的课程资源形态。这一探索过程需要综合考虑资源整合的复杂程度以及教学实践的实际需求。基于这些考量，小学劳动课程资源可以被划分为三种主要类型：基础性课程资源、发展性课程资源和创新性课程资源。在开发这些资源的过程中，我们应当遵循一个清晰、有序的开发序列，即由浅入深、由叠加到融合、由模拟至创新。这一序列旨在循序渐进地推动劳动课程资源的发展，以确保其在教学活动中能够逐步深入、有机融合。

首先，“由浅入深”的原则强调资源开发应从基础层面着手，如基本的劳动技能、工具使用等，然后逐渐拓展到更高级的知识和技能领域。例如，在初级阶段，学生可能学习如何使用简单的工具进行木工制作，而随着学习的深入，他们可能会探索如何使用复杂机械进行更精细的加工。其次，“由叠加到融合”的原则指的是在资源开发过程中，我们应将各种资源和知识点进行逐步积累和整合，以形成一个完整、系统的知识体系，而非零散的、孤立的知识点。例如，在学习园艺劳动时，学生不仅学习种植技术，还将了解植物的生长周期、土壤管理等多方面的知识，这些知识在实践中相互融合，共同提高学生的劳动技能和科学素养。最后，“由模拟至创新”的原则鼓励我们在资源开发初期采用模拟和仿真的方法，帮助学生建立基础理解和技能，随后引导他们进行创新性的实践和探索。例如，在学习编程和机器人的操作时，学生可以先通过模拟软件进行练习，掌握基本技能后，再尝试自主编程和操作实体机器人，以实现更复杂的任务。

此外，资源的开发与整合还需要与教师的专业发展紧密结合。教师应积极参与课程资源的开发和教学实践，形成良好的互动与反馈机制。这样不仅可以不断完善和更新劳动课程资源，以满足学生的学习需求，同时也能推动教师自身的专业发展，提升教学质量。通过这种方式，我们可以确保劳动课程资源始终与时俱进，符合社会的发展要求，为培养新时代的高素质人才提供有力支持。

针对不同类型的课程资源，我们必须采取不同的开发和整合策略，以确保劳动课程资源的充分利用和优化配置。首先，对于基础性劳动课程资源，我们需要进行全面的整合。这些资源不仅包括劳动课程本身所涉及的内容，还广泛涵盖了其他学科中蕴含的劳动价值观、劳动知识和劳动思维。例如，在数学课中，学生可以通过解决实际问题来体验劳动的价值；在科学课上，学生可以通过实验来理解和感受劳动的过程和成果。此

外，我们还可以巧妙地利用少先队活动和学校的常规清洁任务等，将这些日常活动转化为劳动课程的实践机会。这种整合方式相对直接且操作性强，可以有效地确保劳动课程在小学教育体系中具有实质性的地位，而非仅仅是一个空洞的标签。其次，我们应当积极开发和拓展发展性劳动课程资源。这些资源包括研学旅行、社会实践、新兴技术学习、农场实作和职业模拟等多元化内容。例如，组织学生参观工厂或农场，让他们亲身体验劳动的过程；引入3D打印、编程等新兴技术，让学生在实践中学习和掌握新技能。然而，这一过程中也面临着如何将劳动教育的开放性内容与多元化实践样态有机结合的挑战。同时，小学与校外劳育课程主体之间的合作也是至关重要的。双方需要在劳育人的契合点上进行深入合作，以确保劳动课程的实施能够取得实效。最后，我们必须深入挖掘创新性劳动课程资源。这一方面强调的是在转变劳动思维、整合劳动内容、拓宽劳动场域和丰富劳动课程主体的基础上，回归学生本身。具体来说，我们可以鼓励学生通过自主体验式学习来驱动自身的身体、感官和双手的参与。[14] 例如，在手工制作或创新设计课程中，学生可以自主选择材料、设计作品并完成制作，从而充分展现他们的积极性、主动性和创造性。这种方法能够使劳动课程的实施从“让学生劳动”转变为“学生要劳动”的主动活动。

三、多域情景设置是小学劳动教育开展的重要支撑

劳动课程在小学教育中的引入，远超过仅仅作为一门必修课程的范畴。其更深层次的意图是，将劳动教育的精髓和价值观念深深地烙印在学生的日常学习和生活中，以此推动劳动教育的常态化，使其成为学生成长道路上不可或缺的一部分。为了实现这一目标，我们必须致力于构建一个多维度、跨领域且情境化的劳动环境。

首先，谈及多维度劳动环境的构建，我们强调的是劳动教育与各学科内容的深度融合。这种融合不仅有助于提升学生对学科知识的理解和应用，更能让他们在实际劳动中感受到学习的乐趣和实用性。以科学课程为例，学生可以通过亲手进行实验和实地考察，直观地观察到科学现象，进而培养起他们的科学实践能力和精确的实验技巧。这样的教学方式无疑比传统的课堂教学更加生动有趣，也更能激发学生的学习热情。其次，跨领域的劳动环境也是我们追求的目标之一。在这种环境下，不同学科的知识和技能能够在实际劳动中得以相互交织和支持，从而加深学生对知识综合运用的理解。比如，在历史课程中，我们可以组织学生到文物保护和考古的现场，让他们通过亲身实践去感受历史的厚重，理解文化的传承。而在语言课程中，写作、编辑和演讲等实际活动则能锻炼学生的语言表达和人际沟通能力，使他们在实践中不断提升自我。再者，情境化的劳动环境对于培养学生的实践能力至关重要。通过模拟真实的工作场景，我们可以让学生在安

14　钟启泉．课堂转型的指针——索耶（R.K.Sawyer）的“创意课堂”[J]．全球教育展望，2023，52（01）：3-16.

全的环境中进行真实的劳动实践，这样不仅能培养他们的实践技能，还能提高他们解决问题的能力。例如，学校可以设立模拟的工作室、实验室或工作车间，让学生在这些仿真的环境中进行实践操作。这种学习方式不仅能够激发学生的创新思维，还能培养他们的团队协作精神和解决实际问题的能力。然而，要想真正实现劳动教育的常态化，消除劳动实践中的场域壁垒是关键。这就需要学校与社会工作单位建立起紧密的合作关系。学校可以积极寻求与企业、社区组织和行业协会等的合作，共同设计和开展劳动教育项目与实践活动。这种跨界合作不仅能够为学生提供更为丰富和实际的劳动实践机会，还能让他们更深入地了解工作世界的真实需求和挑战，从而为他们未来的职业生涯做好更充分的准备。

劳动课程的实施场域不局限于校内环境，还涵盖了校外环境。然而，校内环境作为学生日常学习和生活的主要场所，对于劳动教育的实施具有特别重要的意义。在校内环境中，我们可以通过精心设计和规划，有效拓宽劳动学习的物理空间，为学生提供更多的劳动实践机会和场所。建立专门的劳动教室是推进劳动教育的重要举措。这样的教室不仅配备了各种专业的劳动工具和设备，还为学生提供了一个固定的场所，供他们进行实际操作和实践。劳动教室内部可以设置多样化的工作区域，如木工制作区、电工实验区、机械加工区等，旨在满足不同劳动技能的学习需求。在这样的专业化环境中，学生有机会亲自动手，进行各种劳动技能的实践操作，从而有效培养他们的实际操作能力和问题解决能力。除了专门的劳动教室，校内环境中的其他场所也同样适用于劳动学习。例如，学校可以规划并建设绿植责任林、校园农场以及班级鱼塘等，这些实践场所极大地丰富了学生的劳动学习内容。在这些场所中，学生可以开展诸如植物种植、动物养殖、园艺设计等实践活动，亲身参与并深刻体验劳动的全过程。这样的实践经历不仅有助于学生了解自然生态系统的运作规律，更能培养他们对于环境保护和可持续发展的深刻认识。

在校内环境中，教师在设计劳动学习情境时，应巧妙地将真实生活情境转化为劳动学习的情境。具体而言，教师可以结合生活中的各种事件和场景，创造出与劳动紧密相关的学习情境。例如，在社会科学的学习中，教师可以引导学生进行深入的社区调查和实地考察，从而让他们更加直观地了解社区中的各类劳动岗位及其职责。在科学课程的学习中，教师可以通过组织科学实验和观察活动，帮助学生培养严谨的实验技能和科学思维方式。这种将生活事件转化为劳动学习情境的教学方法，有助于学生更好地理解和应用所学知识，实现知识的有效迁移。此外，校内环境中还需要积极营造一种尊重劳动、热爱劳动的文化氛围。为了实现这一目标，学校可以采取多种措施。首先，保持校园环境和班级环境的整洁与卫生是至关重要的。这不仅可以培养学生的环保意识，更能增强他们的责任感。其次，学校可以通过建设劳动雕塑、书写劳动标语、设立劳动作品展示墙等方式，充分展示和弘扬劳动的精神和价值。这些劳动文化的具体展示形式，能够有效激发学生对劳动的兴趣和热爱，进一步促使他们主动积极地参与各类劳动学习。

除了校内环境外，校外环境在劳动课程的实施中也占据着举足轻重的地位。校外环境的多元性为学生提供了更广阔的劳动实践平台和实际工作经验的积累机会。这些场所，诸如家庭、职业院校、社区以及少年宫等，构成了学生进行劳动学习的重要基地。作为学生成长的摇篮，家庭可以成为一个理想的劳动教育实践场所。学校与家庭之间的紧密合作能够为学生创造一个连续的劳动学习环境。例如，学校可以倡导家长与孩子共同参与家务劳动，如烹饪、清洁和园艺等。这样的活动不仅有助于培养孩子的家庭责任感，还能让他们在实际操作中习得各种生活技能，养成良好的劳动习惯。

职业院校则是学生了解各种职业、进行专业技能实践的理想场所。通过与职业院校的合作，学校可以安排学生进入真实的职业环境进行实习和实践。在这样的环境中，学生能够直观地了解不同职业的工作内容和要求，对自己的职业规划有更为明确的认识。例如，对机械制造感兴趣的学生可以在职业院校的车间中进行实际操作，从而深化对机械原理和操作流程的理解。社区和少年宫则为学生提供了参与社会实践和志愿服务的平台。在这些场所，学生可以亲身参与社区服务、环境保护、文化传承等公益活动，体验社会劳动的意义和价值。这样的实践活动不仅有助于培养学生的社会责任感和公民意识，还能提升他们的团队协作能力和解决实际问题的能力。

此外，随着信息技术的迅猛发展，虚拟空间在劳动教育中的作用也日益凸显。学校应重视劳动课程虚拟空间的开发，利用网络平台和资源来丰富学生的学习体验。例如，通过建立在线劳动学习平台，学校可以整合各类劳动技能的学习课程和教学资源，为学生提供个性化的学习路径和实时的学习反馈。学生则可以根据自己的兴趣和需求，在网络环境中进行自主学习和实践，与来自不同地区、不同领域的学习者进行交流和分享。这样的学习方式不仅能够突破地域和时间的限制，还能让学生接触到更多元化的知识和观点，从而拓宽他们的视野和认知广度。

第三章

小学劳动教育课程
体系的构建

自2020年起，中国教育迎来了重要的政策导向。中共中央、国务院颁布了《关于全面加强新时代大中小学劳动教育的意见》，这一政策文件不仅为劳动教育的发展指明了方向，也彰显了国家对劳动教育的深切关注。与此同时，教育部也积极响应，印发《大中小学劳动教育指导纲要（试行）》[1]。这两项重要政策的发布，无疑为劳动教育在新时代的发展奠定了坚实的基础。在经历了一段时间的相对沉寂和缺位之后，劳动教育终于再次在“五育”中确立了其不可或缺的地位。这也使得“劳动教育”成为了教育领域内的热议话题，引发了广泛的关注和讨论。为了响应《意见》和《纲要》的号召，我们深知必须构建一套科学合理的劳动教育课程体系。这一体系不仅要确保学生全面接受劳动教育的熏陶和培养，更要引导他们树立正确的劳动价值观和良好的劳动习惯。在构建这一课程体系的过程中，我们严格遵循《意见》和《纲要》的指导思想，着重培养学生的劳动精神、劳动技能和劳动习惯。劳动精神的培养，旨在让学生理解劳动的意义和价值，尊重劳动，珍惜劳动成果。劳动技能的提升，则是通过实际操作和训练，让学生掌握一定的劳动技能和方法。而劳动习惯的养成，则需要通过日常的教育和引导，使学生养成良好的劳动习惯和态度。

1　大小学劳动教育指导纲要（试行）[EB/OL].（2020-07-07）[2021-07-09]. http://www.moe.gov.cn/srcsite/A26/jcjkcjcgh/202007/t20200715472808.html.

第一节　小学劳动教育的培养目标与项目设计

一、劳动教育的培养目标

劳动教育作为教育体系中的重要组成部分，其核心目标在于引导学生形成正确的劳动观念，培养必要的劳动能力，塑造积极的劳动精神，以及养成良好的劳动习惯和品质。这些目标不仅关乎个体的全面发展，更是对社会责任和人类文明进步的贡献。下面，我们将逐一详细阐述这些目标及其深远意义。

首先，劳动观念的培养是劳动教育的基石。劳动观念是个体对劳动的思想认知，它深刻影响着个体对待劳动的态度和行为。[2] 通过劳动教育，我们期望学生能够深刻理解劳动的价值，认识到劳动不仅是生存的手段，更是实现个人价值和社会价值的重要途径。正确的劳动观念将引导学生尊重劳动、尊重普通劳动者，树立起“劳动最光荣、劳动最崇高、劳动最伟大、劳动最美丽”[3] 的崇高理念。这种观念的形成，有助于学生树立正确的人生观和价值观，使他们能够珍惜劳动成果，尊重他人的劳动，同时也更加珍视自己的劳动机会。

其次，劳动能力的培养是劳动教育的重要实践环节。劳动能力不仅包括体能、智力等基础素质，更涉及专业知识、实践技能以及团队协作能力等多方面。在劳动教育中，学生通过参与各种劳动实践，不仅能够锻炼身体，发展智力，还能积累宝贵的实践经验，习得各种实用技能。这种能力的培养，不仅为学生未来的职业生涯奠定了坚实基础，更有助于他们在面对生活中的各种挑战时游刃有余。

再者，劳动精神的培养是劳动教育的灵魂所在。劳动精神体现了劳动者在劳动过程中所持有的态度、理念以及展现出的精神风貌。勤俭、奋斗、创新和奉献等特质是劳动精神的核心内容。通过劳动教育，我们希望能够激发学生的创造力和创新意识，培养他们勇于担当、乐于奉献的品质。这种精神的培养，将使学生在面对困难和挑战时能够保持坚定的信念和毅力，勇往直前。

最后，良好的劳动习惯和品质是劳动教育的终极目标之一。良好的劳动习惯包括自觉自愿、认真负责、安全规范地参与劳动，而优秀的劳动品质则涵盖了诚实守信、吃苦耐劳以及良好的消费习惯等多个方面。这些习惯和品质的形成，不仅有助于学生个体

2　文新华．论劳动、劳动素质与劳动教育[J]．教育研究，1995（5）：10.

3　习近平．给中国劳动关系学院劳模本科班学员的回信[EB/OL]．(2018-04-30)[2021-07-09]．http://www.gov.cn/xinwen/2018-04/30/content_5287130.htm.

的成长和发展，更是对社会的积极贡献。具备这些良好习惯和品质的学生，将在未来的生活和工作中展现出更高的职业素养和社会责任感。

通过深入培养这些良好的劳动习惯和品质，学生将更加珍视通过辛勤努力获得的劳动成果，深刻理解到劳动的价值和意义。他们不仅会杜绝浪费行为，还会合理规划和使用资源。在面对社会上炫耀性消费、奢侈性消费等非理性消费现象时，这些学生将能够坚守本心，保持清醒的头脑和理性的消费观念。这种教育的影响力远超校园，它对学生的个人成长和未来的职业发展都具有深远的影响。例如，一个养成了良好劳动习惯和品质的学生，在未来的工作中更可能展现出高度的责任心和敬业精神，从而更容易获得同事的尊重和上级的赏识。同时，劳动教育也是培育和践行社会主义核心价值观的重要途径。通过劳动，学生更加深入地理解了社会的运作方式和人与人之间的相互依赖关系，从而增强社会责任感，推动社会的进步和发展。

二、劳动教育的项目设计

在小学阶段的劳动教育中，我们致力于实现的目标可以从四个层面进行深入剖析。首先，培养学生的劳动观念和劳动精神是我们工作的重中之重。这一目标的核心在于引导学生深刻理解劳动的内在意义和社会价值，从而树立起积极参与劳动的正确态度。为了实现这一目标，我们在教学过程中融入了许多真实案例，比如讲述劳动模范的故事，组织学生参观工厂、农田等劳动现场，让他们亲身感受劳动的艰辛与伟大。通过这些活动，我们希望能够激发学生对劳动的尊重和热爱，培养他们的劳动观念和精神。其次，技术能力的培养同样不可忽视。这不仅包括传授学生具体的劳动技能和操作技巧，更重要的是教会他们如何将这些技能运用到实际工作中。例如，在木工课程中，我们不仅教授学生如何使用锯子、砂纸等工具，还引导他们自主设计并制作小木工作品，从而在实践中提升技术应用能力。再次，综合实践能力的培养是劳动教育的又一重要目标。我们通过开展丰富多彩的劳动实践活动，如园艺种植、手工制作等，让学生在动手做的过程中锻炼动手能力、激发创新思维，并学会解决实际问题。这些活动不仅增强了学生的实践能力，还培养了他们的耐心和毅力。最后，通用技术的培养也是必不可少的一环。在现代社会，信息技术、沟通能力和团队合作能力已经成为了必备素养，因此，在劳动教育中，我们注重引导学生学习并掌握基本的计算机操作技能，同时通过开展小组合作项目等方式，培养他们的团队协作和沟通能力。

这四个目标共同构成了小学阶段劳动教育的完整框架，既体现了劳动教育的育人功能，又突出其技术性特点。然而，如何将这些目标有效地融入具体的劳动项目，是我们在实践中需要不断探索的问题。我们深知，每个学生的实际情况和需求都是独一无二的，因此，在设计劳动项目时，我们始终坚持以学生为中心，力求找到最适合他们的教学方案。此外，我们还在教学方法和评价体系上进行了持续的创新和完善。通过引入项目式学习、情境教学等先进的教学方法，我们努力使劳动教育更加生动有趣、贴近实际。

同时，我们建立了一套科学、全面的评价体系，以确保每一个学生的进步和成长都能得到及时、准确的反馈。

具体劳动项目的设计可以更加细致和周全，通过深度结合劳动前、劳动中和劳动后的全过程，我们可以采用一种突出过程导向的方式进行设计。在“劳动前”这一阶段，我们着重于情境的创设。通过设定具有挑战性的问题或实际任务，我们可以有效地创造出一个劳动需求的环境，进而激发学生对劳动观念、劳动方法和劳动精神等方面的深入思考。

在设计具体劳动项目时，我们必须细致考虑学生的发展特点和个性化需求。学生年龄段的不同，意味着他们的认知水平和身体发育状况存在差异，因此，劳动项目的难度和复杂度需要进行相应的调整。例如，对于低年级的学生，我们可以设计一些简单的园艺种植或手工制作项目，让他们体验劳动的乐趣；而对于高年级的学生，我们可以适当增加技术含量和挑战性，如进行机械模型的制作或电子电路的搭建，以培养他们的精细操作能力和技术应用能力。为了满足学生的兴趣和多元发展的需求，劳动项目的设计也需要涵盖不同的劳动类型和领域。除了传统的体力劳动，还可以引入编程、设计、策划等更具创意性的劳动形式。这样不仅可以拓宽学生的视野，还能让他们根据自己的兴趣选择参与的劳动项目，从而提高他们的学习积极性和参与度。

在具体劳动项目的设计过程中，教学方法和评价体系的改进同样重要。启发式教学、探究式学习和合作学习等现代教学方法的引入，可以有效激发学生的主动性和创造性，让他们在劳动中不仅锻炼技能，还能培养问题解决能力和创新能力。而在评价方面，我们应该建立一套综合评价体系，既关注学生的劳动成果，也重视他们在劳动过程中展现的技能、动手能力、合作精神和创新思维。通过这样的评价，我们可以更全面地了解学生的劳动发展情况，并为他们提供更有针对性的指导和帮助。

“劳动中”这一阶段的核心，无疑在于劳动项目的具体实施。此环节是学生将理论知识转化为实际操作技能的关键过程，通过亲自动手实践，学生不仅能够深化对劳动知识的理解，更能真正习得和提升劳动技能。在劳动项目的设计与实施过程中，我们需要细致考虑劳动知识与技能之间的内在联系。这种联系并非单向的，而是相互交织、互为支撑的。知识的传授为技能的培养提供了理论基础，而技能的练习则能反过来巩固和加深对知识的理解。在教学方法的选择上，我们可以采取灵活多样的策略。一种常见的方法是先向学生传授必要的劳动知识，随后通过实操来培养他们的劳动技能。另一种方法则是在技能练习的过程中，根据学生的实际需求和遇到的问题，适时地穿插介绍相关的理论知识。这两种方法各有优势，前者能够帮助学生建立起系统的知识体系，后者则更能体现理论与实践的紧密结合。具体采用哪种方法并非一成不变，而应根据学生的年龄、技能水平以及劳动项目本身的特点来做出恰当的选择。以小学低年级学生为例，由于他们在体力、注意力和生活经验等方面存在一定的局限，因此在劳动项目的设计中，我们应以技能操作为主导，同时配合技能需求，增设操作提示、安全提示以及方法建议等内容。这样做不仅能够确保学生的安全，还能有效地引导他们逐步掌握劳动技能。随着学生年级的升高、劳动能力的增强以及劳动项目难度的加大，我们可以在实际操作之前，通过专题讲授的形式，向学生传授更为深入和系统的劳动知识。这样的教学方法旨在帮助学生在实操之前建立起对所从事劳动项目的基本理论和知识体系，从而在实际操作中更加游刃有余，提高技能水平和劳动能力。

通过精心设计的“劳动中”环节，学生不仅能够在实践中逐渐掌握劳动技能，还能在实操中不断丰富和深化对劳动知识的理解。更重要的是，这一过程能够有效地提高学生的劳动能力，为他们的全面发展奠定坚实的基础。例如，在园艺种植项目中，低年级学生可以在老师的指导下进行简单的种植活动，如播种、浇水等，而高年级学生则可以进一步探究植物的生长规律、土壤与肥料的选择等更深层次的知识和技能。

“劳动后”阶段，虽然劳动实践的主要活动已经结束，但这并不意味着劳动教育的终结。相反，这一阶段更是劳动教育过程中不可或缺的一部分，特别是评价与反思，它们在这一阶段扮演着举足轻重的角色。评价是对学生劳动实践成果的全面审视。在这一环节，教师会从多个角度对学生的表现进行细致入微的评估。这不仅仅局限于技能运用的熟练程度，更包括团队协作的融洽性、面对问题时的应变能力等多个层面。例如，在一个园艺种植项目中，教师不仅会评价学生对种植技能的掌握情况，还会观察他们在团队合作中的表现，以及在遇到问题时如何灵活应对。评价并非单纯为了打分或者评判优劣，更重要的是让学生通过评价了解自己的长处和短板。学生可以根据教师的反馈，明确自己在劳动实践中哪些方面做得较好，哪些方面还有待提高。这种反馈机制对于学生劳动能力的进一步提升具有积极的推动作用。

反思不仅仅是简单地回顾过去，更是对整个劳动实践过程的深入剖析。在这一过程中，学生会主动思考自己在实践中碰到的问题、解决问题的策略以及最终取得的成果。例如，在木工制作项目中，学生可能会在反思中发现自己使用锯子时手势不够稳定，导致木材切割不平整，进而思考如何通过练习和调整来改进。反思还鼓励学生之间的交流与分享。他们可以互相倾听彼此在劳动实践中的体验和感悟，从而获得新的视角和启发。这种互动不仅有助于学生之间的情感交流，还能促进他们在劳动技能和态度上的共同进步。

为了丰富劳动教育的内涵，在“劳动后”阶段引入拓展性内容是十分必要的。这些拓展性内容可以是对劳动项目相关背景知识的补充，比如介绍与项目相关的历史渊源、文化内涵或科学原理。例如，在完成一件传统手工艺品的制作后，教师可以向学生介绍这种手工艺的历史背景和文化意义，增强学生对传统文化的认识和尊重。此外，拓展性内容还可以包括技能应用的广泛探索。教师可以设计不同的劳动情境，让学生在这些情境中灵活运用所学技能，从而培养他们的创新思维和解决问题的能力。比如，在烹饪课程中，除了教授学生基本的烹饪技巧外，还可以引导他们尝试利用所学技能创作新的菜品，或者解决烹饪过程中遇到的实际问题。

第二节　小学劳动教育的内容选择与设计策略

一、劳动教育课程的内容选择

劳动教育作为素质教育的重要组成部分，其内容主要涵盖了日常生活劳动、生产劳动以及服务性劳动的知识、技能与价值观。这三大领域不仅是劳动教育的核心内容，也是开展劳动教育实践的关键环节。

日常生活劳动涉及的是每个人在日常生活中都会接触到的各种劳动。这包括了家务劳动，如打扫房间、洗衣做饭等，以及与个人卫生相关的劳动，比如洗漱、打扮等。在学校，日常生活劳动还体现在学生参与清洁和美化教室、校园等活动中。[4] 这些活动虽然看似简单，但能培养学生的自理能力和责任感，同时也让他们学会珍惜和保持环境卫生。生产劳动则是一个更加广泛且实用的领域。它涵盖了与产品和物质生产直接相关的劳动形式，例如工业生产中的机械加工、产品组装，以及农业生产中的种植、养殖等活动。通过参与这些生产劳动，学生不仅能够学习到实用的技能，还能了解到产品从原材料到成品的完整生产流程，增强他们对社会的认知和对职业的尊重。服务性劳动关注的是个体如何为他人提供服务。这种劳动形式包括了社区服务，如帮助老人、维护公共设施等，以及志愿者工作，如参与环保活动、支教等。通过参与服务性劳动，学生可以培养自己的社会责任感和奉献精神，同时也能提高他们的团队协作能力和人际交往能力。

以上共同构成了一个全面的教育体系，旨在培养学生全面发展的能力和素质。通过学习这些领域中的知识和技能，学生可以掌握实际生活中所需的各种劳动技能，提高自身的劳动能力和适应能力。同时，劳动教育也强调对学生价值观的培养，努力使他们具备正确的劳动态度、良好的合作意识以及强烈的社会责任感。值得一提的是，这三大内容领域不仅仅是理论知识的学习，更重要的是实践活动的开展。在这些领域中，学生有机会亲身参与各种实践活动，将所学知识和技能应用到实际中去。这种实践不仅能够帮助他们巩固所学知识，还能提高他们解决问题和合作的能力。可以说，劳动教育的这三大实践领域为学生搭建了一个综合性的学习平台，让他们在劳动实践中得到全面的成长和发展。

劳动教育在青少年成长中扮演着举足轻重的角色，其实施途径具有多样性和综合性。以下详细阐述了实现劳动教育的四个主要途径。首先，独立开设劳动教育必修课是劳动教育的核心途径之一。这一措施意味着在学校的课程设置中，需要专门划出特定的

4　黄济．关于劳动教育的认识和建议 [J]. 江苏教育学报（社会科学版），2004（5）：20.

时间和空间来进行劳动教育的系统教学。根据《纲要》的明确规定，小学阶段每周至少要安排 1 个课时用于劳动教育必修课程的教学活动。在这样的课堂中，学生不仅能够系统地学习与劳动相关的知识和技能，更重要的是，他们可以在实践中逐步培养起正确的劳动意识和积极的劳动态度。例如，通过学习农作物种植，学生不仅能了解农作物的生长周期和种植技巧，还能亲身体验耕种的辛劳与收获的喜悦，从而更加珍惜劳动成果。其次，在学科专业中有机地渗透劳动教育也是不可或缺的一环。这种渗透并非简单叠加或混合，而是要求教育者在各个学科的教学中，巧妙地将劳动教育的内容和要求融入其中，这样，学生在学习其他学科知识的同时，也能够自然而然地接触和实践劳动。再者，利用课外校外活动安排劳动实践是劳动教育的又一重要实施途径。这类活动为学生提供了将课堂所学知识应用于实际的机会，有助于加深他们对劳动的理解。根据《纲要》的规定，小学阶段的学生需要参与一定时长的课外劳动，如参与社区服务、环保活动等，这些都能让学生在实际行动中体验劳动的价值。最后，在校园文化建设中强化劳动文化是提升劳动教育效果的长期策略。通过在校园内营造崇尚劳动的氛围，如设立劳动榜样、展示劳动成果等，可以潜移默化地影响学生的劳动观念和习惯。这种文化建设不仅限于校园内部，还可以延伸到家庭和社会，形成全方位的劳动教育环境。

在课外校外活动中，学生不仅参与社区服务、致力环境保护，还体验农田劳作，从而深刻感受到劳动的艰辛与喜悦。这样的实践不仅锻炼了学生的动手能力，还培养了他们的团队协作精神和解决问题的能力。同时，校园文化建设在劳动教育中也发挥着不可或缺的作用。学校通过组织丰富多彩的劳动文化活动，如劳动技能比赛和劳动经验交流会等，让学生在轻松愉快的氛围中增进对劳动的理解和尊重。这些活动不仅展示了学生的劳动成果，还促进了学生之间的交流与合作。为了进一步激发学生对劳动的热爱，学校还建立了劳动典型和劳动模范的评选制度。这一制度通过树立榜样，鼓励学生向优秀的劳动者看齐，努力提升自己的劳动技能和综合素质。[5]

二、劳动教育课程的设计策略

（一）劳动项目的分类

为确保劳动教育课程体系的有效建构，我们必须从多个维度进行深入考量。首要的是，对各学段的劳动教育领域进行明确界定，这不仅能够确保劳动教育课程的全面覆盖，还能保障教育内容在不同学段之间的连贯性。全面性和连贯性是构建任何教育课程体系的基础，对于劳动教育而言尤为重要，因为它涉及学生实践技能的培养和劳动价值观的形成。进一步地，我们需要对每个学段中不同劳动分支的内容比重进行合理划分。这种划分并非随意，而应根据学生的年龄、心理发展、认知能力等因素，以及社会对劳

5 王连照．论劳动教育的特征与实施 [J]. 中国教育学刊，2016（7）：93.

动技能的需求来综合考量。例如，对于小学低年级的学生，我们更注重生活自理能力和简单手工制作技能的培养，因此这些方面的内容应在课程中占据较大比重。而对于高年级学生，我们可能更偏向于培养他们的生产劳动技能和服务性劳动能力，以适应未来社会的多元化需求。除了内容比重的划分，劳动内容的质量和深度也是我们不得不考虑的问题。浅显的、形式化的劳动内容无法使学生获得实质性的技能和知识，因此，我们必须确保每一项劳动内容都具有实际的教育意义和实践价值。这就要求我们在设计和选择劳动内容时，要紧密结合学生的生活实际和社会发展的需求，让学生在每一次的劳动实践中都能有所收获。同时，劳动态度和价值观的培养也是劳动教育课程体系中不可或缺的一部分。我们希望通过劳动教育，使学生能够认识到劳动的价值和意义，形成积极的劳动态度，尊重劳动，珍惜劳动成果。为此，我们可以在课程中穿插相关的案例教学和小组讨论，引导学生深入思考和探讨劳动的社会价值和个人意义。以小学低年级为例，根据《纲要》的指导，这一阶段的劳动教育应侧重于日常生活劳动，如生活自理、简单家务以及班级集体劳动等。这些劳动内容与学生的日常生活紧密相连，不仅有助于提升他们的生活自理能力，还能培养他们的责任心和团队合作精神。同时，我们也可以适当引入一些简单的手工制作类劳动，如制作纸艺、编织等，这些活动既能锻炼学生的动手能力，又能激发他们的创造力和想象力。

为了确保劳动教育课程的有效实施，我们必须充分利用各种教学资源和途径，以打造多样化且富有实效的学习环境。学校在此过程中应发挥主导作用，积极地与社区、家庭以及各类社会资源展开深度合作。这样的合作模式能够为学生提供更加广泛的劳动体验和学习机会，有助于他们更全面地理解劳动的内涵和价值。例如，学校可以组织学生参观工厂生产线，让他们亲眼见证产品的诞生，从而深刻理解劳动与生产的紧密关系。又如，安排学生走进农田，体验耕种和收获的辛劳与喜悦，让他们领悟农业劳动的重要性。此外，参与社区服务活动，如环境卫生整治、敬老院志愿服务等，不仅能锻炼学生的实践能力，还能培养他们的社会责任感和公民意识。

在利用传统教学资源的同时，我们还应借助现代技术手段来丰富劳动教育的内容和形式。例如，通过虚拟实境技术，可以模拟各种劳动场景，让学生进行安全的实践操作；而模拟实验能帮助学生了解科学原理，提升他们的科学素养和实验能力。随着学生年龄的增长和自理能力的提升，小学中高年级的劳动教育内容也应相应调整。在这个阶段，学生已经逐渐掌握了基本的自理技能，因此日常生活劳动中生活自理类内容的比重可以相对降低。相应地，为了培养学生的动手能力和创造力，生产劳动的比重在教育课程中应有所增加。比如，通过参与手工制作活动，学生可以提高自己进行精细动作的能力和培养审美情趣；而种植和养殖等活动则能让学生亲身体验生命成长的奥秘，培养他们的耐心和责任心。除了上述活动，学校还可以引入服务性公益劳动，如组织学生参与社区环境卫生改善项目。通过这样的活动，学生不仅能了解社区环境保护的重要性，还能在实践中培养对公共卫生和环境保护的责任感和意识。这种服务性公益劳动的引入，不仅有助于培养学生的社会责任感和公民意识，还能使他们在服务社区的过程中体验到劳动的价值和意义。

不论我们如何对劳动教育的领域进行划分，其课程设计都要在横向与纵向上进行全面而细致的规划。这种规划的核心目的在于确保不同学段之间的教育内容既有关联性，又保持其内在的连贯性。为了实现这一目标，课程设计应当展现出一种递进的特性，即随着学生年级的增长，学习内容也逐渐深入和复杂。这样的设计理念允许学生从一个相对简单的劳动起点出发，例如日常生活自理或简单的手工制作，逐步向更为复杂和具有创造性的劳动任务过渡，如参与科技制作或组织社区服务等。在这一过程中，学生不仅能够更深入地认识和理解各种劳动对象，还能逐步加强对劳动技能的理解和提高实际操作能力。整体设计中，除了注重对知识和技能的培养，我们还应高度重视学生在知识、情感、意识和行动等多个层面的交织发展，特别是情感体验，它在劳动教育中的价值不容忽视。当学生通过亲身参与劳动，感受到劳动带来的成就和满足，他们更可能对劳动产生深厚的情感。这种积极的劳动情感不仅有助于培养学生的独立性、自信心，还是他们获得成就感的重要途径。

更进一步地说，一个注重情感体验的劳动教育课程设计，能够激发学生对劳动持续探索的欲望和兴趣。当学生对某种劳动产生了浓厚的兴趣，他们更可能自发地去深入研究、实践，甚至在未来选择与此相关的职业。[6] 当我们进行劳动教育的整体设计时，以下几个关键方面值得特别注意：

一是横向关联。为了确保学生在劳动教育课程中能够持续地扩展和应用所学，建立课程间的横向关联显得尤为重要。这种关联可以帮助学生发现不同劳动领域之间的共性和联系，进而提升他们的综合应用能力。二是纵向贯通。除了横向的关联，课程设计还需在纵向上实现不同学段的有机衔接。这意味着从小学到初中，再到高中，劳动教育的内容应该形成一个完整、系统的知识结构和技能体系。这样，学生在学习过程中可以逐步深化对劳动对象的认识，不断提高自己的技能水平，并实现知识的有效渗透和延伸。考虑到学生的发展特点和能力差异，劳动教育课程的设计应当遵循逐级递进的原则。简单地说，就是根据学生的实际情况，逐步增加学习内容的难度和挑战性。这样，学生可以在不同的学段中逐渐接触到更为复杂、更具挑战性的劳动任务，从而更好地促进他们的全面发展。三是劳动情感体验。如前所述，积极的劳动情感体验对于学生的成长具有重要意义。因此，课程设计应充分考虑如何通过实际的劳动实践和体验，培养学生对劳动的热爱和认同感。当学生真正喜欢并投入劳动，他们的自我意识和情感素质也会得到相应的提升。

6　徐海娇．劳动教育的价值危机及其出路探析 [J]. 国家教育行政学院学报，2018（10）：27.

（二）劳动项目的选择

在劳动教育的实施过程中，明确劳动项目的内容领域是至关重要的一步。这不仅为劳动教育的有序进行奠定了基础，更有助于确保教育的全面性和有效性。劳动项目可以广泛涉及多个领域，如农业、手工艺、科学技术等，这样的多样性设计旨在满足学生全方位的发展需求。明确内容领域之后，接下来的关键任务便是在这些领域中精心筛选适合的劳动项目。这一步骤需要细致入微地考量，因为选择合适的劳动项目将直接影响到劳动教育的质量。在这一过程中，我们必须充分考虑到小学生的学习特点和生活实际。小学生的年龄阶段、认知水平以及他们的兴趣爱好，都是我们选择劳动项目时需要权衡的重要因素。举个例子，对于小学生而言，我们可以选择一些既简单易行又与日常生活紧密相连的劳动项目。比如，种植小型植物、制作简单的手工艺品或者参与家庭的日常清洁工作。这些活动不仅容易上手，还能让小学生在实践中体验到劳动的乐趣，从而有效培养他们的动手能力和实践精神。此外，我们在选择和规划劳动项目时，还要紧密结合国家的政策方针与课程标准。这意味着我们需要不断关注教育领域的新动态，确保所选的劳动项目既符合国家的教育方向，又能满足学生的实际需求。这样，我们才能为不同学段的学生提供更为切实可行的劳动教育方案和建议，进而推动劳动教育的深入发展。

在小学低年级段，为学生精心挑选适合的劳动项目，对于他们的成长具有深远的意义。以下是一些建议，这些建议涉及生活自理、家庭劳动、校园劳动以及手工制作等多个领域。在生活自理领域，我们可以选择诸如整理个人物品、洗漱、穿衣、系鞋带等常见的劳动项目。这些活动不仅能够锻炼学生的动手能力，更重要的是培养他们的自理能力和良好的卫生习惯。例如，通过每天自己整理床铺、书桌，学生可以学会如何管理自己的生活环境，保持整洁和有序。在家庭劳动领域，可以根据每个家庭的实际情况，选择扫地、擦桌子、洗碗、帮忙照顾弟妹等劳动项目。这些活动旨在培养学生的家庭责任感和生活技能，让他们明白作为家庭一员应该承担的责任和义务。在校园劳动领域，建议设计并实施一些班级集体劳动项目，如打扫教室卫生、维护校园绿化等。通过这些活动，学生可以学会与他人合作，共同完成任务，从而培养他们的集体协作能力和责任感。至于手工制作类项目，可以根据学生的学习和生活需要进行灵活设计。比如，纸艺、编织、泥塑等，这些活动不仅能够锻炼学生的手眼协调能力，还能激发他们的创造力和想象力。通过精心选择这些劳动项目，我们可以有效地促进小学低年级学生的综合素养和能力的发展。同时，这些活动也有助于培养学生的劳动意识、自理能力和社会责任感。值得一提的是，这些劳动项目都是根据学生的年龄特点和认知水平来设计的，与他们的学习和生活紧密相连，这将为他们的全面发展和健康成长奠定坚实的基础。

基于小学低年级劳动项目的构建基础，我们来探讨一下小学中高年级劳动项目的设计与选择。在生活自理领域，对于中高年级的学生，我们可以在低年级的项目基础上适度提升难度。例如，从简单的整理个人物品进阶到规划和管理个人的学习与生活空间，这样不仅能锻炼学生的空间管理能力，还能促进他们的逻辑思维和规划能力的发展。在家务劳动方面，中高年级的学生可以开始接触一些基础的烹饪技能。比如，学习制作简单的餐点，如三明治、水果沙拉等。这样的活动不仅能提升学生的生活技能，还能培养他们的健康饮食意识，同时也为他们未来的独立生活打下坚实的基础。在校园劳动领域，我们应该设计更多以校园为基本劳动场所的项目。例如，组织学生参与校园绿化、图书馆书籍整理等活动。这些项目旨在通过实际行动，深化学生对社会责任和集体意识的理解，同时也能培养他们的团队协作精神和服务社会的意识。

通过精心设计与选择的劳动项目，学生将在参与过程中得到身心的全面锻炼。他们会在实践中发展出强大的实践能力，深刻理解劳动的意义，提升自我管理以及社会适应能力。此外，这些活动还将帮助学生学会如何与他人合作，提高社交技巧，以及培养解决问题的能力。举个例子，通过参与校园绿化的劳动项目，学生们将学习到如何合作种植和养护植物，这不仅能让他们体会到劳动的乐趣，还能在实际操作中提升他们的动手能力和环保意识。

（三）劳动内容与途径的结合

劳动教育必修课的项目实施，其形式与途径的多样性对于培养学生的劳动技能和劳动态度至关重要。在实际操作中，我们不必局限于传统的课堂教学模式，应积极拓展校外劳动，甚至通过设定特定的劳动周来落实一些大型或复杂的劳动项目。这样的多元化实施方式不仅丰富了学生的学习体验，也让他们能在更广阔的环境中亲身体验劳动的价值与意义。[7]

在构建劳动教育必修课的项目体系时，我们需要灵活地为不同的实施途径预留空间。这就要求我们在规划之初必须充分考虑到各种实施方式的特点和需求。为了确保劳动教育的连贯性和完整性，我们可以采用多种方法来辅助实施。一种行之有效的方法是，在确定学期或学年的劳动教育必修课内容后，针对每个具体的劳动项目，设计相应的课外劳动记录表。这些记录表不仅为家长或负责课外劳动实践的教师提供了明确的指导，使他们能够以必修课中的劳动项目为基础，引导学生进行相应的课外劳动实践，还能帮助学生系统地记录自己的劳动时间、地点、内容、过程以及个人的感悟等信息。通过这种方式，学生不仅能够将课堂所学与实际劳动相结合，还能在反思和总结中深化对劳动的理解。另一种值得尝试的方法是设计学期或学年的劳动周总结记录表。这种以学期或学年为单位的记录方式，可以更加系统地梳理和回顾学生在劳动周期间的各项活动。劳动周总结记录表的内容可以涵盖学生在劳动周中参与的各项劳动活动、所学到的具体知识和技能、面对的挑战以及采取的解决方案，还有他们对整个劳动过程的反思和感悟。这样的记录方式不仅有助于学生对劳动形成全面认识，还能促进他们在实践中不断成长

7　牛瑞雪．小学如何构建劳动教育特色课程体系——落实《关于全面加强新时代大中小学劳动教育的意见》的实践策略 [J]．课程·教材·教法，2020（5）：14.

和提升。

在劳动教育的实施过程中，教师和家长所担任的角色是举足轻重的。作为教师，他们不仅是知识的传授者，更是学生成长的引路人。在劳动教育的课堂上，教师需要充分发挥其专业知识和技能，为学生提供精准而有力的指导。同时，教师还要善于激发学生的兴趣和热情，鼓励他们积极参与各类劳动实践，比如手工制作、园艺种植、社区服务等活动。在这些实践活动中，教师应时刻关注学生的进展，及时给予反馈，并引导他们进行深入的反思和总结，以便学生能够从中汲取经验，不断提升自己。与此同时，家长在劳动教育中的作用也是不可或缺的。他们应与学校保持紧密的联系，了解学校的劳动教育计划和孩子的在校表现。家长可以关注孩子在劳动课程中的体验和收获，鼓励他们在家中也能继续参与劳动，如做家务、照顾弟妹、参与家庭园艺等。这样的实践不仅能增强孩子的责任感，还能培养他们的独立生活能力。

劳动教育的实施途径是多元化的，这些途径不仅有助于培养学生的实践能力和对劳动的尊重，还能全面提高他们的综合素质，使他们在未来的社会生活中更加游刃有余。例如，通过参与劳动教育的实践活动，学生可以学会如何自主学习、如何与他人合作与沟通、如何解决问题以及如何创新。这些能力都是当今社会所需的关键素养，对于提高学生的综合素质水平具有显著的影响。因此，在推进劳动教育的过程中，我们应该采取一个综合性的策略。除了设置劳动教育必修课之外，还可以在学科专业中巧妙地融入劳动教育的元素，让学生在学习知识的同时，也能感受到劳动的价值和意义。此外，课外和校外的劳动实践活动也是不可或缺的环节，它们能够为学生提供更加真实和丰富的劳动体验。最后，通过校园文化建设来强化劳动文化的氛围也是非常重要的，它可以让学生在潜移默化中接受劳动教育的熏陶。综上所述，为了促进学生的全面发展和成长，我们必须为这些不同的实施途径留出足够的空间，并确保它们能够有机地结合起来，共同为学生的劳动教育贡献力量。

第三节　小学劳动教育的多元内涵与文化特性

一、劳动教育多元内涵的挖掘

关于劳动教育的实施，学术界已经进行了深入的研究，并从多个角度提出了具体的建议和观点。这些研究旨在进一步优化劳动教育的课程体系设计和实施方式，以更全面地促进学生的发展，培养他们所需的各类技能、素养以及正确的态度。接下来，我们将详细探讨这些研究观点和建议。

从课程保障的层面来看，多项研究为劳动教育的实施提供了有力的建议。其中，师资保障被视为确保劳动教育教学质量的关键因素之一。优秀的教师不仅拥有丰富的专业知识和技能，还具备激发学生学习兴趣和动力的能力。他们如同指引学生前行的明灯，照亮学生探索劳动世界的道路。因此，研究者们强烈建议加强对劳动教育教师的专业培训和支持，通过系统的培训、实践指导以及持续的教育资源投入，全面提高他们的教学水平和专业素养。[8]

除了师资保障，物资保障和安全保障也是劳动教育实施中不可或缺的环节。实践性是劳动教育的核心特征，为了使学生能够亲身参与劳动活动，学校和教育机构必须提供充足的物资和设备支持。这些物资和设备应当满足劳动教育的实际需求，确保学生能够在安全、舒适的环境中进行实践操作。同时，安全保障措施也需得到足够重视。在劳动教育过程中，学生的身体健康和安全始终是第一位的。因此，研究者们建议制定严格的安全规范和应急处理措施，确保学生在劳动过程中得到充分的保护。

另一方面，有研究指出劳动课程的实施应追求课程实施主体、课程实施场域、课程组织方式和课堂教学方法的和谐统一。这意味着在劳动教育的实施过程中，需要综合考虑不同的实施主体，包括学校、教师、学生和家长等，确保他们之间的有效沟通和配合。[9] 学校应提供必要的支持和资源，教师应发挥专业指导作用，学生和家长则应积极参与并配合劳动教育的开展。

同时，选择合适的实施场域和环境也至关重要。劳动教育的实践场地可以多样化，

8　张勇，徐文彬．论新时代和谐劳动课程的内涵、意义与建构［J］．中国教育科学，2020（6）：63.

9　林克松，熊晴．走向跨界融合：新时代劳动教育课程建设的价值、认识与实践［J］．湖南师范大学教育科学学报，2020（2）：61-62.

既可以是学校内部的实验室、工作室等专用场所，也可以是社区、企业等外部实践基地。这些不同的场域为学生提供了丰富的实践机会和真实的工作环境，有助于他们更好地理解和体验劳动的价值和意义。

在课程组织方式和课堂教学方法上，研究者们提倡采用多元化的教学策略和方法。小组合作、实践操作、案例分析等教学方式不仅可以激发学生的学习兴趣和动力，还能有效提高他们的学习效果和实践能力。[10] 这些教学方法注重学生的主体性和参与性，鼓励学生在实践中发现问题、解决问题，从而培养他们的创新思维和解决问题的能力。

此外，研究者们还提出推进开放交融的课程实施策略，以实现劳动教育课程内部以及与其他学科课程之间的整合。这种整合不仅有助于打破学科壁垒，促进知识的交叉与综合应用，还能培养学生的综合能力和创新思维。例如，在科学课程中融入劳动教育的元素，可以让学生通过亲手制作科学实验器材或进行实验操作来深化对科学知识的理解；在艺术课程中引入劳动教育的理念，则可以通过创作手工艺品或参与艺术表演等方式培养学生的审美能力和创造力。

在劳动教育日益受到重视的背景下，有效的劳动教育政策保障和文化环境的一体化建设也显得尤为重要。劳动教育政策的制定和实施可以为劳动教育的开展提供有力的指导和支持，确保其在教育体系中的地位和影响力。同时，建设浓厚的劳动文化氛围也是推动劳动教育深入实施的关键因素之一。这种文化氛围应涵盖家庭、学校、社区等各个层面，通过宣传劳动精神、展示劳动成果、开展劳动竞赛等多种形式的活动来激发学生对劳动的热爱和尊重。在这样的文化氛围中，学生将更加积极地参与劳动教育活动，将所学知识与实际应用相结合，从而全面提升自己的综合素质和能力。

二、回归文化的劳动教育内涵

在劳动教育课程体系的建设与实施过程中，我们应当有意识地引领学生追溯劳动文化的深厚历史，使其回归劳动文化的本质。这种回归的目的在于帮助学生深刻理解劳动以及劳动教育的价值和意义，从而让他们从内心深处产生对劳动及劳动者的尊重与热爱。这恰恰是劳动教育的精髓所在。事实上，中华民族五千多年的辉煌文明史，孕育了博大精深的中华民族优秀传统文化。而党领导人民在革命、建设、改革的伟大实践中，也创造了独具特色的革命文化和社会主义先进文化。这些丰富多彩的文化形态无一不体现了对劳动的极高尊重与推崇。在我国不同的历史时期，劳动始终占据着举足轻重的地位。可以说，我们的文化基因中深刻烙印着劳动教育的影子，而劳动教育本身也承载着厚重的文化内涵。鉴于此，回归劳动文化、深入挖掘其文化内涵，自然成为了劳动教育

10　顾建军，毕文健．刍议新时代劳动教育课程的一体化设计［J］．人民教育，2019（10）：16.

的重要使命。在这一过程中，我们尤其需要加强对中华民族优秀传统文化、革命文化以及社会主义先进文化中与劳动文化紧密相关的内容的引导与介绍。这样的做法将有助于我们实现“以劳育人”与“以文化人”的双重目标。

首先，中华优秀传统文化中蕴含着极为丰富的劳动价值观和崇高的劳动精神。自古以来，中华民族就有勤劳致富、敬业奉献的美德，将辛勤劳动视为实现个人价值和社会进步的重要路径。因此，引领学生回归中华优秀传统文化，不仅可以让他们从中汲取劳动的智慧与经验，更能培养他们对劳动的崇高敬意以及对劳动者的深切尊重。

其次，中国共产党领导人民在艰苦卓绝的中国革命斗争中，形成了以井冈山精神、长征精神等为突出代表的革命。其无私奉献、艰苦奋斗等精神品质始终激励着人们为了国家和人民的福祉而奋斗。通过向学生介绍革命文化中那些与劳动息息相关的感人故事和伟大精神，无疑能够激发他们对劳动的深厚热爱以及对社会公益事业的执着追求。

再者，社会主义先进文化是在党领导人民推进中国特色社会主义伟大实践中形成的。在这一文化中，劳动文化占据着举足轻重的地位，它充分体现了广大劳动者在现代社会中的核心作用与巨大价值。引导学生深入了解社会主义先进文化中关于劳动的先进理念与实践案例，进一步增强他们对劳动的认同感以及对劳动教育深远意义的理解。

在劳动教育课程体系建设与实施的全过程中，我们应当始终坚持回归劳动文化的核心理念，深入挖掘并传承中华优秀传统文化、革命文化以及社会主义先进文化中的劳动文化精髓。这样的做法不仅有助于学生对劳动以及劳动教育形成深刻的理解和强烈的认同感，更能培养他们对劳动以及劳动者的深切尊重与热爱。[11] 同时，这也将有助于我们实现“以劳育人”与“以文化人”的和谐统一目标，为新时代培养出更多具有良好劳动道德和文化素养的优秀人才。

在具体的生产劳动项目中，我们有机会向学生深入介绍我国传统文化对劳动的重视以及对劳动者的深切关注。这一教育过程不仅有助于学生深刻理解和熟练应用相关技术，更能有效地培养学生对我国传统文化，尤其是劳动文化的自信心。我国传统文化源远流长，其中劳动文化占据了举足轻重的地位。劳动，作为人类生存和发展的基础，一直以来都受到我国文化的高度重视。这一点，不仅体现在历代文人墨客的诗词歌赋中，也贯穿于中华民族的日常生活和习俗。

在具体的生产劳动中，我们可以结合实际操作，向学生讲述古代劳动人民是如何辛勤耕耘、精工细作的。例如，在农耕文化中，耕种的每一个步骤都蕴含着深厚的文化内涵和人民的智慧。通过亲手体验石臼舂米、风车挑米、手工脱粒等农耕活动，学生能

11 刘向兵．多学科视阈下劳动教育的中国特色审视 [J]. 劳动教育评论，2020（3）：20-23.

够更直观地感受到传统劳动的艰辛与美丽。同时，我们还可以通过介绍历史上的劳动模范和他们的感人事迹，来进一步弘扬劳动精神。如《南泥湾》这首歌曲所歌颂的三五九旅屯田壮举就是一个生动的案例。在抗日战争时期，三五九旅在王震将军的率领下，奉命开进南泥湾，披荆斩棘，开荒种地，风餐露宿，战胜重重困难，最终将荒无人烟的南泥湾变成了“到处是庄稼，遍地是牛羊”的陕北好江南。通过学习这样的历史故事，学生不仅能够深刻理解劳动的价值和意义，还能够体会到“爱岗敬业、争创一流，艰苦奋斗、勇于创新，淡泊名利、甘于奉献”的劳模精神[12]。

此外，传统劳动文化中还蕴含着丰富的技艺和智慧，如传统手工艺、建筑技艺等。这些技艺不仅是劳动人民长期实践的结晶，也是我国传统文化的瑰宝。在生产劳动项目中，我们可以邀请手工艺人或非物质文化遗产传承人来现场指导，让学生亲身体验和学习这些传统技艺。通过这样的活动，不仅能够提高学生对劳动技术的理解和应用能力，更能够增强学生对传统文化的认同感和自豪感。

三、回归社会主义精神的劳动教育内涵

在新时代，劳动的价值得到了更为深刻的彰显，同时，对劳动者的推崇也达到了新的高度。这一变化，实质上是对社会主义制度下改革开放和社会主义现代化建设主力军的劳动者回归的呼唤。劳动者的主人翁地位，不仅意味着他们在社会经济中扮演着关键角色，更代表着他们的劳动被看作“财富的源泉”和“幸福的源泉”。劳动者的主人翁地位，使其成为了社会经济的关键要素。在社会主义制度下，劳动不再仅仅是一种谋生手段，而是成为人们生活第一需要，劳动者是创造社会财富和推动社会进步的重要力量。劳动者的每一份付出，都直接关系到国家的繁荣和人民的福祉。这种地位的提升，无疑极大地激发了劳动者的积极性、主动性和创造性。劳动者们以主人翁的姿态，积极参与，勇于创新，为国家的经济发展和社会进步做出了巨大贡献。他们的努力，不仅提高了生产效率，还推动了技术革新和社会进步。

新时代对劳动的弘扬，实际上是对劳动者价值的重新认识。在社会主义制度下，劳动者的地位得到了前所未有的提升。他们不再是被动的接受者，而是决策和管理的参与者。这种变化，不仅体现了对劳动者的尊重和关怀，更为实现全面建成社会主义现代化强国的伟大目标提供了坚实的基础和动力。劳动者的主人翁地位还意味着他们在生产过程中拥有了更多的话语权和决策权。他们能够参与企业的决策和管理，对生产提出自己的意见和建议。这种参与感和归属感，让劳动者更加珍视自己的工作，也更加愿意为企业的长远发展贡献自己的力量。此外，新时代对劳动的推崇还体现在对劳动者个人价值

12　习近平．在庆祝“五一”国际劳动节暨表彰全国劳动模范和先进工作者大会上的讲话 [EB/OL].（2015-04-28）[2021-07-09].http://www.xinhuanet.com/politics/2015-04/28/c1115120734.htm.

实现的重视上。在社会主义制度下，劳动者的劳动不仅仅是为了满足物质生活的需求，更是为了实现个人的价值和理想。这种对个人价值的追求和尊重，极大地激发了劳动者的创造力和创新精神。

在深入探讨劳动教育的多维价值时，我们必须首先认识到一个核心观点：只有通过深刻理解和实践“劳动最光荣、劳动最崇高、劳动最伟大、劳动最美丽”的理念，学生才能在劳动教育的学习与实践过程中取得实质性的进步。这一理念不仅是对劳动的高度赞美，也是对学生劳动观念塑造的重要指引。在劳动教育的实施过程中，强化学生的劳动观念显得尤为重要。学生需要从根本上改变对劳动的传统认知，深刻理解劳动不仅是一项基本的生活技能，更是一种实现个人价值和社会进步的重要手段。劳动不是简单的体力或脑力付出，而是个人成长、社会发展和文明进步的重要基石。当学生能够从内心深处认同劳动的崇高与伟大时，他们自然会以更加积极的态度投入劳动实践，从而在劳动教育中获得更为丰富的体验和收获。

劳动教育的另一个核心目标是增长学生的劳动本领。这不仅仅意味着掌握基本的劳动技能，更包括提升解决实际问题的能力。通过亲身参与劳动实践，如手工制作、农耕体验、社会服务等活动，学生能够在实践中不断摸索、学习和成长。这种以实践为导向的学习方式，不仅能够锻炼学生的动手能力，更能够培养他们的创新思维和问题解决能力。这些能力的提升，为学生未来的职业生涯奠定坚实的基础。除了技能和能力的提升，劳动教育还承担着发扬劳动精神的重要使命。劳动精神是一种积极向上的生活态度和价值观，它体现了对劳动的热爱、对工作的责任感以及对社会的奉献精神。在劳动教育中，学生应该被引导去体验和感悟这种精神，从而培养起勤劳、刻苦、坚持不懈的优秀品质。同时，劳动过程中的团队合作和相互帮助也能够让学生深刻理解团结、互助的重要性，进一步丰富他们的精神世界。最终，劳动教育的育人效用应该得到全面的发挥。这不仅仅体现在学生的技能提升和精神培养上，更包括他们身心素质的全面发展和人文素养的提升。劳动教育应该成为培养学生社会责任感、集体荣誉感以及公民意识的重要途径。当学生能够在劳动中体验到成功的喜悦和挫折的教训时，他们将更加珍惜和感恩生活，更加懂得如何与他人和谐相处，更加明白自己作为社会一员的责任和使命。

第四章

小学劳动教育的
课程设置与开发

第一节　创新与融合：小学劳动教育的课程设置

一、多元化课程设置的实践与经验

在经济日益发达的当下，小学劳动教育曾一度被“淡化”“弱化”。不少少年儿童在“4+2+1”（即 4 名祖辈、2 名父母、1 名独生子女）模式的家庭中衣来伸手，饭来张口，逐渐失去了劳动实践的机会和能力，出现了不想劳动、不会劳动、不珍惜劳动成果的现象。

习近平总书记曾深刻指出：“人世间的一切成就、一切幸福都源于劳动和创造。”他在全国教育大会上更是明确提出，将劳动教育纳入社会主义建设者和接班人的总体要求，必须构建大中小学劳动教育体系，全面落实党的教育方针。

2020 年，中共中央、国务院发布《关于全面加强新时代大中小学劳动教育的意见》（以下简称《意见》），强调劳动教育“是学生成长的必要途径，具有树德、增智、强体、育美的综合育人价值”。这无不凸显了劳动教育的重要地位，是加强新时代学校劳动教育工作的行动指南。

在大力提倡“德智体美劳”五育融合的背景下，劳动教育作为实践育人的重要领域，需要发挥学校在劳动教育中的主导作用。如何设计并有效实施劳动教育，以实现劳动课程的育人目标，我们对此进行了深入的研究与实践。

（一）多元思维建构课程，探索全新劳动模式

1. 以“融合”思维调整学校课程整体规划

劳动教育的终极目的是育人，育全面发展的人。课程开发要充分发挥劳动综合育人功能，要促进劳动教育与学科教学有机融合，更要与综合性实践有机结合。

因此，学校将劳动作为“五育融合”的载体和学生全面发展的基点，将培养劳动素养融入学科育人的目标，探讨劳动教育课程与学校原有学科课程体系的融合共生，设计出“劳动 + 学科”“劳动 +X 育”“劳动 + 生活”“劳动 + 技术”四大领域为内容的“劳动 +”课程体系，以实现学生德智体美劳全面发展。

在课程设置上，《意见》规定，小学劳动教育课每周不少于 1 课时。学校根据《意见》要求，微调课程整体布局，凸显“劳动”在整个学校课程规划中的“核心”地位和“黏合”意义，构建两套体系：一套为“隐性”劳动课程，即探索“劳动 + 学科”课程；一套为“显性”课程，每周设一节劳动必修课程，三至六年级设两节劳动选修课程。

2. 以“结构”思维设计劳动课程总体目标

《大中小学劳动教育指导纲要（试行）》提出，“学校要将劳动习惯、劳动品质的养成教育融入校园文化建设之中”。

立足学校的总体育人目标，即“‘树’学生为‘真善美统一’的大写的‘人’，让每个孩子都充满生命活力”，以劳动课程的功能和目标为基础，与学校文化的核心语词“真善美”相结合，我们将劳动课程总目标描述为“两爱”“三会”“四有”，着力培养热爱劳动、劳动人民，会自主、安全、合作劳动，有奉献、勤勉、担当、创新精神的时代新人。

基于课程总目标，注重“细分”与“进阶”，结合学段特点分解劳动教育目标。“两爱”突出劳动观念进阶，低段形成“自己的事情自己做”的意识，中段懂得“一分耕耘，一分收获”的道理，高段体会“业精于勤荒于嬉”的内涵。“三会”指向劳动能力与习惯进阶，低段学会“房间、教室与公共区域的整理与清洁和安全使用工具”，中段学会“家务自理，自觉维护生活场所卫生，并能在劳动中提出和解决问题”，高段学会“整理与收纳、日常饮食烹饪等，主动参加公益性服务劳动，并会制订劳动计划，协作完成劳动任务”。“四有”聚焦劳动品质与劳动精神进阶，低段“乐于参与集体劳动，愿意服务他人，遵守劳动纪律”，中段具有“勤俭节约、承担责任、不怕困难的精神”，高段具有“乐于奉献、积极探究、勇于担当、追求创新的精神”。

3. 以“个性”思维搭建劳动课程内容框架

学校围绕劳动课程目标，整合已有劳动实践，系统搭建课程内容框架，将劳动分为日常生活劳动、生产劳动和服务性劳动三类。日常生活劳动包括清洁卫生、整理收纳、烹饪营养和家用电器使用与维护，生产劳动包括农业生产劳动、传统工艺制作、工业生产劳动、新技术体验与应用，服务性劳动则包括现代服务业劳动、公益劳动与志愿服务。

学校根据校本实情与学生实际，积极开发体系完整的校本科创农耕课程。课程内容均设种植、科技、文化、服务等多元篇章：“种植”指向农耕基础知识的了解，“科技”体现当代科创农耕技术的现实意义，“文化”凸显校园文化或本土特色，“服务”更为学生综合能力的发展做了足量思考。

课程将一至六年级分为三个学段，各学段分设一个大的模块，每个模块四大主题，每个主题下设循序渐进、知行合一的课程内容。各学段的学习实践内容自成体系，层递式进阶，为在学生中顺利开设课程奠定了坚实的基础。

4. 以“创新”思维转型劳动教育常规模式

传统的劳动教育大多只停留在认知与体验层面，劳动教育的场所囿于教室、场馆等有限的空间，导致学生的劳动积极性不足。劳动体验不深刻、不完整，劳动实践不经历出力流汗，不经历问题解决，就难以使学生树立起正确的劳动观念，劳动素养的培育就成了无源之水、无本之木。

新时代背景下，我们认为劳动教育应有更高的立意与站位。新时代的劳动教育并非狭隘地专指体力劳动或直接的生产劳动，也不能窄化为种植劳动，而是基于体力劳动与物质生产劳动、探索性创新劳动、艺术审美性劳动等的综合实践活动。

以校园农耕课程为例，我们除了保留传统农耕的内容，如完成翻地、播种、施肥、浇水、除虫、收割等种植工作，让学生从中体味劳动的辛苦，品尝收获的快乐外，我们更注重科创、文化、艺术等元素的融入，以及本土特色的倾注，并配有形式多样的综合实践活动，可谓异趣横生。

（二）构建“一体两翼”体系，促进课程全面落实

1. 发挥“一体”（即学校）在劳动教育中的主导作用

《意见》要求充分发挥劳动的综合育人功能，制定劳动教育指导纲要，加强学生生活实践、劳动技术和职业体验教育，同时要优化综合实践活动课程结构，确保劳动教育课时不少于一半。《意见》明确提出，学校要切实承担劳动教育的重要责任。

（1）学校层面——统筹学习内容，开齐开足课程

学校将劳动教育纳入课程体系，制定相关课程计划，分低、中、高学段开设开足劳动课程，系统设计涵盖学科课程、拓展课程、综合实践活动、课后托管服务等全方位的劳动教育内容，有机统筹课内外劳动实践时间，不断激发学生潜在的劳动积极性与创造力。

①“劳动＋学科”：学校实施劳动教育的主要途径

基于开放式跨界融合思维，我们把学科课程整合为语文与品德、数学与科学、体育与健康、艺术与生活四大课程群，设计“劳动＋学科”课程框架。在此基础上，我们充分挖掘各学科中的劳动教育元素，在各学科课程、教学、教材中有机渗透劳动教育内容，促进劳动教育与学科的有机融合。

②“劳动＋技术”：校本拓展课程开发和实施的探索方向

课程是学校的核心，是根据学校校情、学生实际，实现国家课程和地方课程校本化、生本化的有效载体。我们秉持让课程适应儿童的原则，将课程内容与当地社会生活和学生的心理经验建立内在联系，先后设计开发了“树尚良垦”与“四点半自营店”两个具有校本特色的劳动实践课程，并以跨学科主题学习组织与实施教学内容，让学生切身感受课程学习的意义与乐趣。

③“劳动＋X育”：学校综合实践活动设计和推进的核心概念

以“劳动”为学生综合实践活动设计的核心概念，通过创设丰富的课程实施衍生活动，增设校园节日活动及对学校社团活动用课程的要素加以改造，使活动与劳动教育紧密结合，深化劳动教育实效。如开展校园农耕基地名、基地徽章等征集活动，举办“播种节”“农艺节”“劳动周”等不同规模的主题活动，组织学生社团定期走访市农科院等基地进行体验实践等。

④“劳动 + 生活”：课后服务课程辅助学校劳动教育的明确思路

“双减”背景下，“课后服务”指向为学生的自主学习、兴趣拓展、体育锻炼、课外阅读等提供相应的服务。课后服务更接近于“生活本身”，更趋同于“生活逻辑”，学生需要经历“生活教育”。由此我们尝试以“生活”为元素，通过开发“劳动 + 生活”的丰富课程，促进学生的综合素养发展。以“四点半自营店”课后服务拓展课程为例，学生从初步尝试蔬菜售卖到后来逐渐发展为集体力劳动与物质生产劳动、探索性创新劳动、艺术审美性劳动为一体的特色项目化劳动，有效达成了“以劳带全”的五育融合发展。

（2）年级层面——参与技能大赛，掌握劳动技能

每个年级都有对应的主题劳动教育课程。在同年级开展整理书包比赛、系红领巾比赛、叠衣服比赛等劳动技能大赛，让学生在真实的场景中掌握劳动技能，真正爱上劳动、爱上学习。

（3）班级层面——练就劳动本领，养成良好习惯

学生是班级的小主人，人人都应当有“主人翁”意识。平时，我们通过主题班会、卫生保洁、公益宣传等方式开展劳动实践活动。班主任老师对劳动教育研究也十分注重，从学生一年级入学就关注其“值日工作”，也就是劳动技能的训练和培养，重点落实到细化每一次农耕活动的分工，从而有序安排全班学生的集体劳动。此外，我们倡议学生以“学会一项劳动技能”为荣，以“将自己的劳动技能传帮带”为荣，牢固树立劳动最光荣的观念，具备满足生存发展的基本劳动能力，形成良好的劳动习惯。

2. 发挥“一翼”（家庭）在劳动教育中的基础作用

家长是孩子的第一任老师，家庭是实施劳动教育的重要场所。《意见》强调要发挥家庭在劳动教育中的基础作用，抓住衣食住行等日常生活中的劳动实践机会，培养学生的劳动观念、劳动习惯。

（1）传媒信息转观念

学校通过家长会、家长大讲堂、劳动教育讲座、班级博客、家长联系群等渠道，推送劳动教育信息，转变家长对孩子参加劳动的观念，引导家长成为孩子家务劳动的指导者和协助者。

（2）花草树木伴成长

我们鼓励学生在家养殖小植物或小动物，悉心看管养护。在自觉参与、自己动手、随时随地、坚持不懈的劳动中，每年能熟练掌握种植、填土等一两项基本技能，感知劳动乐趣，体验劳动喜悦。

（3）崇尚劳动好家风

鼓励学生在家庭内开展有趣的亲子活动，听老一辈讲过去农耕的趣事；可以将课外书、网络上读到的科创农耕知识和全家人交流共享。在促进亲子和谐关系的同时，推进劳动教育交流，崇尚劳动好家风。

（4）力所能及干家务

学校统筹制定各年级劳动清单，设立家庭劳动岗，由家长指导和协助学生做好家务劳动，既培养了学生自理自立能力，又营造了融洽的家庭氛围。

3. 发挥“一翼”（社会）在劳动教育中的支持作用

劳动教育涉及社会方方面面。学校的劳动教育也可无限拓展，延伸到社会。社会发挥支持作用，为劳动教育提供必要保障。学校充分挖掘和整合资源，劳动教育与职业体验、志愿服务、传统节日等有机结合，通过进社区、养老院、福利院、企业等，拓展劳动教育基地，设立劳动教育岗、服务点等，组织学生参加力所能及的生产劳动、参与新型服务性劳动，大大提升了劳动教育的实效。

（1）助推社会公益事业

在校园多元农耕活动、家庭养护花木活动的推动下，我们倡议全校学生利用节假日以各班的实践活动小队为载体，深入社区、街道开展一系列实践活动。我们鼓励学生实现“地摊经济”，将自己在校、在家的所种所得出售，换取钱财捐助需要帮助的少年儿童，热心社会公益事业。

（2）丰富社会文体活动

学校联合社区，在名人广场等小范围开展“多元农耕之跳蚤市场”，以物换物，让学生了解更多相关知识；我们带领学生走进农科院、创新园区、乡村四野，体验实践；我们联合妇联，为学生搭建平台，组织进行农耕劳动技能展示活动；我们还邀请劳动模范、工匠精神代表等人物走进校园，展示技能技艺。

4. 因地制宜开发资源，保障课程有效落地

（1）建立完善劳动教育基础设施

劳动课程具有鲜明的实践性。落实课程的实践性要求有实践的场地。学校三校区

一直配有生物园，为实现学生校内劳动实践提供了得天独厚的条件。自 2018 年起，学校将三校区生物园进行了全面改造，建成全新的科创农耕实践基地。目前，农耕基地已成为校园内一道亮丽的风景线。在这里，学生人人都有自己最真实的一畦田地：辨蔬菜、除杂草、捉害虫、记录、观察……劳动教育的种子，就在这一方方基地中生根发芽。

（2）充分保障劳动教育专业师资

学校整合各方力量与资源，与绍兴市农科院、绍兴市关工委等单位合作，切实保障学校劳动教育专业师资的配备。每年由这些单位下派专业人士定期进校，协助学校课程的开发与实施，给予学生有力的指导和帮助。学生也定期走出校园，去这些合作单位进行参观学习。此外，学校三校区长期聘请劳动经验丰富、有技术专长的人士担任劳动教育兼职教师，逐步构建专、兼职相结合的劳动教育教师队伍。

义务教育劳动课程是落实立德树人根本任务的重要载体，劳动课程承载着丰富的育人功能。我们应充分发挥劳动教育的综合育人价值，通过劳动实践与综合实践的融合，将跨学科的多元视野带入教育，为小学教育注入新的元素，推动素质教育不断发展。

二、课程融合的案例分析与探讨

全面实施劳动教育，既要强调劳动教育课程的独立开设，也要立足主学科课程开设劳动教育。我们以“融合教育视域下的小学‘劳动＋语文’课程实施研究”为例，展开“劳动＋学科”课程融合的具体实践分析与探讨。

（一）研究背景

1. 新时代对学科渗透劳动教育的呼唤

习近平总书记在全国教育大会上提出“培养德智体美劳全面发展的社会主义建设者和接班人”，首次把劳动教育纳入党的教育方针，体现了新时代对劳动精神的弘扬和倡导。为构建德智体美劳全面发展的教育体系，《关于全面加强新时代大中小学劳动教育的意见》强调把劳动教育纳入人才培养全过程，并贯通大中小学各学段。树立正确的劳动观，培养“勤俭、奋斗、创新和奉献”的劳动精神；训练学生生存必备的劳动能力和养成劳动习惯，把学生培养成一个全面发展的、能担起民族复兴大业的时代新人。为此，我们必须正确认识劳动教育的综合育人价值，把劳动教育看成促进学生全面发展、健康成长的必要途径。时代对学科渗透劳动教育提出了强烈呼唤。

2. 学校劳动教育现状急需改进

学校有劳动教育的实践基础，在积极探索劳动教育的具体内容、形式和实践中，成立了农耕实践基地，并依托科学课、校本拓展课程、校实践社团等培养学生的劳动观念和劳动能力。但是在教育实践中对劳动教育和德智体美等四育的关系认识不够深入，常常把劳动教育和其他四育割裂开来，重视劳动教育的学校实施途径相对单一，习惯用

“加法”思维，在学校原有课程的基础上添加劳动教育的内容。这样既增加了教师教学负担，也浪费了其他学科课程中可以充分挖掘并开发的劳动教育课程资源。

改进劳动教育现状，除了认识上要重视，还得有改进的具体措施。学科课程里蕴藏着丰富的劳动教育资源，“融合”的视野是探索学科课程渗透劳动教育的可行路径。

3.《义务教育语文课程标准》对渗透劳动教育提出了学科要求

2022 年 4 月颁布新《义务教育语文课程标准》，指出语文学科要为培养学生“求真创新的精神、实践能力和合作交流能力，促进德智体美劳全面发展及学生的终身发展打下基础”。因此，语文课程在承担起促进学生全面发展的任务时，也必须承担起渗透劳动教育的任务。另外，《义务教育语文课程标准》在学科内容呈现中，以语文学习任务群的形式新添了“跨学科任务群”，提出了语文要面向生活、面向社会，语文能力要在综合实践活动中提升的学科要求，如此，“语文与劳动”的融合在语文跨学科学习任务实施中可能、可行，且必然、必要。

本研究充分挖掘语文教材中的劳动教育资源，通过寻找语文学科和劳动教育的共通之处，在语文学科教学中促进学生劳动意识的培养和劳动观念的形成。

（二）概念界定及理论基础

1. 概念界定

（1）“劳动 + 语文”

认识语文与劳动之间的相融关系，即“劳动”在语言形式的表现中存在，“语言形式表现着“劳动”的审美意义。

（2）课程实施

为促进学生德智体美劳全面发展，尊重语文学科特点，在充分的语言实践活动中培养学生的劳动意识和劳动观念。

2. 理论基础

（1）《义务教育课程方案和课程标准》的课程实施原则

2022 年版《义务教育课程方案和课程标准》在理念原则部分提出了“融合拓展”的课程实施要求，提倡“多元融合的学习，围绕学科和课程的展开”。本研究坚守语文学科的“综合性”“实践性”特点，在语文课程实施中渗透“劳动元素”，促进学生的全面发展。

（2）“五育融合”的现代教育理念

“五育融合”是一种全新的教育理念，五育之间是“你中有我、我中有你”的关系。劳动教育在德育、智育、体育、美育中无处不在。如，学生可以在劳动中获得掌握工具的知识，学习认识世界，习得人与人交往的能力，同时在劳动中感受生活、自然、社会的不同形式与内容的美，当然劳动还是锻炼体能、增强体质的途径。语文课程是劳动教育的载体，劳动主题是语文课程在促进“文化自信、语言运用、思维能力、审美提升”核心素养过程中必然会触及的主题类元素，本研究以“融合思想”为理念，以“融通、渗透、整合”为主要思路构建“融合”视域下小学“劳动＋语文”课程的框架，形成“劳动＋语文”课程的实施策略。

（三）研究设计

1. 研究目标

（1）解读6个年级的语文教材，以审美的视角，从劳动的观念美、精神美、过程美、创造美4个维度，梳理教材中具有劳动审美元素的课文，编写成资料，为教师开展教学提供素材。

（2）通过同课异构、异课异构等课堂教学实践，整理“劳动＋语文”课例若干，为教师开展教学提供参考样例。

（3）分析总结典型教学课例，撰写教学案例，在此基础上提炼“劳动＋语文”课程实施的教学策略。

（4）结集课例、案例，推广“劳动＋语文”教学策略。

2. 研究内容

（1）教材研究：解读12册教材，发现教材里的劳动审美元素，按劳动审美的不同维度进行整理。

（2）课例研究：立足课堂，通过同课异构、异课异构等不同课例，在整理中发现劳动审美并以语文实践活动为载体植入学生内心，促进学生全面发展。

（3）策略提炼：分析并反思劳动与语文融合的有效案例，提炼“劳动＋”课程实施的具体有效策略。

3. 研究方法

（1）行动研究法：在整个研究过程中，我们以行动研究为基础，通过同课异构和异课异构两种方式，观察教学行为，反思教学现象，改进教学策略。

（2）课例研究法：发现蕴含劳动价值的教材，通过集体备课、课堂观察、课例解剖，发现并提炼语文课程融合劳动教育的实施策略。

（四）研究的实施

1. 学习理论：找到课题研究的理论支持

课题组学习劳动教育文献及资料，了解语文新课程标准新理念及改革新方向，发现语文课程的选文内容中有一部分承载着多元的劳动元素。在课程内容的范畴里，原生态劳动经历审美创造与语言文字成为相互融合的整体：语言以丰富的形式诗意而多维度地表现着劳动的丰富内涵；劳动审美的丰富内涵借助语文课程内容呈现。因此，课题组认为融合应该成为“劳动 + 语文”研究的主要理论支撑。融合的思维是一种系统的思维，强调有机关联、整体融通和综合渗透，从“五育并举”走向“五育融合”是新时代中国教育变革的基本趋势，是实现全面育人，促进学生全面发展的重要路径。随着劳动教育的提出，劳动教育成为“五育融合”背景下新的研究热点。“劳动 + 语文”课程实施的研究正是基于融合的思维探索劳动教育与语文课程的关联与渗透，在课程融合的新思维下，在学科课程视野中实现学生德智体美劳的全面发展。

2. 教材研究：梳理劳动审美的基本内涵

我们在 12 册教材中筛选含有劳动元素的选文，分组深入解读，发现教材对于劳动的表现都已带着审美印记，是一种劳动的审美表达。从劳动观念、劳动精神、劳动过程、劳动创造等维度表现着不同内涵的劳动美。而在跨学科学习任务群中指向的实践活动中，有一部分就是劳动实践，学生可以经历劳动实践，运用语言文字（听、说、读、写）审美地表现劳动，在言说中强化劳动的审美意义，促进学生的全面发展。

3. 课例研究：构建“劳动 + 语文”的行动研究路径

我们以语文学科年级组长为主要成员成立研究小组，分年级发现教材中包含劳动育人价值的选文，从劳动的观念美、过程美、精神美、创造美四个维度选择代表性作品，集体备课、课堂观察、课后讨论及反思，再进行课堂改进、课后分析。

4. 策略研究：提炼“劳动 + 语文”课程实施的有效策略

研究小组围绕“劳动审美”主题展开为期一年的课例研究，目前已整理课例 20 个，在 20 个课例的研究中发现在语文教学的劳动渗透可以分为两种形态。一种形态是“一课贯之”，即以劳动育人为导向，通过识字与写字、阅读与鉴赏、梳理与积累、交流与表达等多种语文实践活动，建构劳动的丰富意义。另一种形态是“随机植入”，即在课堂教学推进中，随机在语文任务推进的单个活动中植入劳动元素，使语言与劳动意义共构共建。

在分析课例中劳动渗透的典型片段中，研究组尊重语文学科学习规律，从文字梳理、情境创设、言说表达、思维训练等提炼“劳动 + 语文”的课堂实施策略。

（五）研究的结果与成效

1. 研究的结果

（1）教材研究层面：完成 12 册教材的劳动审美资源梳理

我们分年级研究教材，研究语言承载的劳动元素，从劳动审美的视野完成了教材梳理，为后续的“劳动 + 语文”实施推广提供丰富的资源。研究小组在二年级的课文中发现含有劳动元素的教材，并从劳动的观念美、过程美、精神美、创造美 4 个维度完成了整理。

（2）课例研究层面：完成 20 个“劳动 + 语文”课例整理

研究小组在负责人的带领下，结合校本研修、名师工作室等的平台，推进课例研究。目前已成功开发 20 个课例，并在各级各类研修活动中展示，为推进“五育融合”的学科课程实施提供了范例。下表整理的是在区级及以上研训活动中公开执教的“劳动 + 语文”课堂实施的成功案例。

序号	劳动审美维度	年级	教学内容	级别
1	观念美	一	《大还是小》	区级
2		二	《千人糕》	区级
3		二	《动物歌》	区级
4	过程美	二	《青蛙卖泥塘》	省平台培训项目
5		五	《牛郎织女》	区级
6		五	《父爱之舟》	部级精品课
7		六	《石灰》	区级
8	精神美	四	《延安，我把你追寻》	区级公开课
9		五	《手指》	区级
10		五	《小岛》	区级
11		五	《青山不老》	区级
12	创造美	四	《盘古开天地》	区级
13		六	《鲁滨逊漂流记》	省平台培训项目

（3）策略提炼层面：以审美为“劳动 + 语文”的最佳融通点并提炼实施策略

劳动创造了文字，劳动创造了文学，劳动也创造了文明，在语文课程的范畴里语言文字是劳动诸元素赖以存在的符号载体。在语文课程里，我们引领学生实践参与“识字与写字”“阅读与欣赏”“表达与交流”“梳理与探究”等诸多活动，同时也在引领学生认识劳动着的人，了解劳动的事件和行为，分享劳动成果，体验劳动情绪，渐渐地在语言实践活动中形成正确的劳动观念，培养社会主义现代化建设新时期所需要的劳动精神和劳动意志。所以劳动之于语文课程不是课程内容的叠加，而是学生经历语文活动时，必然会关注的具体内容。文字与劳动是“你中有我、我中有你”的融合关系，“审美”则是促进“劳动＋语文”课程构建的最佳融通点。

语文课程的选文是对社会、自然中带着劳动主体个性印记的审美。所以，“审美”是“劳动＋语文”课程实施应该而且必然关注的。

①文字：发现人类劳动的记载之美

文字的起源与人类劳动密切相关，人类在劳动中生出记事的需要，开始时通过对事、物的审美观察，提取事物的关键信息，用抽象的符号表示。渐渐地，文字被创造，于是就有了事件的记叙，有了诗、文等艺术的表达。文字记载着劳动创造社会文明的进程。语言文字的积累是语文学习的基础任务，识字教学是贯穿小学阶段的非常重要的语文教学内容，基于文字是记载人类文明符号的认识，在识字教学中，我们就可以组织学生在识记汉字的同时，发现文字里蕴藏的劳动信息，引导学生发现藏在文字里的人类劳动之美。

《千人糕》是二年级下册的教材，选文通过“我”与爸爸的对话，生动地介绍了千人糕经由许多人的共同劳动才制作而成，是一篇可以渗透劳动观念教育的好文章。围绕劳动主题，研读教材，课题组在课例研讨时发现可以从三个层面引导学生分类识记汉字，第一类词语是“农民、售货员、司机、工人、菜农、包装工”等，这些词语描述的都是千人糕制作的参与者，他们有一个共同的称呼叫“劳动者”，学生在课堂上既识记汉字，也认识一个完整的劳动过程，同时也初步感受到人人劳动和劳动光荣的劳动观念。第二类词语是“种子”“农具”“肥料”“甘蔗”“甜菜”等，它们是原材料和工具，识记这些词语，不仅可以帮助学生认识事物，还可以让学生感受到劳动可以创造各式的物产，生出“劳动光荣”的劳动意识。第三类词语是“磨粉”“种稻子”“熬糖”“种甘蔗和甜菜”“包装”“送货”“销售”等，它们是劳动的具体行动，正是这些具体的劳动行为，创造了这个物质丰富的美好社会。三类词语的教学，完成了语文课程“汉字的识记与积累”这个基础学习任务，同时引导学生在理解文字符号的意义内涵中认识劳动美。

另外，我们还认为可以从文字的起源去发现人类劳动之美。如学习一年级的小诗《江南》，教学生字“采”时，教师先在PPT中展示“采”的甲骨文写法，让学生猜一猜这个图表示的是哪个汉字。在“说说为什么这样猜”的表达中，学生理解了“采”的原意就是“用手摘取树上的果实”，果子成熟，可以采摘，这是一件多么让人高兴的事。最后再让学生说说还知道可以“采什么”，学生在“采果实、采桑叶、采药材”等劳动事件的交流中强化对这个世界的认识，劳动是快乐的。

②情境：感受劳动活动的过程之美

“采菊东篱下，悠然见南山”是劳动过程的闲逸之美；“锄禾日当午，汗滴禾下土”是劳动过程的艰辛之美；“乡村四月闲人少，才了蚕桑又插田”是劳动过程的忙碌之美……以诗为例，我们发现劳动审美的视角，文字能记叙生动、具体的劳动，表现不同的劳动过程之美。

无论是哪种劳动过程，审美的意味和价值都是相通的，都可以让学生透过文字，体会劳动活动的过程之美，而情境创设则是让这种体会更真切的有效策略。

如《桂花雨》中的“摇花乐”部分，文字活泼，充满童趣，最能让学生享受劳动的快乐情绪。如何让学生感受这份劳动的快乐情趣？教师在执教时，在课堂里创设了一个游戏情境。老师张开双臂扮演桂花树，请一学生上来“摇桂花”，一学生大胆上前，抱着老师的腰，使劲地摇，课堂里充满了轻松快乐的游戏氛围。在这个氛围里，老师请学生闭上眼睛想象：

> 桂花一小朵一小朵，如米粒，如玉碎，从枝头纷纷下落，钻进我的脖子里，痒痒的，落在我的头发上，头发也变得香香的，落在衣服上，衣服上瞬间绣上了无数朵精致的小花……

学生就在这样的想象情境里，感受到了劳动的美好和快乐，原来劳动的内涵不只是“辛劳、艰苦”，更有诗意的闲适和浪漫的情趣。

③言说：实现劳动意义的表达之美

语文课程与劳动融合，旨在培养学生的劳动观念，学习劳动精神与劳动品质，至于劳动能力、劳动习惯、劳动态度等的训练，需要学生在其他课程中，在平时的生活中综合去执行的。

如，在教学《牛郎织女》时，教师抓住“创造性复述”这一单元语文要素，聚焦故事中“牛郎常常跟牛说话”这个细节，让学生展开想象，思考“牛郎会跟老牛说些什么？”学生根据故事情节，展开想象：

> “老牛，今天你陪着我翻完了一整块地，你累了吧！我有点累了，但是我很高兴，明天我们就可以播种了。我希望今年有个好的收成。”
>
> “老牛，你发现了吗？今年地里的庄稼长得特别好。”
>
> “昨天，我给稻田除草了，稻田一下子精神了很多。今年一定会是一个丰收年的。我们的日子会越过越好！
>
> …………

言说很具体，不同的内容反复强化了一个“劳动意义”：劳动创造美好的生活！

教学二年级下册《青蛙卖泥塘》时，老师引导学生复述青蛙卖泥塘的经过，让学生帮着吆喝卖泥塘，让学生认识劳动的意义：劳动可以改造环境，劳动可以改造世界，劳动可以让生活更美好！在言说中，学生学会语言运用，丰盈了精神世界，这其中当然也少不了劳动审美的积极建构。

④思维：探究劳动创造的逻辑之美

如果说劳动是人与世界对话的一种方式，那么反思则可以让这样的对话更深刻，并生成更多价值和意义，可以说思维是劳动创造的影子，劳动往往会因为思维而增添创新的元素。

如，四年级教材中的《延安，我把你追寻》，诗歌用抒情的语言在讴歌延安精神，强调它对于美好未来的重要价值。它是形象的、美的，也是理性的、凝练的。如何让延安精神的种子在学生的心田着床？如何让劳动精神的要义在学生生命成长的价值观里生根？尊重语文学科的规律，言说、对话是最好的途径。思维是言说的内在机制，言说是思维的外在行为。老师以“今天我们还需要延安精神吗？”为话题，引导学生去思辨。这个话题在诗中是没有争议的，观点表达可以非常明确：今天我们仍然需要延安精神。话题的意义在于促使学生依据诗文内容去思考：为什么今天我们还需要延安精神？我们可以抛开诗歌本身侃侃而谈，但那不是语文学科的任务。语文学科的任务是在听说读写的实践中完成精神的建构和思想的蜕变。老师要求学生读全诗，找关键句子说理由，并提供给学生言语表达的支架。于是，学生有选择地把诗句转化为自己的语言进行表达。请看课堂实录：

师：请尝试着用“有了延安精神，就有了＿＿＿＿＿＿”，“没有了延安精神，就没有＿＿＿＿＿＿”，或者“延安精神就像＿＿＿＿＿＿一样”等句式中的一个回答。

生：延安精神就像翩翩归来的燕子急切寻找的春光。所以，我们仍然需要延安精神。

生：延安精神就像成长的小树需要的阳光雨露。所以，我们仍然需要延安精神。

生：有了延安精神就有了灵魂，我们可以展翅飞向美好的未来。

生：没有了延安精神就没有了灵魂，我们怎能向美好的未来展翅飞翔。

师：对，一句话，延安精神就是我们走向美好未来的信念。这个未来可以是祖国的未来，也可以是我们自己的未来。未来需要我们自己创造，请对自己说——

生：艰苦奋斗，自力更生。

在这个环节中，学生完成了从阅读发现，到与诗人对话，再到在与同伴对话中完成意义升华。学习的过程充分遵循了语文学习的规律，同时，在语文学习中，我们可以发现学生通过一次次言说，从不同的角度、不同的层面强调和升华了延安精神的核心价值。语言是思维的外在，思维是语言的灵魂。思辨训练是学生运用语言促进思维的宽度、广度、深度、创新的主要途径。

《延安，我把你追寻》用诗的形式讴歌延安精神，表达自力更生、艰苦奋斗的劳动精神对于时代发展和个人成长的重要意义。意义很深刻，语言很重要，语文学科需要坚守的语文立场，在充分的语文实践中完成精神的植入。语文教材中有很多文本用了具体的形象、感人的故事、细腻的镜头表现劳动观念，我们在语言实践中，切莫忘记劳动意义、观念、情感的适切浸润。因为劳动是人的本质存在，我们培养的是有文化修养、理想信念、道德涵养、创新意识的劳动者。

2. 实践的成效

（1）整理成功案例拟出版

研究小组结合各自的教学实践分析课例，阐述案例背景，描述具体案例，从不同的角度、层面反思“劳动 + 语文”的有效策略，目前已撰写 30 多个完整案例。从文字学习、情境体验、言说意义、思维提升等四个方面整理案例，完成案例结集并拟出版，为后续推进“劳动 + 语文”研究提供了成功范例和鲜活资源。

目 录

第一章 文字：发现人类劳动的记载之美

第二章

第三章 言说：实现劳动意义的表达之美

第四章 思维：探究劳动审美的逻辑之美

（2）锻炼并提升了教师的语文课堂教学执行力

课例研究提升了教师的课堂教学执行力，教师的课例在各级各类培训活动中被推广并广受好评。研究小组负责人的示范课《古诗三首》《现代诗二首》《蝴蝶的家》等在千课万人平台得到推广。带领团队开设的微课程《探究遣词造句的秘密》在之江汇智慧教育平台名师金课栏目上线。成员史丹的《父爱之舟》获部级精品课。张洁瑶的《语文园地》《刘胡兰》在千课万人平台公开示教。史丹、周敏、傅佳娜、金彩娣等老师在90学时区级培训中公开执教。张洁瑶、史丹、俞慧琴等老师在省级平台的教师研修活动中执教示范课。成员周敏获区优质课一等奖，史丹获区学科带头人称号。

（3）提升了教师基于教学问题的教学研究力

本研究有效提升了教师的科研能力，促进了教师的专业成长。研究组成员有2项课题在绍兴市级立项，区级立项5个（见下表）。5篇围绕课题撰写的论文在区级获奖，1篇获市一等奖。

SJG022027	关注真实表达，三年级习作教学起步的实践研究	市级
SJG022103	丰富体验，改进二年级道德与法治教学中劳动教育的策略研究	市级
	基于“双减”政策下的“红润童心”劳动实践探究	区级
	寓劳动教育于小学生命科学领域的实践与研究	区级
	“双减”背景下小学高段语文课外作业情境化设计的研究	区级
	借助《学习活动册》，让劳动教育融入低段道法课堂	区级
	“双减”视域下低段语文实践类作业的设计与实施研究	区级

（4）推进了“以劳带全”学校整体教育改革的进程

“以劳带全”是学校在新时代教育背景下贯彻陶行知教育思想提出的改革主题，“劳动+语文”的课程实施策略研究推进了学校整体改革的进程，为学校整体工作和其他学科融合劳动教育提供了研究路径，同时也打造了学校的劳动教育品牌。多个考察团进校参观考察，学校广受好评。多家媒体对学校劳动教育进行了报道。

（六）问题与讨论

1. 聚焦劳动观念：语文课程与劳动教育的融合取向

劳动教育的内容非常丰富，但大致可以分为两个层次：一是劳动技术、技能层面的，二是劳动观念或者意识层面的。结合语文课程的人文性与工具性统一这个特点，我们认为劳动教育与语文课程融合，适合聚焦于劳动观念、习惯、精神、品质等意识领域的内容。所以，“劳动+语文”的课程实施的主要样态是引领学生经历丰富的语言实践活动，在识字与写字、阅读与欣赏、表达与交流等语言活动中收获劳动观念的建构和正确的劳动意识、习惯等的养成。

2. 设计语文学习任务：语文课程与劳动教育融合样态

劳动元素是语文课程实施的精神内核，是听说读写等言语活动里自然依附的内容。创设劳动主题情境，围绕主题情境，引导学生完成系列语文学习任务，如听劳动信息、读劳动文本、思劳动情怀、说劳动事件等，让他们在练成语文本领的同时生成劳动观念。在语言任务中生成劳动观念，对学生的生命成长是由内而外的积极建构。所以设计语文学习任务，尊重语文学习规律，充分开展语言实践活动是语文与劳动教育整合的应用样态。

三、跨学科整合的策略与效果评估

义务教育新课程强化综合育人理念，大力倡导跨学科学习，有效培养学生在真实情境中解决复杂问题的能力及核心素养。

基于此，我们积极探索跨学科融合的劳动教育，尝试建立劳动教育长效机制。

（一）跨学科整合的劳动教育逻辑思辨

在基础教育中，劳动教育是基础，它具有树德、增智、强体、育美的综合育人价值。我们认为以劳动教育带动“五育”并举，是“五育”融合的新途径，而跨学科整合的劳动教育恰是实现融合育人目标的有效方式。

1.“跨学科学习”的内涵

所谓“跨学科学习”，即认为学科是从社会生活中逐步分化出来的，学科与社会生活、自然世界存在内在联系；学科与儿童的心理经验存在内在联系，二者属于同一个实在；不同学科之间的边界是可渗透的，可以根据学生的认知特点和发展需要进行不同程度的融合；跨学科学习既是发展学生的批判意识和自由人格的要求，又是培养学生核心素养的条件。

2.“跨学科学习”的目的

跨学科学习的目的是实现知识的情境化，帮助学生产生跨学科理解，促进学生核心素养与自由人格的发展。跨学科学习绝不是以牺牲学生的学科思维、深度学习和深刻理解为代价，使课程走向肤浅、平庸和常识化。恰恰相反，跨学科学习是帮助学生走向深度学习、产生深刻理解、增强课程创造性的重要策略。

（二）跨学科整合的劳动教育实施策略

《义务教育课程方案（2022 年版）》指出：“加强课程内容与学生经验、社会生活的联系，强化学科内知识整合，统筹设计综合课程和跨学科主题学习。”这为我们实施跨学科整合的劳动教育指明了方向。

1. 将跨学科意识渗透于学生的所有课程之中

劳动教育具有综合、多元、整合的教育元素，为学科课程有机渗透提供了本体性依据。学校将劳动作为“五育融合”的载体和学生全面发展的基点，探讨劳动教育课程与学校原有学科课程体系的融合共生，在原有课程体系基础之上，着力增加“劳动”的笔墨，精心注入“劳动”的元素。

通过学科课程“劳动 +”的方式，挖掘其他学科中的劳动教育因子，将劳动教育渗透于一切课程领域，打破了各学科之间的壁垒，冲破了固有的课程思维模式，真正建立起劳动与其他学科、与生活的联系，使劳动学科的育人价值得到真正体现。

2. 将深度学习运用于学生的一切学习过程之中

跨学科学习倡导理解取向的综合性深度学习，这适用于学生所有课程的学习。传统的劳动教育通常采用讲解、灌输等保守、专制的方式教学，学生的劳动大多只停留在认知与体验层面，劳动素养依靠教师单纯的教授、单向的输入、单一的学习过程很难培育起来。

因此，我们积极推动教学方式的变革，通过开展主题式、项目化的劳动教育，使学生在问题情境中能主动唤起联想，将各学科知识、经验融通，重新建构与内化，再进行外化迁移，让学生在经历完整的、有序的、知行合一的劳动实践过程中培养问题解决能力，提升劳动素养。

3. 因地制宜创造性地开发跨学科课程

以综合主题甚至学生社团等方式呈现的独立设置的跨学科课程是学校课程的有机组成部分，它不仅能充分适应地方文化特点、学校文化特色和满足丰富多彩的学生发展需要，而且是创造性实施国家课程的重要途径。

（1）假期劳动课程主题化

2023 年寒假，学校以“兔年”为主题，通过“征询—融合—创新—完善”的步骤完成了系统性的寒假作业设计。语文学科“了解过年的传统习俗”；数学学科探索“鸡兔同笼”问题；英语学科“讲好中国年的故事”；科学学科研究“过年时的月相、兔子的种类及习性”等问题。

各年级根据《义务教育劳动课程标准》任务群的要求，在校级作业主题的牵引下，自主研发特色劳动项目。各年级组长依照“设计方案—材料准备—操作布置—活动记录—展示评价”的流程，创新开展活动。

（2）节庆劳动课程仪式化

每学年全校将部分农业种植类劳动和生活类劳动以节日庆典形式开展，如 4 月播种日、5月劳动周、10月采摘节、11—12月劳艺节等，循着“规划与方案—活动与展示—评价与表彰—总结与反思”流程，赋予其强烈的仪式感，强化学生的劳动体验，增强学生对劳动的价值认同。

（3）专项劳动课程体验化

一年两期的趣味研学实践活动课程，每期1天。学校分年段设计研学主题与路线，比如一年级学生“追寻先贤，笃行致远——鲁迅故里”，二年级学生“品味春耕，乐享劳动——浙江农业商贸职业学院”，三年级学生“寻访水城，赞美家乡——迪荡湖公园”，四年级学生“体验农事，致敬红军——花满棠”，五年级学生“科普探索，趣玩乐水——东方山水”，六年级学生“学农寻本，快乐实践——顺浩农业研学基地”。

学生在六年中将尽可能多地走进校外社会实践活动基地，通过动手劳动、操作体验等项目，实现“在自然中成长，在天地里求知”的劳动教育追求，增强价值体认，培养责任担当、问题解决、创新创造等能力与品质。

（三）跨学科整合的劳动教育效果评估

劳动教育的效果评估需紧扣课程内容要求和劳动素养要求，客观、准确地反映学生在真实情境下劳动素养的表现水平，且必须让一线师生看得见、摸得着、用得上、做得到。在跨学科整合的劳动教育实施过程中，学校着力改革并完善评价机制，推动劳动教育落地生根。

1. 开展劳动教育实施效果问卷调查

随着劳动教育的深入推进与实施，现如今，无论是在教室、走廊、各功能室，还是在农耕基地，抑或是蔬菜自营店摊位，校园每一个岗位上都有学生积极参与劳动的身影，处处洋溢着学生参与劳动的热情。

对此，我们对校内学生的劳动素养发展情况进行了一次调查问卷，结果显示，开展劳动教育之后，学生在劳动认知、劳动态度、劳动技能、劳动时长等方面有明显的改善，而创造性劳动意识在许多学生身上体现得尤为明显。

2. 开发“智慧校园”数字化评价系统

劳动教育的核心价值在于以学生的全面发展为本，培养学生的创新精神和实践能力。因此，劳动教育的评价要体现全面性和多元性。

一是总结性评价与过程性评价相结合，既要评价学生劳动成果的优劣和劳动技能的高低，又要评价学生在劳动过程中表现出的态度与习惯以及他们的团队协作能力、创新能力等；

二是学生自我评价与互相评价、家长评价、教师评价相结合；

三是展示评价、分享评价、竞赛评价相结合。

在此基础上，学校创新开发“智慧校园”数字化评价系统，并将劳动教育作为评价系统的重要内容。这个平台可以实时记录学生劳动的过程与成果，还可以生成积分，学生通过积分兑换礼品，总积分则作为各类校园劳动先进评比的重要依据。

每学期末，系统会根据每个学生储存的劳动过程数据，自动生成劳动素养发展报告。我们将其纳入学生的综合素质评价报告单，有效实现了全面、客观、多元化地评价学生的劳动表现。

3. 搭建多样化平台展示学生劳动成果

劳动教育评价要求教师要着眼于学生劳动过程的动态发展，充分肯定学生在劳动中的进步。通过评价的积极引导作用，促进劳动育人价值的实现。

对于一所学校而言，不能“为了劳动而劳动”，而是要把劳动作为一项能锻造人格品质、实现生命成长的重要课程贯穿学校教育始终。因此，学校不断搭建劳动教育成果展示平台，营造浓厚的劳动教育氛围。

一方面，学校向各班征集各类劳动成果，从中遴选出一批有特色、易推广的劳动成果，以推送宣传短文和短视频、现场展示等形式进行评价。与此同时，校园内还设立劳动成果展示专区专栏，定期展示出自学生之手的精美剪纸、绘画、布艺、金石作品，走廊上挂着学生的劳动实践手册、蔬菜自营宝典……

另一方面，学校每年设立播种日、劳动周、劳艺节等，策划与组织以集体劳动为主、具有一定劳动强度和持续性的校内外联通的劳动实践活动。此类活动形式多样、内涵丰富，集劳动项目实践、技能竞赛比拼、劳模大讲堂、主题演讲辩论、职业体验、成果展示、先进表彰等于一体，充分发挥劳动教育的综合育人价值。

第二节 针对性需求的课程开发方法与实践

一、针对性需求的课程开发方法与实践

多年来，我校重视劳动教育，致力于研究并践行陶行知先生的教育思想，以“行知”思想指导学校发展，在“生活教育”理论引领下开展劳动综合实践活动，积极探索劳动教育开发与实施途径。

学校依循“德智体美劳”五育融合的教育改革大方向，统筹资源，由点及面，全面推进教育工作。“点”，即开发与地方特色有关的科创农耕校本课程；“面”，即通过学科融合的方式将劳动教育渗透到各门学科。

下面，我们将以“树尚良垦”校本拓展性劳动课程的开发与实践为例，从“为什么”“是什么”“想做成什么”“怎么做”“做成了什么”五大方面，探讨针对性需求的课程开发方法与实践。

（一）为什么要做“树尚良垦”？

1.“树尚良垦”课程是贯彻落实新时代党对劳动教育的新要求

2018 年 9 月，习近平总书记在全国教育大会上明确提出将劳动教育纳入社会主义建设者和接班人的总体要求，必须构建大中小学劳动教育体系，全面落实党的教育方针。2020 年，中共中央、国务院印发《关于全面加强新时代大中小学劳动教育的意见》（以下简称《意见》），《意见》是加强新时代学校劳动教育工作的行动指南，它凸显了劳动教育的重要地位，指出劳动教育是学生成长的必要途径，具有树德、增智、强体、育美的综合育人价值。可见，将劳动教育作为育人的重要领域，发挥学校在劳动教育中的主导作用尤为必要。

2.“树尚良垦”课程是实现“五育融合”教育改革大方向的新途径

新时代赋予了“五育”新的内涵，重新将劳动教育确立为教育的目标之一。热爱劳动是一种高尚的道德品质，是小学阶段教育的重要任务之一。课程是根据校情、学生实际，实现国家课程和地方课程校本化、生本化的有效载体。实施融合育人的主要途径就在于课程改革。传统劳动教育课程形式化、边缘化、简单化，很难摆脱使劳动教育的价值内生于劳动课程实践的各个环节之中，未能真正实现“五育”的融合教育。

3.“树尚良垦”课程是贯穿学生校园生活的新体验

劳动意识的淡薄、课业负担的沉重，再加上独生子女的优待，使得劳动教育不断

被淡化。在“4+2+1”（即祖辈、父母、独生子女）模式下，学生衣来伸手、饭来张口，无法获得劳动实践的机会。随着城市化进程的发展，学校办学规模不断壮大，但学校教学用地逐渐缩小，校园内开展劳动实践的机会就更加渺茫了，逐步形成学生没机会劳动、不会劳动、不想劳动的现象。

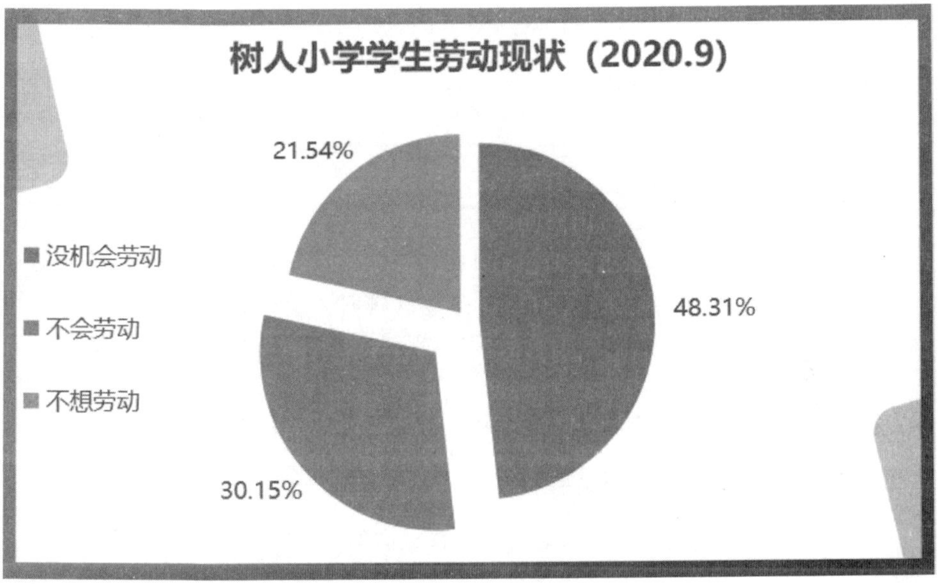

综上所述，开发校本劳动课程，具有很大的现实意义与研究价值。为了响应国家把劳动教育纳入人才培养全过程的号召，我校着力探索，先行先试，全力开发校本课程，在学校内全方位实施，构建出一套相对完善并具有学校特色的劳动课程体系。

（二）“树尚良垦”是什么？

在依托校情、学情与地域资源的基础上，学校细化劳动教育顶层设计，确立具体的课程目标与主题，设计丰富且贴近学生生活的课程内容、灵活而多样的课程实施方式，形成“树尚良垦”劳动实践课程。“树”取自学校“树人小学教育集团”，又和“蔬菜”的“蔬”近音；“尚”是“尊崇，注重”；“良垦”代表着通过学校的大力支持，同学们辛勤劳作，开辟出生机勃勃的蔬菜园地，同时也隐喻培养一大批具有优秀道德品质的学子。

（三）“树尚良垦”想做成什么？

1. 了解小学劳动教育现状。通过问卷调查、观察调查，全面了解小学生的劳动能力、劳动观念等现状，为课题实施奠定基础。

2. 实现立德树人育人目标。通过劳动实践，学生体会到劳动创造美好生活，热爱劳动，尊重劳动者，培养勤俭、奋斗、创新、奉献的劳动精神。

3. 探索校园劳动教育模式。通过课程开发，广泛组织学生参与校园劳动实践和相关德育活动，掌握各项劳动技能，具备满足生存发展需要的基本能力，形成良好的劳动习惯。

（四）“树尚良垦”怎么做？

1. 课程设置

（1）微调学校课程整体规划

教育理念的实施，育人目标的达成，课程都提供了最基础的时间保障。在课程设置上，《意见》规定，小学劳动教育课每周不少于 1 课时。学校根据《意见》要求，微调学校课程整体规划，凸显“劳动”在整个学校课程规划中的“核心”地位和“黏合”意义，构建两套体系：一套为“隐性”劳动课程，即探索“劳动 + 学科”课程；一套为“显性”课程，每周设一节劳动必修课程，三至六年级设两节劳动选修课程。

（2）增设“‘四点钟’田园活动”

“‘四点钟’田园活动”安排在每日课后服务时段。学生由教室走向田地，在劳作，也在学习，在解放学生头脑、双手、嘴、时间和空间的同时，让他们在劳动中学会观察，学会思考，学会解决问题，学会与人交流沟通。

2. 课程开发

近年来，学校为明确表述办学理念，经过历史考证、文献研究，结合树小人的教育价值追求，理性地推出“求真、崇善、尚美”的“真善美教育”课程理念。我们在“真善美”1.0 版本的基础上构建 2.0 版本课程体系，将“劳动”与真善美元素课程内容融合，根据新时代的育人新要求完善课程体系，丰富教育形式，推出“劳动 +X”课程体系。

基于学校课程理念，课题组成员细化劳动教育顶层设计，汲取各学科教师智慧，融合学科元素，设计了“树尚良垦”劳动实践课程。课程围绕丰富的田园内涵，每个年级安排四个主题，有梯度地落实育人目标。每个主题以基地劳动、主题研究、实践拓展三大板块为内容，涉及种植、观察、拍摄、测量、讨论等二十余种探究方法，旨在五育融合，最终培养全面发展的人。

“树尚良垦”劳动实践课程是学校“尚美类课程”体系拓展性课程群中的一个重点课程，也是校本特色教学的品牌项目。

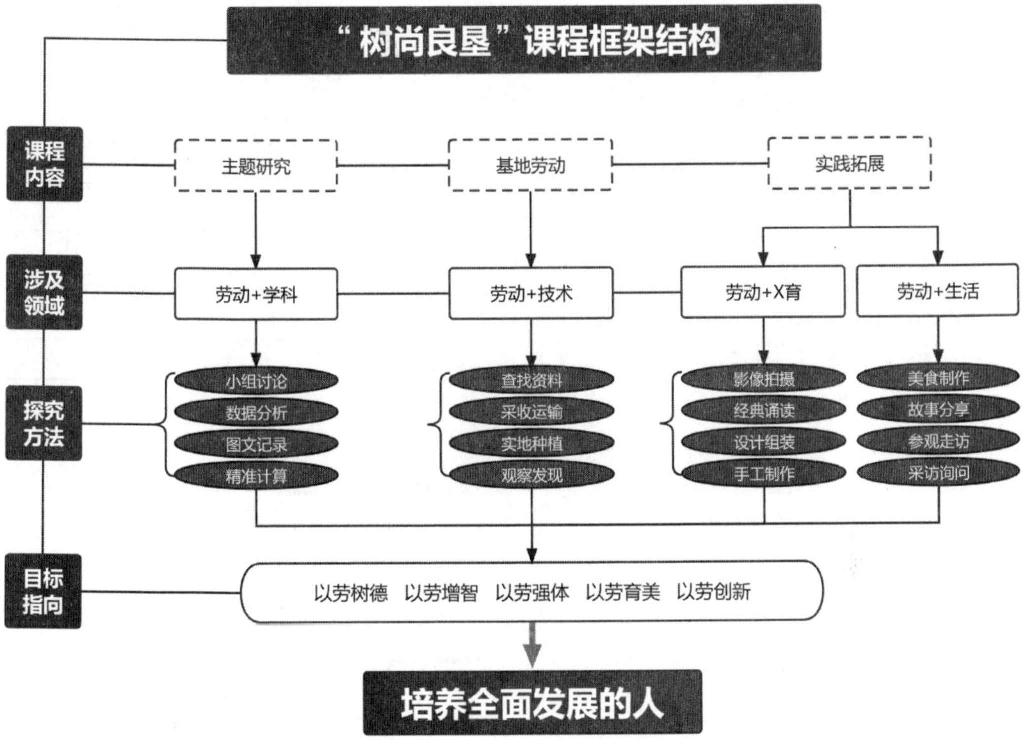

3. 课程实施

（1）“树尚良垦”“劳动+”：助推劳动教育的有效落实

“树尚良垦”劳动实践课程各年级每学期安排两个大主题，共16课时。由班主任老师牵头，家长、农事教师及其他各学科教师协同，组织学生开展教材中对应的各项实践活动，为学生提供专业指导和积极帮助。

（2）学科课堂“劳动+”：创新劳动教育的“面子工程”

学科课堂“劳动+”为树小劳动教育的“面子”工程。学校打破各学科之间的壁垒，打破固有的课程思维模式，推动教学方式的改革，实现育人效应最大化。同年级同学科老师组成行动研究小组，整理教材中具有劳动教育育人点的课文；再每组选一篇最有代表性的教学课文，集体备课，在教学设计中突出劳动教育的相关要素；接着，组织公开课，课后交流探讨；之后建立以学生为中心的评价体系，分别进行课堂前测和后测，了解学生对本课中相关劳动教育要素的认识、理解及学习效果；最后整理课例，六个年级的老师可共同交流和探讨，以论文、课题等形式整理出相关研究成果。

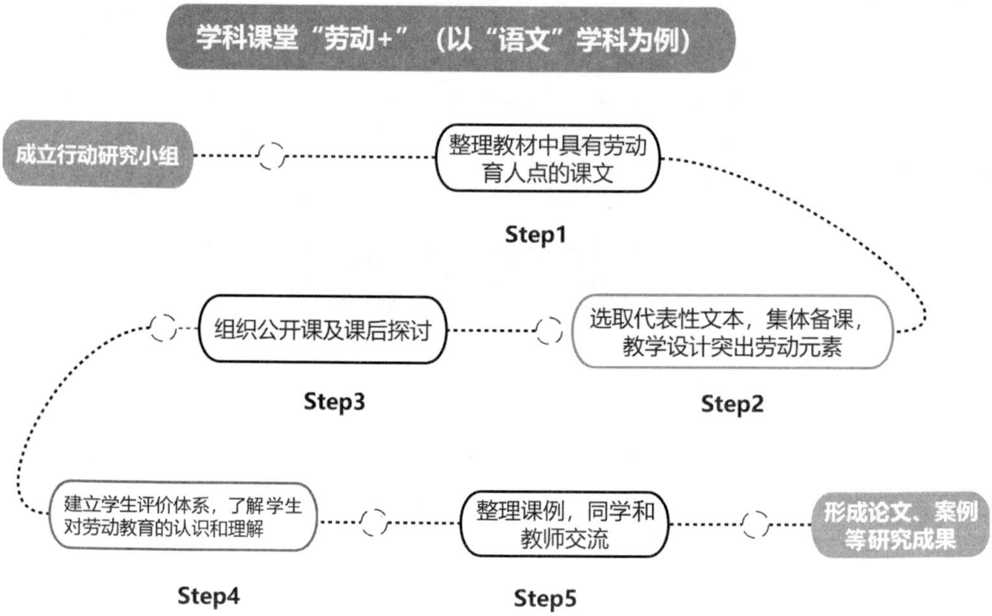

（3）项目活动“劳动+”：夯实劳动教育的“点子”工程

①巧抓时令立项目

果蔬生长有非常明显的时令。当基地第一批蔬菜丰收时，教师敏锐地发现即便有各项活动用掉一些，蔬菜的库存依然庞大。此前，学生已经掌握了科学种植方法，且经过一段时间的田间劳作锻炼了体力，达到了劳动教育的目标。合理地处理剩余蔬菜同样很有教育意义。学生积极讨论，形成了“蔬菜自营店”这一核心项目。在之后的探究和实践中，课题组成员又将其分解成4个子项目，将日常生活劳动教育与服务性劳动教育相结合，实现劳动教育的综合育人价值。

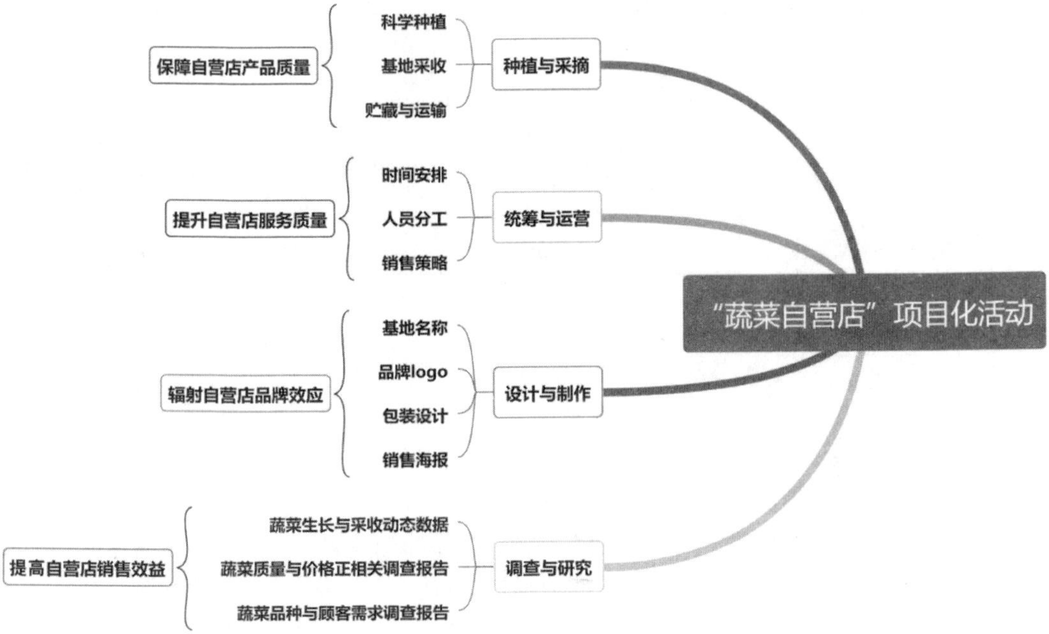

②社团活动有项目

学校加强了社团活动在劳动教育中发挥的重要作用。校级"劳动社团"常常走访绍兴市农科院、气象所等地实地研究，坚持以研究性学习方法为指导，密切联系学生生活实际、综合运用所学知识。

4. 课程评价

评价是一种对话交流，是教学双方共同协商建构的过程。劳动实践课程的评价要体现在学生劳动能力的提高、劳动知识的获得、劳动观念的进步和劳动精神的发扬上。课程评价全员参与，且贯穿始终。课程从自己、伙伴、老师、家长四个要素实现评价。每课时，以"树尚良垦"教材中的图章数量来评定星级；每个主题学习完毕，学生选择心得交流、成果汇报、同伴点评、板报制作等自己最擅长的形式，表现学习成效；每学期，课程学习中表现突出的学生不仅可以获得"树尚标兵""良垦能手"等荣誉称号，还可以获得校级"美德少年""梦想卡"的优先评比权。

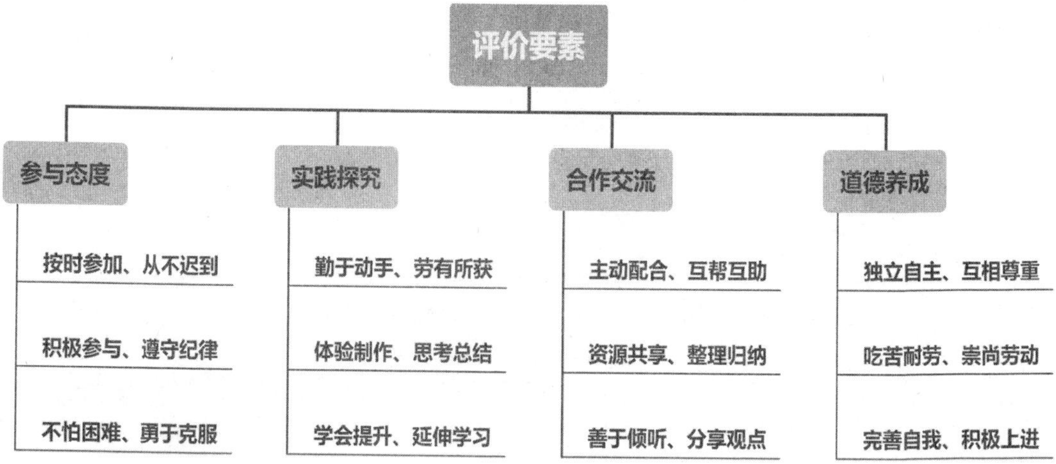

5. 课程保障

（1）加强劳动教育师资配备

学校对劳动教育专业师资调配有着精确调研和细致规划。学校与多家单位、个人达成长期合作，邀请他们进校指导，协助开展劳动教育研究活动，切实保障学校劳动教育专业师资的配备，并逐步构建专、兼职相结合的劳动教育教师队伍。

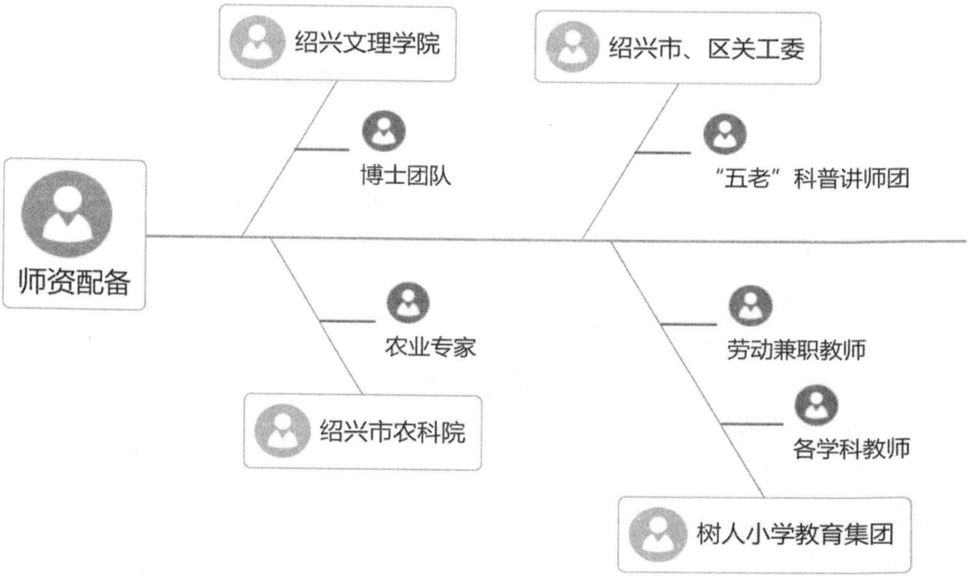

（2）着力开展全员教育培训

学校把劳动教育纳入教师培训内容，聘请有关专家多次进校开设讲座，以理论联系实际，思想结合经验，行之有效地提高教师的理论知识水平和实际操作能力，强化每位教师的劳动意识、劳动观念，提升实施劳动教育的自觉性。

（五）“树尚良垦”做成了什么？

随着“树尚良垦”拓展性劳动课程的推进与深入开展，“五育融合”的育人思路不断清晰，融合育人的成效逐步显现。

1. 研究的主要成效

在推进实施劳动教育以来，全校教师一以贯之，持之以恒，为学生的生命成长不断助力。本课程在 2020—2022 年实施期间，对学校三至五年级学生进行前后两次劳动现状问卷调查，结果表明，学生在劳动观念、劳动能力、劳动习惯上有了很大变化，树立起正确劳动价值观。（见下图）

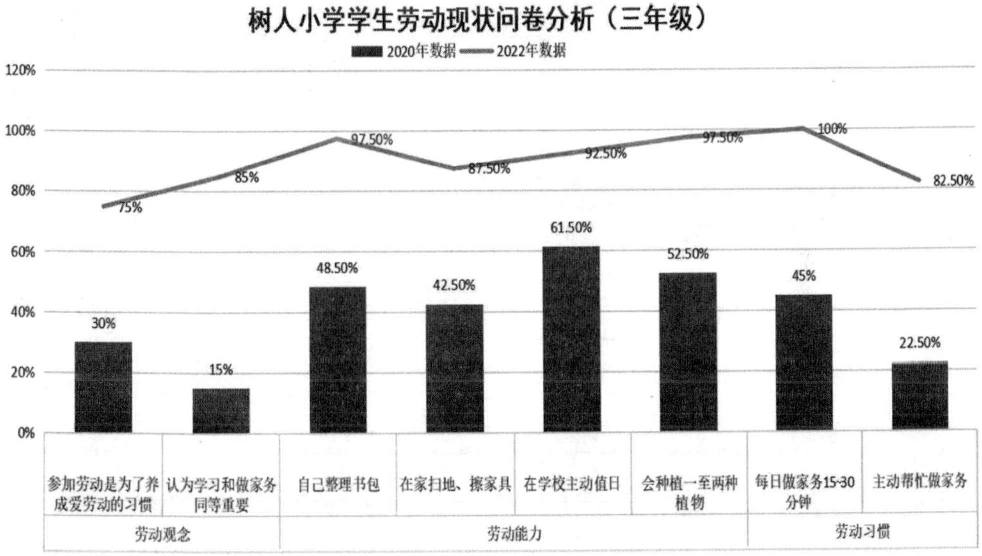

学生在劳动实践、综合实践等各级各类比赛中屡获佳绩。《市场上为什么没有红豆芽“卖”》入选 2021 年浙江省小学生综合实践成果征集作品，获绍兴市小学生研究性学习活动成果评比一等奖；三十余人次在越城区劳动实践教育系列评比中获奖。

2. 研究的主要成果

①研究成果受到各级媒体的广泛关注

课程实施以来，学校劳动课程实施情况、学生劳动实践德育活动受到了中华网、浙江新闻、浙江在线、浙江少儿频道等各级媒体的广泛关注，报道十余次。

序号	日期	媒体	标题	链接
1	2021年5月27日	今日越城	树人小学：追寻红色足迹，体验科创农耕	https://vapp.tmuyun.com/webDetails/news?id=735035&tenantId=31&newsList_ImgLocation=2
2	2021年5月12日	今日越城	小学“菜摊”开卖！“菜款”将捐给贫困学生	https://vapp.tmuyun.com/webDetails/news?id=703968&tenantId=31&newsList_ImgLocation=2
3	2021年11月27日	浙江新闻客户端	特色摊位蔬果义卖 劳动实践趣味多多	https://zj.zjol.com.cn/news.html?id=1767267
4	2021年11月1日	浙江少儿频道	绍兴市树人小学：小小菜市场开张 蔬菜义卖献爱心	http://wap.cztv.com/tv/120/1396450.html?play=1
5	2021年5月21日	绍兴关工委公众号	绍兴市关工委科普团赴树人小学调研劳动实践基地建设情况	https://mp.weixin.qq.com/s/IltrMC61mMTeGiybkVZTMA
6	2021年3月21日	今日越城	树人小学开展学生农事劳动实践活动	https://vapp.tmuyun.com/webDetails/news?id=630396&tenantId=31
7	2021年5月31日	浙江在线	树人小学开展“追寻红色足迹，体验科创农耕”系列研学活动	http://sx.zjol.com.cn/yw18581/202105/t20210531_22606454_ext.shtml
8	2021年10月24日	浙江新闻客户端	实践劳动体验童趣 蔬菜义卖欢乐满满	https://zj.zjol.com.cn/news.html?id=1747459
9	2022年1月14日	中华网	云端聚智，助推“双减”下学生学习方式的转变	https://m.life.china.com/2022-01/14/content_98633.html
10	2022年3月16日	绍兴市教育局网站	体悟农作物魅力 学习农学知识——市农科院、市作物学会走进树人小学教育集团	http://jyj.sx.gov.cn/art/2022/3/16/art_1489126_59017831.html
11	2022年3月18日	浙江新闻客户端	绍兴市树人小学教育集团和谢墅小学开展教共体联谊活动	https://zj.zjol.com.cn/news.html?id=1828105

②研究成果得到各级教研室的充分肯定

为更好地推进区劳动实践课程的有效落地，促进学科间实践融合，2021 年 5 月，学校承办越城区小学综合实践活动、劳技、地方课程“教学关键问题”专题研讨活动。11 月，承办越城区“实践融合”劳动教育专场活动进行实践基地展示。学校开发设计的“树尚良垦”劳动实践课程被评为绍兴市精品课程、越城区精品课程。

③研究成果在省、市相关报刊上公开发表

课程负责人撰写的《多元农耕凸显价值，“一体两翼”育人发展》发表于《天津教育》2021 年第 9 期；《劳动课程凸显育人价值》《点面结合实现五育融合》分别发表于 2021 年 10 月 13 日和 2021 年 10 月 27 日的《绍兴日报》。

④研究成果多次在各级平台被推介

为更好地推进劳动教育，进一步落实立德树人的育人目标。自 2021 年初以来，学校初探劳动教育管理模式略有成效，课程负责人在省、市、区各级平台做专题讲座四次，介绍学校劳动课程，推广具体做法。教师在区级培训中承担公开课数节，为小学劳动教育的有效落实指明方向。

⑤研究成果切实提高教师的教学能力与科研意识

从课程组成员到学校教学团队，在教师课程推进的同时，科研氛围群体化，研究问题实际化，科研方法规范化，研究成果精品化，教学理论成果收获颇丰。课程负责人被评为越城区综合实践学科带头人、越城区课程研发与学业评价指导委员会成员、绍兴市文理学院研究生导师。广大教师论文、案例获奖数篇，在市级赛课中也屡获佳绩。

⑥研究成果辐射引领学校教育品牌的发展和提升

课程的实施与研究使“树尚良垦”成为学校劳动教育品牌，乃至越城劳动的金名片，一次次外出交流，一次次接受参观，广西人大教科文卫委，江山、温州等多所学校团队前来我校交流。学校劳动基地被评为区关心下一代教育基地。学校积极组织学生参与各类相关活动，集体被评为越城区学校寒假劳动实践征稿活动组织奖。

二、创新教学资源的开发与应用

教学资源是实施劳动教育的必要条件。在实施劳动教育的过程中，学校致力于与家庭、社会协同进行教学资源的开发，积极整合和利用各种形式和类型的资源。我们坚持以核心素养发展为导向，紧密结合地方经济文化和学生实际，进行劳动教学资源的开发与应用，以满足劳动教育教学的实际需要。

（一）课程资源——创生校本特色劳动教育内容

1. 编写校本特色劳动拓展教材

学校在课程体系构建上突显“做中学”的理念，融入“真善美”的核心内容，努力尝试整体构建“真善美统一”的“生活·树人”课程体系。

依据《义务教育劳动课程标准（2022 年版）》，结合学校的育人价值追求与学生实际，我们推出“树尚良垦”“四点半自营店”两类拓展性劳动实践课程。

“树尚良垦”劳动实践课程是学校劳动教育的品牌课程。它是一门着眼于学生对果蔬的认识，适当学习一些种植方法，并在劳动实践过程中养成明德知礼的道德品质和吃苦耐劳、协同合作精神的德育实践课程。

“四点半自营店”劳动实践课程是依托“树尚良垦”劳动实践课程应运而生的。它着力于挖掘课程的精神内涵，通过“学科融合”的课程思维与实践，实现果蔬自销，从中品味劳动售卖的喜悦，聚焦学生心理品质的形成，对学生进行全方位的融合教育，以完成“树人”的终极目标。

两类课程同属于学校“崇善类课程”体系下的拓展性课程群中的重点课程，是实现国家课程和地方课程校本化、生本化的有效载体。

课程均以“模块＋项目”的形式编排内容，创新课程实施形态，选取更有代表性、更具劳动实践特色的教育素材，凸显领域和主题上的结构化呈现、目标和形式上的螺旋式上升、载体和方法上的交织型循环。

与此同时，课程组精心打磨，编写了两类课程的配套活动手册，其中《“树尚良垦”学生活动指导手册》共3册、《“四点半自营店”学生活动指导手册》共3册。另外，课程组还设计制作了共60个课时的配套教学微视频，极大地丰富了劳动课程的教学资源。

2. 挖掘主学科课程中的劳动元素

小学主学科课程中有很多劳动教育的内容，并且与劳动教育课程相比，主学科课程落实制度与实施现状都是比较完整的。因此，我们既探索劳动教育拓展课程的独立开设，也立足主学科课程开展劳动教育的有机渗透。

我们坚定地相信，全面实施劳动教育离不开主学科课程与教学这一基本载体和途径。因此，我们致力于开发“劳动＋学科”研究项目并不断深入，积极尝试打破劳动与各学科之间的壁垒，打破固有的课程思维模式，推动教学方式的改革，实现育人效应最大化。

以“劳动＋语文”为例，语文教研组成员通过教材研究、课例研究、策略提炼、成果整理四大路径落实劳动在基础学科中的渗透。他们以审美为“劳动＋语文”的最佳融通点提炼实施策略，现已完成12册语文教材的劳动审美资源梳理，成功开发20多个“劳动＋语文”课例并在各级各类研修活动中展示，已撰写30多个完整案例并结集成册，为后续推进“劳动＋语文”研究提供了成功范例和鲜活资源。

（二）场地资源——创设“多点位”劳动教育实践基地

1. 立足家庭“原基地”

家庭是劳动教育的重要阵地，小学劳动内容更多是在家长的指导下完成的。家庭劳动教育既是一种启蒙教育，也是一种情感教育，更是一种灵活教育。

学校统筹制定各年级家务劳动清单，倡导每个家庭抓住日常生活中的劳动实践机会，鼓励孩子在“清单”的指引下自觉参与、坚持不懈地进行劳动，目标是每年有针对性地学会两至三项生活技能。

此外，我们还积极引导家庭通过设置家庭劳动日、开辟阳台绿地等方式，为学生提供家务劳动的机会。

学校借助生活劳动项目展示活动等形式，检查生活劳动教育的实施情况，了解学生自理能力提升情况，与家庭共同构建家庭劳动教育制度。

2. 建设校园“主基地”

学校场地、设施及环境是劳动课程实施最基础的资源，是劳动教育的主阵地，体现劳动教育的普适性。

一方面，学校充分利用教室、食堂、图书馆、绿化带等，为学生提供进行值日劳动及其他日常生活劳动的场所。

另一方面，学校按照劳动课程内容结构及实施需要，从实际出发，在校内开辟“科创农耕劳动实践基地”，指导学生开展农业生产劳动，让学生足不出户就能体验田园劳动的乐趣。

在学校总的劳动教育思路指引下，三校区的劳动基地各自命名、各具特色，“树尚良垦”“向阳圃”“东篱园”三大基地在传统农耕劳动的基础上，精心设计现代智慧农业项目化劳动，如无土栽培、温室种植等，为学生创造了校园劳动新体验。

3. 打造特色“微基地”

建立校内劳动实践微基地，体现的是劳动教育的校本特色与内容，也是主基地劳动的优化与创生之地，是学校创造性劳动教育的实施基地。

我们基于学校科创农耕劳动实践基地，开设了“四点钟田园课程”。孩子们利用课后服务时间，走到田地，亲近土地，在辛勤浇灌、培育下，他们收获一批又一批的蔬果，体验着劳动过程的快乐。

同时，课程组织孩子们把劳动成果推向社会，衍生了“四点半自营店”项目化劳动课程。我们在校内设立“蔬菜自营摊点”劳动实践微基地，鼓励学生模拟生活，走向生活。学生在此经历种植与采摘、统筹与运营、设计与制作、调查与研究等深度而完整的劳动实践，有效达成了劳动教育的综合育人价值。

4. 拓展社会"外基地"

随着科学技术的不断发展，社会劳动生产力的不断提高，就业结构的进一步变化，劳动的空间和时间都发生了很大变化，劳动的内涵和性质也发生了巨变，在这种新形势下，学生的全面发展不能完全局限于学校，必须同社会实践相结合。

一方面，学校建立并强化与社会劳动教育公共资源、校外场所，如农场、工厂、银行、企业等，各种社会资源的相互联系和资源的共享机制。

另一方面，学校与所属社区共建契约，专门成立社区特色文化教学班，共同支持学生深入社区开展公益劳动，参与社区治理，体验现代科技条件下劳动实践新形态、新方式。

学校与校外力量联手搭建劳动教育的活动平台，为学生参加生产劳动、服务性劳动提供了更加广阔的实践场所。

（三）教师资源——创研劳动教育师资培养培训

劳动教育第一要素是合格的专业教师。目前，学科化的劳动课程还处于起步阶段，教师缺乏较为丰富的劳动教育经验和一定深度的理论思考，专职劳动教师的数量还远远不能满足学校劳动教育的需求。

为解决劳动教育师资短缺的问题，行之有效的办法是开展劳动教育教师的培训，重视劳动教育教师的培养。对此，我们研究并采取了一整套解决劳动教师短缺的有效方法：

（1）建立教师培训制度，在原有教师中培养有一技之长的教师，使之能尽快适应校本课程开设的需要；

（2）面向社会招聘具有实践经验的专业技术人员、劳动模范等担任兼职教师，充实到一线教学中；

（3）充分利用家长资源，聘请校外辅导员进班授课；

（4）依托地方高校、市农科院、市区级关工委等科研机构与专业组织，协助开展劳动教育经验交流、成果展示与教学研究活动，激发广大教师实践创新的潜能和动力。

学校着力构建专、兼职相结合的劳动教育教师队伍，切实保障学校劳动教育的有效开展。

三、探索问题解决能力培养的路径与途径

随着新一轮义务教育课程方案及各学科课程标准的正式颁布，不难发现贯穿其中

的一条主线是“全面体现核心素养导向”，注重培养学生在真实情境中综合运用知识解决问题的能力。

钟启泉教授认为，“核心素养”是学生借助学校教育所形成的解决问题的素养与能力，强调整体儿童的发展，求得儿童的人格成长与学力成长，彰显的是“育人功能”。

在劳动教育实施过程中，我们主张学生在教师的指导下能主动唤起联想，将各学科知识和经验融通，重新建构与内化，再进行外化迁移。在正确的劳动价值观的引领下，学会解决劳动中出现的问题，提升劳动能力，发展劳动素养。

（一）树立资源意识，课程从问题驱动

“生活教育理论”是陶行知的核心思想，生活即教育，为生活而教育。生命承载着生活，生活发展着生命，教育的内容不能割裂学生与生活的动态关联。劳动课程应面向学生完整的生活世界，引导学生从日常学习生活、社会生活或与大自然的接触中，提出具有教育意义的活动主题，在实践探究中获得真实体验，建立学习与生活的联系。

在劳动课程实施的准备阶段，教师要充分结合学生经验，为学生提供活动主题的选择以及提出问题的机会。鼓励学生提出感兴趣的、有意义的问题，引导学生根据问题构思选题，确立活动目的。通过“有价值”的“真问题”驱动学习进程，指导以问题解决为目的的探究行动，有助于建构知识体系，创生知识应用，重构教与学的关系，让有意义的学习真正发生。

1. 融入校园生活，整合课程教学资源

在学生学习的过程中，校园生活有着不可替代的重要作用。因此，在推动小学劳动课程教学生活化的实践过程中，教师可以从校园生活入手，引导学生在校园的日常生活和学习中进行劳动实践，这种形式学生最为熟悉，契合度更高，对学生的教育作用也更为直接和显著。

例如，学校的劳动实践基地建成之际，给基地命名为什么、设计什么样的绘标可以更好地契入学校主题文化，并得到全体师生的广泛认可与自觉融入，成了一个棘手的问题。对此，学校没有向广告公司求援，转而将目光投向了学生。学校发起一则“创意征集令”，征集的内容为“校园劳动实践基地名称及绘标”，并附有相关的要求与原则。“征集令”一经发出，可谓“一石激起千层浪”，学生兴致高涨，纷纷投稿。接着，学校将二十件入围作品以公众号推文的形式开展投票活动，最终评出“命名最佳创意奖”和“绘标最佳创意奖”若干名，并于六一儿童节对获奖学生进行了表彰。这些生活化的校园实践活动不仅让学生体验到实践乐趣，提升了创新意识与审美情趣，也增强了学生的小主人翁意识，从而优化劳动实践课程的教学效果。

1. 苏 滢

树人小学在陶行知先生教育理念的引导下，更加郁郁葱葱，蒸蒸日上。这把打开六个解放思想的“钥匙”在阳光的照耀下，红光散发，层层解码。

2. 吕诗涵

小朋友亲手耕种的蔬菜新苗，一棵棵茁壮成长。小朋友认真观察着自己的杰作，发现它们每天都有不同的模样，老师们也观察着小朋友，发现小朋友每天也有不同的进步，不同的成长。

5. 张泽昊

一棵“树人小苗”，在阳光的照耀下，生根、发芽，生机勃勃，茁壮成长！

7. 施抒阳

爱心购这个LOGO，整体以心型为主体，以图型南瓜为原型，用拟人的手法，俏皮的表现出小朋友们对生活的热爱与向往！

8. 李一萌

劳动实践基地的蔬菜宝宝们，不仅沐浴着阳光的温暖，雨露的滋润，还被孩子们的智慧和知识浇灌着茁壮成长，就像树人的学子们一样，健康，快乐，阳光！

“劳动实践基地绘标”

3. 蒋昕妍

朝阳校区和中兴校区劳动实践基地的徽标的主题造型为由手和植物构成的水滴。手的主体颜色为绿色和蓝色，象征活力、细腻。植物由浅绿，深绿、淡蓝、深蓝、黄、橙六色组成，象征陶行知先生的教育理念，即六个解放。总体寓意为通过我们的双手，辛勤劳动，创造成果。

4. 谢思哲

标识由土壤、幼苗、阳光、雨露几种具象物体经艺术处理建构而成。绿色的土壤、七色的阳光和雨露代表大自然；人形的绿色幼苗既代表植物的蓬勃生长，又象征儿童的健康成长。寓意儿童张开双手，去拥抱自然，去观察自然；放飞心灵，去独立思考，去大胆探索，去从大自然中汲取营养，收获成长。

6. 李清[illegible]

“树”取自学校“树人小学”，又和“蔬菜”的“蔬”同音；“尚”是“尊崇，注重”；“良垦”代表着通过学校的大力支持，同学们的辛勤劳作，开辟出了非常好的蔬菜园地。

9. 阮雨桐

一层意思：行是知之始，知行合一。只知不行，是谓知识；知而行之，是谓知“道”。“读万卷书不如行万里路，行万里路不如读万卷书”亦是知行合一。小学生们亦应该学习结合实践。

二层意思：陶行知先生事中国人民教育家、思想家。陶行知的教育思想，概括为三大基础思想：“生活即教育”、“社会即学校”、“教学做合一”。

小菜菜卡通人的双手敞开，寓意陶行知先生六个解放中的解放孩子的双手，提高孩子的动手操作能力。

10. 柯婧瑶

红领巾象征着少先队员，中间的绿叶又象征着树小。以橙色为主的背景寓意着树小学子前途无量，树小永远辉煌。

十佳入围作品

2. 链接家庭生活，深入解读教学案例

在小学劳动教育的开展过程中，与家庭生活相关的活动内容设计也是进行生活化教学的重要课题之一。在学习《垃圾分类——指尖上的文明》这一主题的实践内容时，教师先为学生阐述了这样一段事实：“5 公斤厨余垃圾提炼出的生物燃油，可供一辆私家车行驶 10 公里；1200 人产生的厨余垃圾可供一辆垃圾车开一整年。作为人口大国，中国餐厨垃圾大约占城市生活垃圾的 37%~62%。”

在叙述完这一事实后，教师鼓励学生积极发表自己的想法，然后设计一个小小的生活调查主题实践活动：请每个同学回到家后对自己家庭生活中的一天所产生的厨余垃圾进行统计，然后按照 70 亿的全球人口数量请家长协助计算一下每天产生垃圾的大概数量。通过这一实践活动的设计，学生在参与真实调查与计算的过程中都产生了强烈的心理触动。这种形式的实践互动能够真正地将教育内容融入生活化的场景，从而有助于学生养成爱惜粮食、节约粮食的美德。

3. 体察社会生活，拓宽学生认知视野

“生活即教育，社会即学校”。对于小学阶段的学生来说，接触社会的机会并不多，但是学生的心灵深处还是对社会有一些认知的，日常生活中的所见所闻都会不同程度地对学生的心理产生一定的影响。因此，在劳动课程教学活动的设计环节，教师可以有目的地从社会生活的角度出发去调度，增加社会生活化内容的融入，拓宽学生的学习视野，促进学生整体性学习。

疫情暴发初期，全国上下口罩等防护用品供应处于极其紧张的状态。对此，学校针对不同年龄段的孩子对疫情的认知能力差异，设计了以“科学小发明防疫我能行”为主题的分层居家实践项目，引导学生以同理心思辨地寻找真实问题，并通过探究、发散、设计制作、评估改进等方法进行项目式学习，让每个人都能真正地成为疫情的参与者、防护者。比如五年级学生开展“巧制护目镜”、六年级学生制作“DIY 防疫宣传手册”等，这些活动不仅拉近了学生与社会生活的距离，同时也能拓宽学生学习之外的视野，丰富认知，提高学生的社会责任感。

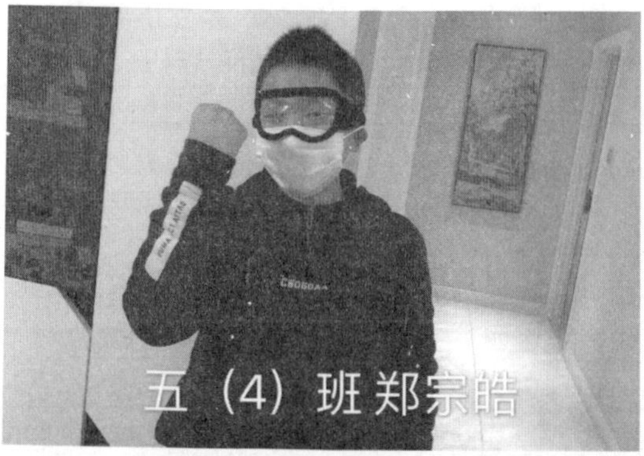
五（4）班郑宗皓

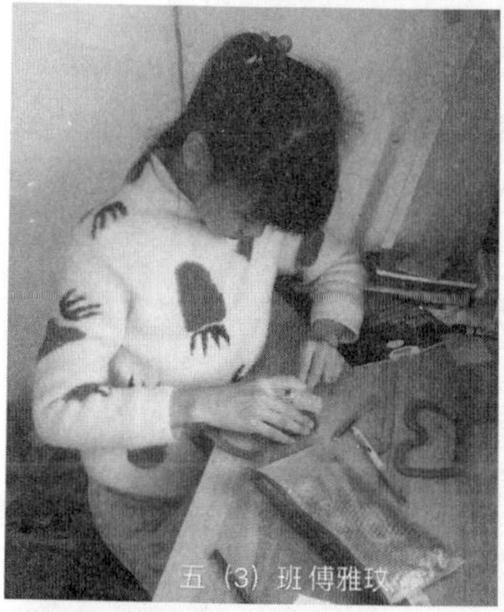
五（3）班傅雅玟

六（2）班胡籽涵

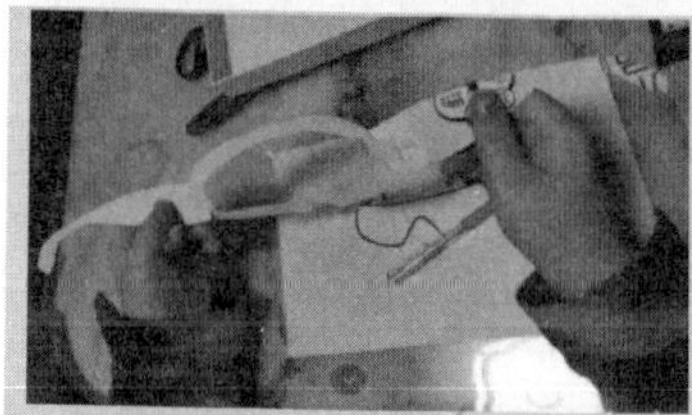

五（1）班劳铭皓作品

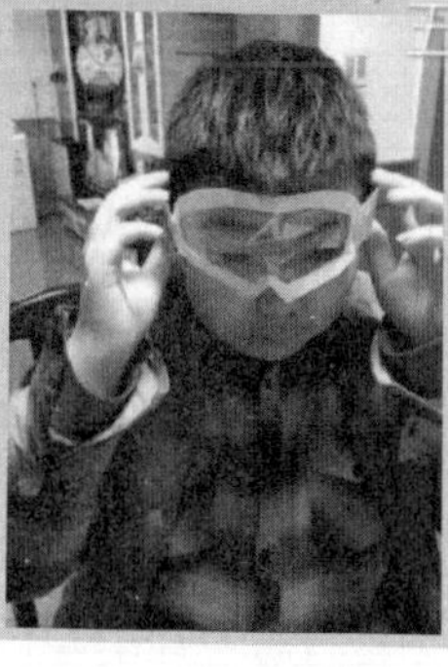

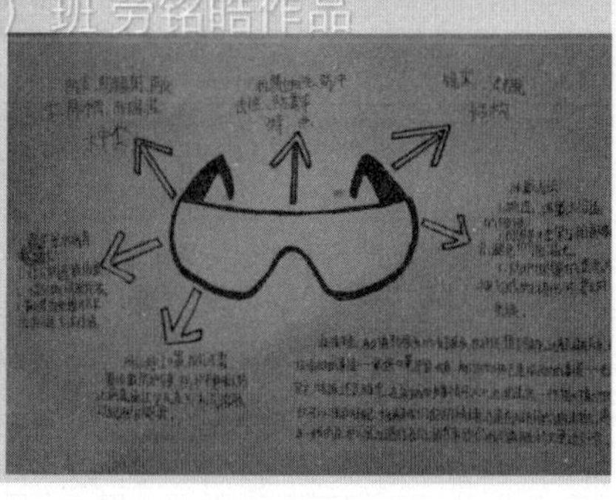

五（2）班俞奕如

4. 探索自然生活，满足学生好奇心理

小学阶段的学生天性好奇心重，对各类新鲜事物充满了好奇的心理。对于大自然，学生更是有走进与探究的天然欲望。因此，在小学劳动课程生活化教学的过程中，教师可以充分抓住这一教学契机，利用小学生渴望走进自然生活的心理，设计与之相关的自然生活实践活动课程，引导学生在体验与参与的过程中激发探究学习的兴趣，开展丰富多彩的劳动实践活动。

例如，端午来临之际，包粽子、赛龙舟、做香包……这些耳熟能详的端午风俗已然成为端午的象征。“端午节就只有这些事情可以做吗？”在一次“端午”主题综合实践活动课上，学生不禁发出了这样的疑问。追根溯源，端午节本是南方吴越先民创立的用于拜祭龙祖、祈福辟邪的节日，注入夏季时令“祛病防疫”风尚。关于包粽子、赛龙舟等习俗则是后人根据屈原投江的传说，附加在端午节上的。

那么，如何另辟蹊径，让学生更真切而全面地了解和体验端午风俗？教师与学生商量后，决定从端午“祛病防疫”的风尚切入，结合当前的疫情形势，利用就近的府山公园，开展一次“溯源端午别样童趣——寻觅中草药”主题实践，分设“寻草以竞”“斗草以娱”“制草以祛”三个系列活动。当日，师生携手走进府山公园，全身心融入自然生活，一起发现药草、认识药草、趣玩药草，探究中华药草的神奇魅力，体验别样的端午情趣。学生的身心在大自然中得到充分释放，探究欲望被充分激发，观察、比较、分析以及动手能力得到同步跟进，对传统中草药文化的热爱之情也水涨船高。

（二）变革学习方式，亲历实践与体验

高质量的教育需要变革学习方式，从“学以致用”走向“用以致学”。改变过去学习知识、积累知识之后，再到社会上开展实践运用的教育常态，重视学生的亲身参与和独特体验，鼓励学生在实践中学会做事，在实践中学会解决问题，成为适应未来的新型人才。劳动课程实施阶段，不仅要让学生善于动“脑”，更要让学生勤于动“手”，即不仅以学习知识的方式，突出知识的建构性、探究性、创造性，更以身体力行的方式认识和改造世界，重视学生身体的感受、体验、经历及行动，以期最大限度地满足学生的个性发展与生命成长。

1. 创设真实情境，转变“要我学”为“我要学”

课程标准提供的种种建议表明，学生的“核心素养”是在真实的问题情境中借助解决问题的实践培育起来的。因此，教师要积极打破常规教学模式，从真实的问题情境出发，引导学生不断经历发现和解决问题，体验和感受学习与生活的联系。教师从“牵引”走向“开放”，教学适时“后撤”，让学生置身于真实的生活情境中，浸润于活动中，在真实问题的驱动下，开启思维通道，将学习引向自觉和深入。

例如，学校劳动基地的蔬菜丰收了，学生心里不禁泛起了嘀咕："这些蔬菜接下去该怎么处理呢？扔掉？未免太可惜。吃掉？天天吃也不是长久之计。卖掉？……"面对丰收的蔬菜不知如何处理的这一现实情境，老师和学生们经过一番激烈的讨论，一致认为将蔬菜进行销售处理最为合适。那么，如何进行销售呢？经过反复思考，师生商定在校内开辟一个移动自营点，用于销售基地产出的各类蔬果，然后将销售所得用于各类公益活动。

具体可感的目标给学生指明了方向，点燃了学生思考的热情，各类思考层出不穷：能否给自营店取个好听的名字以提升它的知名度？能否给基地的蔬菜设立一个自己的品牌 logo？如何设计蔬菜的包装，以提升产品的美观度？如何设定合理的蔬菜价位，以实现产品的价廉物美？……一连串的问题设计，让学生建构起新知与旧有图式之间的联系，引发起学生深入思考，开启了探究实践的大门。

2. 深度沉浸体验，参与实践融"劳心"与"劳力"

劳动课程的实施过程并非"脖颈"以上的活动。它注重主动实践与开放生成，强调"身体在场"，在"做"中学，注重学生的亲历实践与体验。教师通过任务驱动、情境探究、实践检验、协作分享等方式，引导学生主动实践，合作制订活动方案，记录过程，交流感想，把观察、阅读、数据采集、资料检索、研究设计、作品创制、沟通协作、问题解决、创新创造等"脑力"活动与"体力"活动有机衔接，深度融合，并在提出问题和解决问题的过程中体悟实践的价值，培养创新能力，发展学生个性，提升综合素质。

例如，为了自营店蔬菜的合理定价，按照问题链提供的研究思路和实践路径，学生们开始进行小组合作，分头行动。A 组学生为获取同类蔬菜的市场价格，主动走进社区几个农贸市场，开展了为期一周的蔬菜价格问询和记录，并将调查结果绘制成《莴苣、土豆两种蔬菜市场价格行情图》，为 C 组调研蔬菜质量的伙伴们提供了可靠的对比数据。B 组学生为检测基地蔬菜的口感，在家里开展了"亲子共厨，亲测品评"活动与反馈。学生在家长的指导下对两种蔬菜进行菜品制作与品尝，然后填写反馈表，为基地蔬菜的口感度提供真实的反馈意见，最终也将服务于 C 组对蔬菜质量的综合评估。

3. 学科跨界整合，思维发展由"低阶"转入"高阶"

苏霍姆林斯基说："使学生的知识不要成为最终目的，而要成为手段；不要让知识变成不动的、死的'行装'，而要让它们……'活起来'。"获取知识是为了更好地应用知识，在运用探索中，不断重构知识与经验，让知识进入"循环周转"。小学劳动课程实施应以问题驱动，用行动赋能，激活学生的内生价值，在问题解决中创造新知识，萌生新问题，实现知识的重组创生，提升学生的心智水平。同时，通过知识的迁移与运用，解决生活中的问题，实现知识的应用创生，提升解决问题的能力，发展学生的核心素养。

例如，在"蔬菜自营店"项目实施过程中，学生需要通过跨界整合科学、技术、工程、艺术、数学领域内容，不断地与问题情境互动，在已知经验和新问题之间不断地创设意义。此时学生会不断反思，调动所学知识，调动多方面的能力，启动多个系统，推动自己的认知能力向纵深跃进，从而形成知识的重组、迁移与运用，触类旁通，解决问题，实现深度学习。

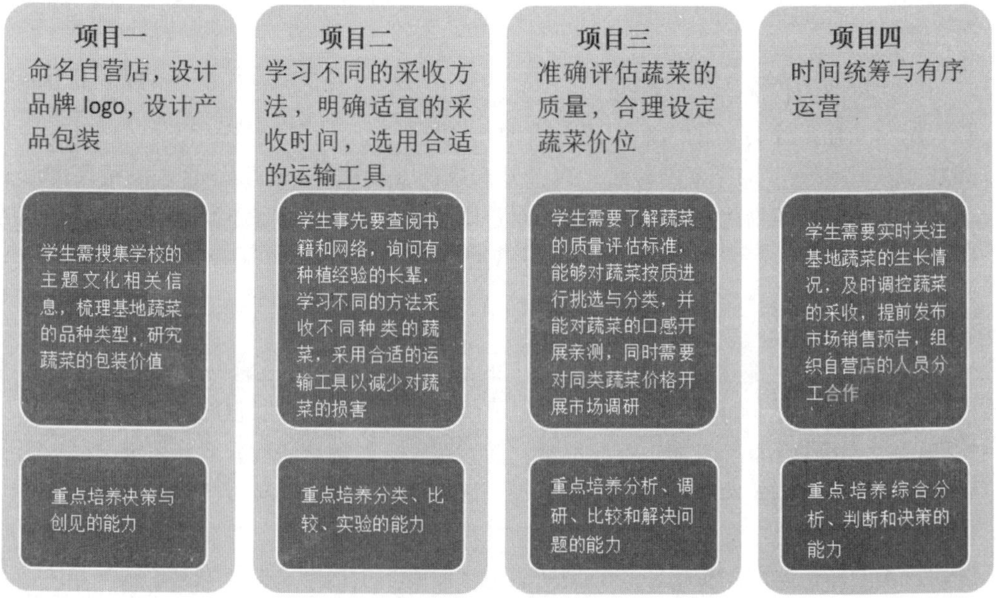

“蔬菜自营店”各个子项目所涉及的重点高阶认知能力的培养

4. 打通课堂内外，活动设计由“一维”到“多维”

“当前的综合实践活动教学学科化倾向依然严重，主要体现在实践场所圈定在教室，主题来源依赖书本，追求获得系统知识，教师讲授成为活动主导，活动评价倚重书面作业。这样的教学组织远离了课程的核心价值，很难实现价值育人、责任担当、问题解决、创意物化的课程目标。”（何铁勇，2019）实践性是义务教育劳动课程在内容选择与组织上应遵循的原则。教师要精心设计与组织劳动项目，畅通学生课内外实践渠道，使劳动课程内容由单薄走向丰盈，课程实施形式由一维的校内“小”实践走向多维立体的社会“大”实践。学生通过不断经历思维训练、动手操作、出力流汗等形式多样、富有生活气息的活动过程，真正爱上实践，乐于实践，最终实现身心的和谐统一与健康发展。

例如，学校辖区内社区资源丰富，各具特色。综合实践课程规划小组立足校内综合实践活动课程，对各个社区的资源进行了分类整合，依托社区的个性与共性资源打造“6+3”主题项目式综合实践活动课程超市。“6”即六类社区特色项目式主题活动，属于必选项目；“3”即三类社区融合项目式主题活动，属于自选项目。校内外实践活动有机融合，不仅丰富了实践活动内容，延展了实践活动时空，更使学生的个性解放与素养培育成为了可能。

（三）开展多元评价，增值生命力成长

评价是劳动课程实施中十分重要的一个环节。劳动课程不像其他学科一样可以用考试来测定，它强调多元价值取向和多元标准，评价的目的应该定位于强化激励性、体现包容性、注重过程性。评价的内容也应该集中于学生在活动过程中的情感、态度、参与程度、研究方法、投入程度、活动效果、应用情况等方面。因此在劳动课程实施过程中，应该建立多元评价体系，做到评价指标多样化、评价内容多元化、评价方法多元化。坚持以鼓励为主，对学生的新方法、新思维、标新立异、异想天开加以保护，让学生的创新精神和实践能力得到充分有力与持续不断地发展。

例如，学校积极构建劳动实践课程评价体系，根据劳动实践课程内容设立了纵向的劳动实践综合"层级"评定与横向的劳动实践单项"类型"评定。纵向评价难度系数逐步升级，横向评价难度系数呈并列态势。在课时自评、互评的基础上，采用家、校、社三方联评来对学生进行综合评价，全方位关注学生综合素养的养成。

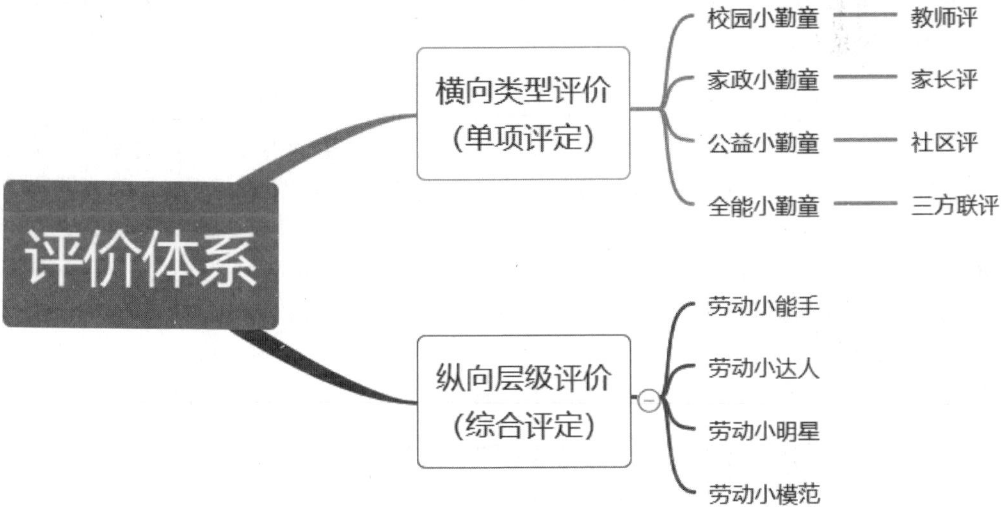

学校劳动教育评价体系

同时，学校创新突破评价形式，以"劳动存折"的形式全面客观地记录学生在学校、家庭、社区各方面的劳动成果，使得对学生的劳动评价有据可依、有章可循。此外，学校计划利用"智慧校园"数字化评价系统设立"快乐购"网上自选超市，为每个学生创立账号。学生的"劳动存折"可兑换相应数量的劳动积分，用于校园网上超市自主购物。创新的激励机制有效调动起学生的劳动主动性与积极性，更让学生体悟到劳动创造美好、劳动创造价值。

第三节　案例分析：小学劳动教育课程设置与开发的实践案例

案例一："四点半自营店"劳动实践课程开发与实施

一、课程开发背景

绍兴市树人小学教育集团一校三区坐落在城南。学校以"儿童本位，发展树人"为办学理念，以"崇德尚美，求真立人"为校训，致力于办一所践行行知教育思想为特色的百年名校。突出学校办学思想，提炼学校办学品牌，让每一位师生"修德""修身"，幸福教育，快乐学习。

《义务教育劳动课程标准（2022年版）》的出台，要求学校有目的、有计划地组织学生参加日常生活劳动、生产劳动和服务性劳动，让学生动手实践、出力流汗，接受锻炼、磨炼意志，培养学生正确的劳动价值观和良好的劳动品质。根据义务教育课程方案，劳动课程平均每周不少于1课时，用于活动策划、技能指导、练习实践、总结交流等。劳动课程可以丰富学生的课余生活，培养学生的兴趣，拓展学生的视野，提升学生的素养，健全学生的人格，促进其身心健康发展。随着"双减"政策的落地，劳动教育很好地填补了课后时间的空白。根据国家课程改革精神，结合学校"尚美类"课程体系，依托原有的"生物园"，我校的"四点半自营店"劳动实践课程应运而生。

（一）多样化的课后服务课程是落实"双减"政策的需要

为进一步满足新时代广大家长对小学生校内课后服务的迫切需求，减轻义务教育阶段学生过重的作业负担和校外培训负担，根据上级教育部门关于做好小学课后服务工作的指导意见，结合我校实际情况，我校认真落实"5+2"政策，精心设计多样化的课后服务课程，既丰富了校园生活，促进了学生的全面发展，又激发了学生的学习兴趣，培养了学生个性特长。

（二）劳动教育是学生成长的必要途径

"劳动最光荣、劳动最崇高、劳动最伟大、劳动最美丽"，劳动教育是国民教育体系的重要内容，是学生成长的必要途径，具有树德、增智、强体、育美的综合育人价值。2022年，教育部正式印发《义务教育课程方案和课程标准》，将劳动从原来的综合实践活动课程中完全独立出来，发布了《义务教育劳动课程标准（2022年版）》，并要求劳动课程内容共设置十个任务群，每个任务群由若干项目组成。其中，日常生活劳动包括清洁与卫生、整理与收纳、烹饪与营养、家用器具使用与维护四个任务群，生产劳动包括农业生产劳动、传统工艺制作、工业生产劳动、新技术体验与应用四个任务群，服务性劳动包括现代服务业劳动、公益劳动与志愿服务两个任务群。我校从生产劳动和服务性劳动两个路径，双管齐下，增强学生“商业 + 服务”的体验，多渠道拓宽劳动教育资源，发挥实践基地的育人作用。

（三）实践育人是陶行知教育思想的核心理念

我校是陶行知教育思想研究的实验学校，多年来一直秉承陶行知教育思想，在实践中育人，在生活中教人，努力实践陶行知先生“知行合一”的教育理念，在学校发展的几十年里，一直把陶行知的教育思想渗透到学校教育的方方面面，经过五轮滚动实验，取得可喜的成绩。“知行合一”仍是新时代育人实践中必须坚守的立场。学校坚持以“劳动教育”为抓手，推行“劳动 +X”的模式，坚持五育并举，让学生在劳动中成长。

我校已经研究开设“树尚良垦”劳动实践课程，在近四年的课程开发之路上，学校着力于挖掘课程的精神内涵，通过课程的实践，关注文化礼仪的学习，心理品质的形成，在劳动实践活动中，对学生进行全面的教育，以完成“树人”的终极目标。在此基础上我们设置“四点半自营店”课后服务课程，以劳动教育为依托，丰富学生的课后生活，实现以劳树德、以劳增智、以劳强体、以劳育美。

本课程开发已经过三个阶段。

第一阶段：从 2019 年 7 月至 2019 年 12 月，成立综合实践探究组，基于“树尚良垦”劳动实践课程，进行课程内容的探讨与分析，以模块化的方式，从售前、售中、售后角度挖掘“自营店”的价值。

第二阶段：从 2021 年 1 月至 2021 年 6 月，分组讨论课程框架，然后汇总交流，再编写课程目录。

第三阶段：从 2021 年 6 月至 2022 年 6 月，理论与实践相结合。一方面，积极营造实践环境，从多学科发展角度开展活动，使劳动实践活动能衍生到其他课程，多学科协同开展系列探究活动。另一方面，对教育中的成效与问题进行了认真的梳理，深入思考如何进一步对学生进行系统的、有层次的、由浅入深的、循序渐进的劳动教育，编写活动手册以及相应课程，以有序指导学生开展探究活动。活动手册共一本，分六个模块，适用于六个年级，均已编写完成。

二、课程性质

“四点半自营店”劳动实践课程，基于学生的认知和学情，鼓励和引导学生参与销售环节，让劳动成果最大化。本课程在课后服务时间开展，属于生产劳动和服务性劳动两个项目，通过认识种植、加工包装、售卖策划、售卖实践、拓展探究、总结评价等单元，系统地学习如何高效地“自产自销”。在售前、售中、售后环节上下功夫，增强学生“商业＋服务”的体验，学会实现公益和利益的双赢。

本课程采用学生自评、同学互评、家长老师评价的方式进行多元评价，每课一小评，模块一总评，将学习过程可视化，激发学生参与劳动的积极性。

参加课后服务托管的学生都将参与本课程，课程实施过程中以劳动教育为媒介，将课程与多学科融合。从开始的科学培育，到利用画画、写作等方式的成果设计，再到需要语言组织、团队合作、营销策略的售卖等，学校依托课程内容，坚持五育并举，让学生通过实践活动的参与，锻炼其各方面能力，加强人格修养，从而成为一个有精神修养，有健全人格，道德高尚，拥有“真善美”品质人生的人。

三、课程目标

（一）科研目标

生活即教育，体验即成长。在“双减”的大背景下，“四点半自营店”劳动实践课程紧跟时代步伐，积极开展多样化的劳动实践教育，以“自产自销”为目的，通过成果设计与制作、调查与研究、方法与创新等途径，学生实现接触和了解自然与社会，观察和思考身边的自然现象、经济现象、社会现象，并通过自己的操作实践，感受探究和解决问题的愉悦，激发了探究兴趣，获得探究的初步经验，初步养成好观察、好质疑、好探究的学习习惯，真正让学生成为“德智体美劳”全面发展的社会主义建设者和接班人。

（二）育人目标

1. 知道和理解马克思主义的劳动观，牢固树立劳动最光荣、劳动最崇高、劳动最伟大、劳动最美丽的观念，体会劳动创造美好生活。

2. 具备满足生存、发展需要的基本劳动能力与劳动思维，形成劳动习惯。

3. 懂得尊重普通劳动者，树立勤俭、奋斗、创新、奉献的劳动精神。

4. 学会并乐于与伙伴互相帮助、分工合作，勇于克服依赖心理，养成认真完成分工的自觉性，形成人际沟通的初步能力，热爱集体，乐于与同伴交流和分享信息、创意及成果。

以上四个方面的目标是一个密切联系的有机整体，基于“双减”的背景下，运用劳动实践课堂这一载体，培育技能，提升能力，促进学生更好地发展，提升学生的人格魅力。

四、课程内容

“四点半自营店”劳动实践课程，基于学生的认知和学情分为六个模块，分别是“‘向阳圃’前青菜摊”“奇思妙想售萝卜”“自产自销小豆芽”“供不应求黄豆豆”“寻艾献爱义卖间”“以‘米’之名遇‘稻’你”。六个模块紧紧围绕“自营”的主题，但又各有特色。一、二模块以蔬菜为主，具有趣味性，从简单的蔬菜培育入手再到简单的售卖，让学生在实践中感受劳动的乐趣。三、四两个模块起着承上启下的作用，承接了低年级的趣味性，逐渐过渡到高年级的知识性，让学生对劳动有新的认知。五、六两个模块则以“劳动+学科”的形式呈现，让学生在实践中学到真知，拓宽自己的学识，锻炼自身的动手能力、交际能力、营销能力等。具体课程内容安排如下：

“四点半自营店”劳动实践课程框架

单元名称	主题	课型	学习内容	拓展关键词	课时	建议年级
“向阳圃”前青菜摊	菜苗悠悠往上长	知识普及课	青菜种植过程、种植的有利因素等	种植技术	3	一年级
	摇身一变展笑颜	实践探究课	收获成果展示、包装蔬菜、蔬菜花、交警送菜	创意菜花	3	
	千锤百炼添风味	方法指导课	青菜的多种烧法、青菜的储藏方式	青菜的制作方式	3	
	能掐会算做买卖	实践探究课	销售方式、摊车设计、画海报、设计广告词、编童谣等	方法指导	3	
	你点我评“四点半”	评价与拓展	互评自评、拓展延伸、课外研究	评价	2	
奇思妙想售萝卜	萝卜家族开大会	知识普及课	学习购买萝卜、挑选萝卜、议价等	种植技术	3	二年级
	小小萝卜展新颜	实践探究课	收获成果展示、包装蔬菜、萝卜雕刻、萝卜装饰等	创意萝卜	3	
	美味萝卜变化多	方法指导课	萝卜的多种烧法、储藏方式（萝卜干、酱萝卜），绍兴酱文化	萝卜的制作方式	3	
	我的摊位我做主	实践探究课	销售方式、摊车设计、画海报、设计广告词、编童谣等	方法指导	3	
	你点我评“四点半”	评价与拓展	互评自评、拓展延伸、课外研究	评价	2	
自产自销小豆芽	小小豆芽齐生长	认知与劳动	豆芽介绍、种植等	豆芽文化与种植技术	3	三年级
	创意包装博眼球	设计制作	成果展示、logo 设计、包装设计	创意包装	3	
	智存巧手豆芽秀	方法指导	豆芽的储存方式、做美食、做艺术品	储存与制作	3	
	别出心裁展风采	专题研讨	摊位设计、海报设计、广告设计	售卖前准各	3	
	直播带货我能行	实践探究	直播卖豆芽	售卖	3	
	你点我评“四点半”	综合评价	学习评价	评价	2	
供不应求黄豆豆	黄土沃地“金豆豆”	认知与劳动	黄豆介绍、种植等	黄豆介绍与种植	3	四年级
	一见倾心“七彩豆”	设计制作	成果展示、logo 设计、包装设计	创意包装	3	
	人间烟火“美味豆”	专题研讨	毛豆的采摘、做美食	采摘与制作	3	
	走街串巷“奇趣豆”	社会实践	市场调研	调研	3	
	财源滚滚“黄金豆”	实践探究	菜市场卖毛豆	售卖	3	
	你点我评“四点半”	综合评价	学习评价	评价	2	

选材原则

1. 时代性原则

本课程的内容要反映科学技术发展趋势和时代文化特点，关注社会时政热点问题，为学生进一步的学习和今后的生活与工作奠定良好基础。

2. 知行合一原则

身体力行，做“实”劳动实践。课程内容首先要解决认知问题，让学生愿意去学，要落实日常劳动实践要求，“以行促知”。

3. 递进性原则

在选材时充分考虑学情，每学段的内容呈现螺旋式上升，由浅入深，循序渐进，符合学生的身心发展。

4. 简约性原则

课后服务课程内容的组织或教学案例编写，应注意精选内容，合理编排。内容呈现形式应该活泼多样。

5. 拓展性原则

推行“研中学”“做中研”的劳动实践方式，引导学生重视知识和技术的运用，创造性地开展研学活动。落实综合实践活动课程，增加创造性劳动体验。让学生由课堂走向课外，由校内走向校外。

五、课程实施建议

（一）课程实施原则

课程建设严格按照国家课程方案规定，保证国家课程开齐开足开好，并切实提高教学质量。本课程遵循“国家课程、地方课程校本化、校本课程多元化、活动课程常规化”的基本原则，积极开发和建设“真善美”拓展课程，形成了具有树人教育特色的课程框架和科目。此课程进入了课程计划，排入了课后服务托管课表。本课程共 6 个模块，每周安排 1 个课后服务时间进行。按模块，在课后服务时间各班组织主题实践活动。

1. 导向性原则：实施中要防止课程成为学科课程的随意加深与拓展，必须与国家课程改革的指导思想和目标保持一致，保证与国家课程和地方课程间的协调统一。

2. 实际性原则：课程实施要坚持以学生发展为本。从学校的实际和办学特色出发，从学生的兴趣、爱好和特长出发，基于学校实际和教师专业水平，充分发挥课程的实际意义、实用价值等，让课程既能体现教师水平、符合学生的爱好兴趣，又能与学生长远发展紧密结合。

3. 灵活性原则：课程的教学要体现灵活性和多样性，学生可以根据自己的兴趣爱好选择相应的学习内容；要注意发展学生的个性，提高实践能力，培养创新精神。

4. 实践性原则：课程实施要充分实践，使学生拓宽视野、丰富知识、了解社会、亲近自然、参与体验。在此强调：真实环境、亲身参与、过程体验。应在开发实施过程中不断总结、修订，在实践中将其逐步充实完善。

（二）课程实施建议

本课程分六个模块，每个模块有其建议应用的年级，内容上第一单元为开题，简单介绍种植，中间部分为实践过程，最后一单元为总结评价。课程遵循“导向性原则、实际性原则、灵活性原则、实践性原则”的原则。

第一，要契合学生的基础、兴趣等实际，及时调整或充实教学内容，因时因地创新或改进实践形式，不断研发，拓展渠道和体验方式，力求实效。

第二，要整合国家课程《劳动与技术》《道德与法治》和少先队活动课等其他教育教学活动，努力使国家课程校本化，使学校一切教育教学活动课程化，使校本课程特色化。

第三，要不断“实践—反思（评价）—改进（完善）—实施”，使课程更加丰富多彩，落地生根，开花结果，与时俱进，从而陶冶学生情操，培养学生高尚品德，让学生在劳动实践的过程中，理解生活，完善人格，逐步成为德智体美劳全面发展的人。

第四，要继承和发扬学校的办学传统和优势，有利于学校特色的形成，有利于教师专业进步。

（三）课程教学方法

本课程教师主要以讲授法、讨论法、指导法、调研法、实验法、演示法、参观法等方法作为教学手段。学生通过“认识—实践—认识”，实现螺旋式上升的学习态势，是学生学习、成长道路上的必学之法。

六、课程教学与评价

评价分为对课程本身的评价、对教师指导的评价、对学生学习和实践的评价。劳动实践课程的评价要体现在学生对蔬菜知识的认识和了解，对成果的展示和营销，对研学的参与和收获，促使他们综合能力的提升和社会交往能力的增长。这些都可以通过形成性评价或阶段总结性评价的方法来进行。

（一）课程教学

1. 课程教学要采取多种教学组织形式。除教师进行班级授课外，还有讲座、观看电影录像、考察、组织调查研究或其他实践活动等多种形式实施教学。

2. 要加强教学的情境性、实践性，充分发挥社区资源和学校教育实践基地的育人功能，使学生在更具体的情境下，通过操作实践和探究，实现既动脑又动手更动心的学习。要鼓励教师进行创造性劳动，提高他们对教学情境的适应性。

3. 要关注学习过程的生成性，通过调查分析、阅读研究、生活实践、实验操作、交流探究等学习方式，把教师讲授与学生自学和各种活动结合起来，使学生在获得知识的过程中发展各方面的能力。

（二）教学评价

1. 本课程采用分组评价管理，每班根据实际情况将学生分成 4~6 组，完成相应任务的小组均可获得徽章。

2. 徽章获得依据学生课堂表现、实践情况、合作成果等，由任课教师给出。

3. 课程教学的评价重过程、重体验、重表现、重能力。教学要重视评价主体的多元化，充分发挥学校、家庭、社会的综合评价功能，突出学生的自我评价，吸收家长代表、社区人士参与到评价中来；要重视评价内容和方式的多样性；既要注重学生综合知识、个人兴趣特长拓展和深化，学生综合应用知识解决实际问题能力的评价；要重视实施的过程评价，根据课程类别、难易程度制定不同的评价标准，保证评价公平、公正。

（三）评价原则

1. 自评与他评相结合

建立一种能促进每一位学生个体发展与提高的发展性评价。让学生自评，在活动的过程中进一步教育自我，发展自我，反思自我，促进学生的共同发展。他评包括其他学生、教师或家长对学生学习活动的评价。

2. 过程评与终结评相结合

关注学生积极参与的态度、解决问题的能力和创造性，关注学生学习的过程和方法，关注学生的交流与合作，关注学生学习与活动体验以及所获得的经验与教训。

3. 科学性与灵活性相结合

课程教学评价方案的制定要讲究科学性，要充分考虑到不同年级学生的年龄特点，遵循学生的认知规律和发展水平。其次，评价的方式方法要讲究灵活性，要充分考虑到教育教学规律和师生自身实际，做到因人而异、因课而异。

4. 统一评与个性评相结合

在形成评价的过程中，要及时了解、掌握学生的发展态势，从学生的实际出发，全面、合理地分析学生的情况，并及时给予调整，真正体现因材施教。

5. 定量评与定性评相结合

评价要坚持定性评价与定量评价相结合，以定性评价为主，适当结合定量评价，注重过程性评价，不断创新评价形式，努力提高评价的准确性。

（四）评价标准

《“四点半自营店”劳动实践课程》学生活动评价表。

评价标准	自己评	伙伴评	老师评	家人评
态度认真，用心实践，得 1 个赞。				
态度认真，用心实践，记录详实，得 2 个赞。				
态度认真，用心实践，记录详实，劳有所获，得 3 个赞。				

每课一小评模块——总评

售卖过程相互评

我们的米制品得到了顾客们的欢迎，活动也锻炼了自己的能力！让我们一起为本次活动评价吧！

【自己评】

请用几个词语来概括自己本次售卖的表现。

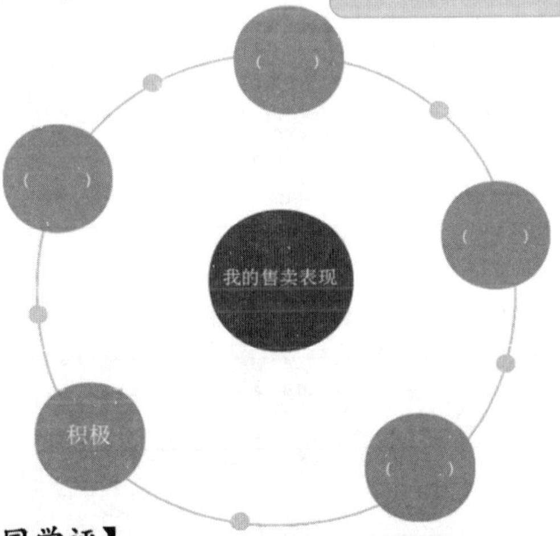

【同学评】

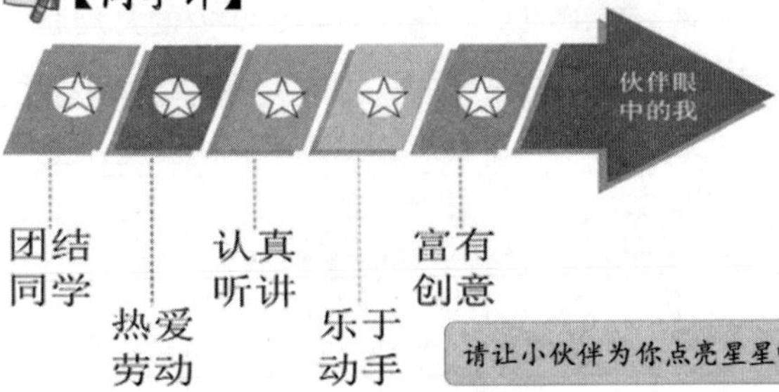

请让小伙伴为你点亮星星吧！

（五）评价方法

1. 多层次评价：从自己、伙伴、老师、家长四个层面实现综合评价。每课一小评，以“四点半自营店”点赞数量来评定星级；模块一总评，学生自评用词语的方式，同伴以涂色，教师、父母的评价以文字表述的形式。

2. 多角度评价：学生完成每一单元进行成果展示、心得交流、反思建议等多种方式、各种途径的交流，教师要鼓励学生发挥自己的优势，运用自己最擅长的形式来表达自己的学习成效。

3. 多元化评价：在课后服务课程的学习探究中表现突出的个人可以获得如“劳动小能手”“最佳设计师”“营销小达人”等相关称号，学生还可以把它们和“美德少年”“每月梦想卡”的评比结合起来。

（1）“劳动小能手”“最佳设计师”的评比按每学期学生自评、伙伴评、教师评、家长评的点赞数，40 个赞以上才有资格获得此称号。

（2）被评为“劳动小能手”“最佳设计师”等称号者可优先参加校“十佳”活动。

（3）本课程学生中每周得分最高者，可参与每月少先队大队部梦想卡的评比。

七、课程管理与保障

“四点半自营店”劳动实践课程与其他校本课程相比，具有综合性、实践性、开放性等特点，学校要在充分认识到这一点的基础上，切实加强对课程的管理和保障，要从组织建设、制度规范和资源创设等方面着手，大力加强管理和监督，对教学活动给予全方位的保证。

（一）课程管理

1. 组织管理：学校成立以校长为组长的校本课程开发实施领导小组，负责校本课程开发与实施的组织与管理工作。学校课程委员会负责审议校本课程开发与实施过程中的重大决策，制订《“四点半自营店”劳动实践课程》相配套的制度，检查评估校本课程开发与实施的执行情况等。

2. 制度管理：为了确保课程的可持续发展，学校制定了相应的管理制度。

3. 计划管理：学校要制订《“四点半自营店”劳动实践课程开发实施方案》。

4. 实施管理：根据相关课程文件，课后服务托管课程在实施过程中要充分体现学生学习活动的自主性、探索性、创新性，学习方式的活动性、实践性、综合性，教学过程的情境性、合作性、建构性，教授方式的灵活性、针对性、创造性。

5. 资源管理：“四点半自营店”劳动实践课程实施中，学校需为学生提供必要的操作材料、活动场地等，为教师提供教学参考用书。

6. 评价管理：学校要根据“四点半自营店”劳动实践课程开发实施目标，制订评价准则，采用多种评价方式定期对课程实施进行评价。评价结果应向教师、学生、家长、相关人员及社会公布。学生学习本课程，应进行多种方式评价，学校要发挥评价对学生发展的激励作用。

（二）课程保障

1. 人员保障。保障人员包括书记、校长、教师、学生及其家长、社区人员等。书记、校长是课后服务托管课程开发的决策者和责任人。教师是课程开发的主要力量，拥有对课程资源开发、利用，教学内容和教学过程组织，学生的质量评定的权利和责任。学生有权选择课程，有权对课程做出评价并提出建议，学生必须自觉遵守有关规定，认真完成学习任务。学生、家长及社区对课程有参与权、知情权、评价权和建议权，并有责任为学校提供支持。

2. 组织保障。学校课程开发委员会对“四点半自营店”劳动实践课程开发中的重大问题做出决策，形成相应的开发计划和方案，然后制定有关的规章制度，检查与督促课程的开发和实施情况。委员会一般由校长、教务处人员、教师代表、学生代表、家长代表和社区人员组成。教务处承担校本课程开发的常规工作，包括课程开发的指导、组织、安排、协调、考核、评价，落实各项管理措施。教研组或年级组根据学校的整体安排，制订教学进度计划、教学研究活动计划，落实学校的有关要求，及时反映有关问题，协调教师之间的合作。

3. 设备与经费保障。学校进一步加强实验室、专用教室、农耕园地等设施的建设，合理配置各种教学设备，为课程实施提供必要的物质保障。

4. 制度保障。学校将形成相应的管理制度，内容包括课程审议、教学管理、课程评价、学生评价及综合评定等方面。学校人员应严格执行各项管理制度，定期检查制度的执行情况，不断完善制度，以确保课后服务托管课程的有效实施。

案例二：校园劳动新体验，五育融合促发展

近年来，树人小学教育集团基于“科创农耕”校园实践基地，积极探索“项目式”劳动教育引领五育融合的劳动教育实践新样式，通过跨学科整合的思维设计项目内容，以提升学生劳动素养，促进学生全面发展，努力打造“让每一个孩子经历完整的劳动，让每一个孩子充满生命的活力”的特色劳动教育。

一、项目式劳动教育设计“贴地而行”

“让劳动真实发生，让学生深入体验，让素养落地生根”是树小劳动教育不变的初心与追求。“劳动项目从何而来？又为何而去？”是设计项目式劳动教育的出发点与落脚点。

（一）植根校园文化，合理规划课程

鲁迅“立人”思想与陶行知“生活教育”理论不仅是学校主题文化的根脉所在，也是学校开展育人工作的方向与指引。在此基础上，学校整体构建“真善美统一”的“生活树人”课程体系，凸显“做中学”理念，融入“真善美”的核心内容。为充分解放学生，让学生回归自然，学校在“崇善”类课程群下创设“田园课程”，以校园科创农耕实践基地为主要劳动场所，使学生足不出校就能体验蔬菜种植这类生产劳动的乐趣。

（二）源于生活情境，创生劳动项目

完善的课程体系、丰富的课程资源、多样的课程模式，为树小劳动教育的开展与实施提供了坚实的保障，更为学校创生劳动教育项目提供了源头活水。秋冬时节，学校“科创农耕”实践基地里各类蔬菜在学生的精心照料下长势喜人，丰收在望。一番采摘过后，学生收获了近三十斤白萝卜。

采摘完的萝卜该怎么处理呢？面对学生的困惑，教师准备开展项目式学习。师生共议后，明确了“在校内开辟一个蔬菜自营店”的项目主题，并制定项目规划，指向“基地蔬菜如何销售”的现实问题。

因此，学校的劳动项目不是空穴来风，为项目而设项目，它应是有“根”的。它扎“根”于学校这片文化的沃土，它起源于学生现实的课程学习与真实的生活发现，它来自学生真实而渴求的内心需要，并最终迈向真实问题的解决。

二、项目式劳动教育开展“融合五育”

树小项目式劳动教育始终围绕“生活”“实践”两大元素，引领学生经历真实、完整的劳动过程，让学生在深度学习与思维、动手操作与实践中不断夯实德、智、体、美、劳“五育”融合发展，使学生充分感受劳动的乐趣、体悟劳动的价值，以及懂得劳动创造美好的道理，从而全面提升学生的劳动素养。

（一）综合性问题的提出凸显劳动教育中的“五育融合”

在如何开展“蔬菜自营店”这一综合性问题的驱动下，学生们又提出了一个个具体的问题，这些问题充分体现了项目式学习中“学科综合”的特点。通过一连串的问题设计，学生们在交流讨论中跨越了学科界限，建构起劳动教育与德智体美四育之间的联

系，实现了综合素养的提升，推动了“劳动教育引领五育融合”愿景的实现。

能否给自营店取个好听的**名字**以提升它的知名度？

能否给基地的蔬菜设立一个自己的**品牌logo**？

蔬菜的质量如何保证？在**采收**、**运输**的时候有哪些注意事项？

如何设计蔬菜的**包装**，以提升产品的美观度？

如何设定合理的蔬菜**价格**，以实现产品的价廉物美？

如何优化自营店的**售后服务**以吸引更多的顾客？

…… ……

“蔬菜自营店”项目驱动下学生产生的问题

（二）在实践探索中发展高层次思维，实现以劳增智

在“蔬菜自营店”项目式学习中，教师遵循“在劳动中研究，在研究中劳动”的双循环劳动教育模式，引导学生在不断发现问题、分析与解决问题的过程中学习、探索、思考和改进，推动自己的认知向纵深跃进，实现高层次思维的培养。学生在真实、立体的劳动情境中进行实践探索，不仅丰富了劳动体验，体认了劳动价值，同时也发展了高层次思维，实现了劳动教育和智育的有机融合。

以“萝卜”销售为例，为了合理设定基地萝卜的价格，学生走进社区的各大菜市场，实地调研萝卜的市场价格，在分析比对后最终确定基地萝卜的价位，学生的综合分析、调研判断和解决问题的能力得到了有效培养。再如，为了在售卖萝卜时能吸引顾客的眼球，学生利用设计制作手牌、表演跳啦啦操等方式巧妙提升蔬菜自营店的特色，在解决问题中发展了自身的决策与创见能力。

（三）在制作和成果展示中实现以劳育美和以劳树德

项目式学习要求通过小组合作学习的方式来制作手工作品并进行展示，以此呈现学习成果，解释并描述解决问题的方法。在制作和成果展示阶段，教师也要基于融合思维，实现劳动教育与德育、美育的融合。

首先，“立德树人”是教育的根本任务，因此“树德”是劳动教育的首要价值。在“蔬菜自营店”的项目化学习中，我们注重培养学生的团结合作、勤俭、诚信和责任感等品质。

其次，“有劳动无美育则无趣，有美育无劳动则无聊”，因此要关注劳动教育与美育的融合。比如，为自营店命名、设计品牌logo等激发了学生无限的艺术创想。在“产品包装”设计上，学生基于已有的艺术知识和能力，在产品包装的外观造型、颜色搭配、

尺寸大小、材料选用等方面进行构思和创作。通过这些子项目活动，学生在艺术创作中提升了审美素养，实现了以劳育美的目标。

三、项目式劳动教育成效“日益显现”

“蔬菜自营店”项目式劳动课程自开展以来，学生的劳动兴趣被不断激发，我们欣喜地发现，勤于动手、乐于探究、勇于创新、善于合作的劳动价值观在学生身上不断得以内化并化作实践。与此同时，教师的教学能力与科研意识也水涨船高，劳动教育论文、案例、课题等研究成果不断涌现。项目活动的开展还引起了各级各类媒体的广泛关注，有力助推学校劳动教育品牌的发展和提升。

案例三：同一片操场上，共享山野滋味

【案例现场】

“这个是香气扑鼻的艾草，这个是鲜味十足的马兰头，这个是形状各异的野芹菜。您瞧！用针线固定住，就可以做书签了……”

5 月 9 日上午，树人小学中兴校区的操场上好不热闹，20 余个摊位摆开阵势：有的摊位卖艾草香囊，有的摊位制作春味点心，有的摊位做书签、扇子，有的则用植物染料扎染印花，还有的摊位现场制茶，而占据 C 位的摊位在卖树小学生自己种的“有机蔬菜”。

这是树人小学教育集团第二届劳动周“四点半自营店”展示活动。活动现场的参与者除了树人小学三个校区的学生，还有来自结对学校鉴湖街道谢墅完小、衢州市开化县华埠镇郑家小学和马边彝族自治县民建小学的孩子们，马边民建小学是通过直播连线参与的。

这是学校为了树立学生劳动意识，带动结对兄弟学校共研“劳动 +”融合教育、感受“以劳带全”的五育融合新探索而展开的别开生面的校园活动。

现场摊位上的摊主就是学生和家长。

别小看这些小小摊主们，为了这个活动，他们提前准备了近 1 个月。

就在上个月，四至六年级的同学们根据“春日野菜”主题，以班级为单位自行开展寻访、采摘、烹制等项目化学习任务，并开展相应活动。

不仅如此，为提升自营店的品牌形象与营销效益，同学们还开展了自营店的包装袋设计研发、摊位的布置、广告语的宣传等项目实践。

有了各类项目活动的铺垫，才有了琳琅满目的“野味”商品和氛围感拉满的特色摊位。

想要购买摊位上的物品，则需要支付校园流通“货币”树人行知币。你只要花行

知币进行消费，就有同学充当小导游，带领你来到各个摊位，听各个摊位的小摊主讲解野菜小知识，看他们制作的野菜标本和手绘百科手册，还能现场体验一把制作野菜书签的乐趣。

“孩子们为了准备这次活动，亲近和认识了大自然，学到了不少课外知识，因为要讲解给其他的老师和同学听，还锻炼了表达能力。”现场一位家长表示，在帮助孩子准备活动的过程中，也见证了孩子短时间内的成长与进步，很有意义。

树人小学教共体鉴湖街道谢墅完小的孩子们则在摊位上摆出了自己种的小辣椒、小番茄、土豆和生菜。谢墅完小坐落在秦望山脚下，学校专门开辟了劳动实践基地，每个班级都有责任地，老师带着孩子们锄地、播种、浇水、施肥、除草，收获了“树墅”牌有机果蔬，一把新鲜水灵的生菜仅需一个行知币，很快就被一抢而空。

衢州市开化县华埠镇郑家小学则是树人小学的山海协作院校。现场，郑家小学带来了当地特产米果、青狮和汽糕。衢州味道也跨越山河，来到了这里。自 2020 年两校结对以来，尽管路途遥远，但两校之间“线上线下”多次“牵手”，早已成为了一家人，共享教育资源，推动教育共富。

【案例分析】

“四点半自营店”拓展性劳动课程源于最初的“蔬菜自营店”校园劳动项目，经过近三年的开发与实践、研究与打磨，现已成为学校“真善美”课程体系下“崇善”类课程群中的一个子课程，也是“双减”背景下学校课后服务的品牌课程。

在具体的实施过程中，我们不断丰富课程的内涵，拓展课程的外延，使劳动教育能够发挥衔接课堂和现实、促进学生身心发展的重要作用，为学校教育注入了新的活力。

（一）与时俱进——课程的应然趋势

劳动教育要加强与学生生活和社会实际的联系，注重培养学生的社会责任感，选择学生力所能及的公益劳动和现代服务业劳动内容。此次“四点半自营店”劳动周活动紧扣“山海协作，教育共富”，让学生从真实的教育需求出发，在劳动实践中充分发挥自身的才干，创造劳动的价值，激发了他们的劳动积极性，提升了劳动成就感，获得了劳动喜悦。三校联动的劳动教育，是心与心的联结，是情与情的相系，是智慧与智慧的碰撞，架起了友谊与关爱的桥梁，在学生心中埋下了真善美的种子。这对培养德智体美劳全面发展的时代新人具有重要意义。

（二）具身实践——课程的根本定位

劳动教育的具身性决定了劳动课程必须是学生亲临劳动场域，有亲身的劳动经历、亲近的劳动情感、亲切的劳动认知。劳动教育的具身性特点，不仅使环境、身体、心智三者间的关系变得越来越紧密，而且使学生通过复杂、多维的互动机制，深化对劳动的认知，提升劳动技能。将“四点半自营店”课程与劳动周活动相结合，通过主题式项目化的丰富多彩的劳动实践活动，让学生经历做、思、学、创，产生出力流汗的实践效果，达成知行合一，实现劳动育人的根本定位。

（三）全面育人——课程的价值追求

劳动改造世界，劳动教育的过程也必然要让学生运用多学科的知识分析和解决问题，体现劳动教育与其他教育活动之间的渗透性及关联性，体现出劳动教育对人的德、智、体、美等各方面的发展具有整体关照的特点。

"四点半自营店"劳动周展示活动围绕"五育融合"理念设计，将劳动与科学、美术、数学、音乐等学科有机整合，强调劳动与各学科的关联与互动，这契合了通过劳动实现全面育人的理念。

第五章

小学劳动教育的
课程实施与指导

第一节　小学劳动教育课程实施的组织与安排

一、课程实施计划与时间安排

（一）微调学校课程整体规划

教育理念的实施，育人目标的达成，都是由课程提供最基础的时间保障。在课程设置上，《关于全面加强新时代大中小学劳动教育的意见》规定，小学劳动教育课每周不少于1课时。学校根据《意见》要求，微调学校课程整体规划，凸显“劳动”在整个学校课程规划中的“核心”地位和“黏合”意义，以劳树德、增智、强体、育美，构建学校劳动教育课程两套体系。一套为“隐性”劳动课程，即探索“劳动＋学科”课程；一套为“显性”课程，每周设一节“劳动”必修课程，三至六年级设两节劳动“选修”课程。（见下图）。

三（5）班课程表

	一	二	三	四	五
1	语文	语文	英语	英语	语文
2	数学	道法	美术	数学	数学
3	语文	数学	语文	科学	道法
4	信息技术	语文	拓展课程	语文	足球
5	美术	科学	劳动教育	音乐	写字/心理
6	音乐	体育	少先队活动	体育	英语

（二）创设“四点钟田园课程”

“四点钟田园课程”，时间安排在课后服务时段。目前，学校三校区建有设施齐全且配套完善的农耕实践基地，为实现学生校内劳动实践提供了场地。每天的“四点钟田园课程”，学生由教室走向田地，在劳作，也在学习。课程执行老师除了平时的带班老师外，学校还外聘“农事”专家为指导老师。这样的课程解放了学生的头脑、双手、嘴、时间和空间，让他们在劳动中学会观察，学会思考，学会运用所学解决问题，学会与人交流和沟通（见下图）。孩子们亲近土地，亲近自然，在最朴素的播种与收获中思考付出与成功的关系，在最直接的汗水浸润中感悟劳动可以创造美好生活的道理。

学生参与学校“四点钟田园课程”

二、教学资源准备与管理

（一）学校成立劳动教育课程管理机构

在课程执行系统中，课程教学处、学生管理处是直接的执行者。理想的课程设置、完备的课程制度、有效的管理机制等都要由这两部门来指导、实践、验证和完成。

1. 成立学校劳动教育课程管理小组，负责本课程的规划、设计、管理、开发与指导。

2. 制订、完善课程各项管理制度，包括课程管理、教师管理、工作量计算、教学资源管理、活动管理、成果及应用、奖惩与评价等相关制度，保障课程的有效实施。

3. 制订课程实施计划。提倡立足于年段、班级实际，创造性地制订课程的实施方案，在课程教材使用、内容选定、队伍建设、校本研修、活动方式、课时安排、评价机制等方面提出有特色的思路。

4. 教师要提高对课程价值和意义的认识，切实转变教学观念，因班制宜、因时制宜，开发利用各种课程资源，初步形成各年级比较稳定的课程资源和成长课堂的活动模式。

（二）做好劳动教育课程实施的教师队伍建设

1. 根据实际和工作需要，组建课程编写组，具体实施课程计划。对在课程实施中做出成绩的教师，要给予充分的肯定，并予以表彰和奖励。

2. 建立课程实施指导小组。指导小组负责统筹安排指导教师、课时；指导教师对每个学生进行课程教育指导并对学生学习情况做出评价。在实施过程中遇到具体的问题，要及时组织教师有针对性地开展专题性的研讨，提出解决的方案。提高教师课程意识和课程设计能力。

3. 加强对教师的培训。要对教师实施全员培训，使每个教师都清楚课程理念和实施策略，积极参与课程的有效指导，提高课堂教师的执行能力。

4. 要加强实践的教育教学研究。加强实践的教学研究，优化教学方法，提高教学质量。组织教师学习、交流、研讨实践课程教育教学中的经验、问题、成果，探索资源开发利用、方法指导等内容，提高教师把握课程的能力和教育教学水平。

（三）加强劳动教育课程教育过程的监测和评价

1. 学校要加强管理与督导。劳动教育课程是学校重点校本课程，学校要引导并督导责任部门和教师认真落实课程计划，保证课程计划的落实。做好课程资源的管理工作，班级、年段之间应加强联系，资源共享。

2. 定期开展对课程、教材和学生学习与成效的评估，做好课程实施的监控、调节工作；经常对教师的教、学生的学进行评价，创新教育教学，提高教育的实效。

（四）保证经费投入，做好后勤保障

为有效、高质量地实施课程，为教育教学活动提供更好条件，学校在硬件、软件建设方面增加投入力度。学校每年安排一定的经费用于课程资源建设与开发、设备设施建设、教师培训进修以及外聘特长专任教师等课程实施所必需的经费开支。

三、学生参与与配合策略

小学劳动教育课程是活动课程，通过展开各个任务群来培养学生的劳动素养。将小学劳动教育课程实施与陶行知的生活教育理论结合，可有效提高学生的参与与配合度。

（一）运用陶行知“教学做合一”理论，指导课程实施

小学劳动教育课程的实施应以“教学做合一”为指导思想，“教学做合一”的真谛是“做”。“教学做合一”思想是陶行知劳动教育理论的逻辑起点和劳动教育实践的最终落脚点。为落实“教学做合一”，陶行知在具体教育实践中，对学生进行各种训练，

主要包括以下三个方面内容：生活技能教育、农事生产教育和社会公益教育，这与《义务教育劳动课程标准（2022年版）》中劳动内容的划分基本一致，只是具体的劳动任务有所调整。陶行知的文章《教学做合一下之教科书》列举的学生劳动多数以维持生计的生产劳动为主，而当下小学劳动教育课程主要是在学生力所能及的生活劳动中重视培养学生的劳动能力、观念、素养。小学劳动教育课程的实施仍能建立在对“教学做合一”理念的深入理解和积极贯彻之上。

（二）鼓励学生在劳动中事事躬行，感悟劳动精神

行是知之始，在小学劳动教育中“亲知”胜于闻知、说知，小学劳动教育应以“亲知”为获取劳动教育的主要方式。小学生只有亲手扫过地，才能体会扫地的辛苦，从而产生维护环境卫生的意识；只有亲手收纳整理衣物，才能学会整理衣物的方法；只有亲身种植瓜果蔬菜，才能体会粮食的来之不易。因此，小学劳动教育活动一定是建立在学生亲身经历的基础上，唯有如此才能掌握劳动方法、培养劳动能力、感悟劳动精神。因此在教学过程中，教师应放手给学生足够的活动时间和空间，让学生动手实践、亲身体验。

（三）创设有挑战性的劳动情境，引导学生在劳力上劳心

在劳力上劳心，既是对陶行知“教学做合一”中“做”的深层阐释，也是对“亲知”的最高要求。陶行知曾说：“单纯的劳力，只是蛮干，不能算做；单纯的劳心，只是空想，也不能算做；真正的做只是在劳力上劳心。”

引导小学生身体力行参加劳动活动并非难事，但若要引导他们在劳动时认识劳动工具、对劳动对象的改造有所期待，都需要在劳力上劳心才有可能做到，因此需要教师创设有挑战性的劳动情境。具有挑战性的劳动情境包括劳动情境中没有合适的劳动工具、劳动方法与理论不匹配、劳动环境恶劣、劳动对象比较复杂等。只有在这种具有挑战性的劳动情境中，学生才有可能积极思考、努力解决情境中的问题，最终在劳力上劳心。

第二节　小学劳动教育课堂教学的策略与方法

一、任务设计与项目驱动的教学模式

在学校劳动教育中，以项目式学习的方式开展创造性劳动教育对学生认识世界、探索未知和持续创造具有不可估量的重要意义。在创造性劳动中，学生们用创造的力量改变周围环境，持续性地学习。从创造性劳动到持续学习，学生的学习不同于以往，呈现出新的样貌。什么是真正的学习？真正的学习要将知识应用于情境或问题中，进行真正的研究，让学生展开真正的合作学习，使其融汇在长久持续的学习中。正所谓“纸上得来终觉浅，绝知此事要躬行”，在基于项目式学习创设的具体情境和切身的体验中，以创新为目标的创造性劳动教育充分调动了学生学习的兴趣，提升了学生的动手能力和创造能力。

（一）以好奇心开始，探寻劳动的价值和意义

教育要引导学生崇尚劳动、尊重劳动，懂得劳动最光荣、劳动最崇高、劳动最伟大、劳动最美丽的道理，使之能“辛勤劳动、诚实劳动、创造性劳动”。创造性劳动意味着在一些日常性的、常规性的劳动之外，要学会面对复杂和全新的劳动任务时，采用的新的方式来解决，让身和心、手和脑联动起来。儿童具有强烈的好奇心和探索欲，这种好奇心能驱使儿童从常规性的劳动走向创造性的劳动，因此学校劳动教育要留心关注创造性劳动教育产生的情境，并把握好这一教育时机。

在学校所创设的真实劳动情境中，好奇心开始在学生心里不断地萌发，并产生了相对持久的爱好、兴趣和激情。学生们有想要弄清并改变现状的热情，以及以自己的能力解决问题的信心。在以好奇心为驱使的教育情境中，当下的体力性劳动教育有了转向创造性劳动教育的可能。换言之，劳动教育被赋予了新的目标和意义。为了探寻意义，让劳动的创造性在劳动教育中体现出来，好奇心把学生引向了项目式学习之旅。

（二）以问题驱动，促进自身的建构和成长

项目式学习的实施以问题为导向，鼓励学生从事他们感兴趣的、自己选择的学习项目，有助于点燃学生亲自探究有意义的情境的愿望。在疑问生成的基础上，首先需要教师聚焦核心问题，并将其转化为一个明确的、完整的、可实施的、有发展性的项目或问题。其次，教师要引导学生将其拆解为数个子问题，通过一系列问题将一个核心问题进一步拆解为具体问题（见下图）。

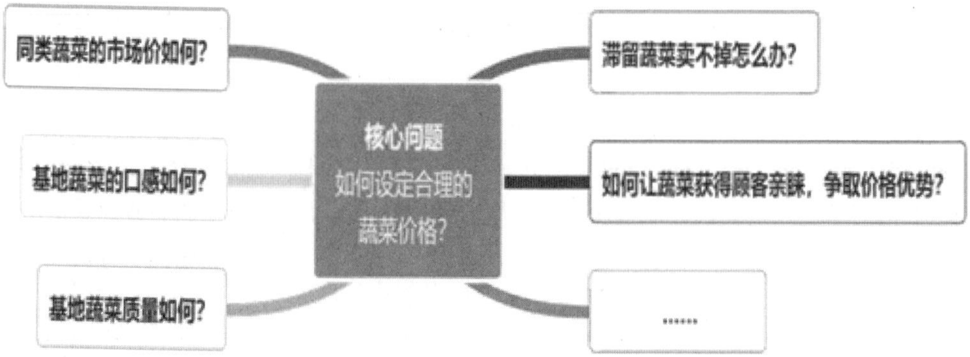

“蔬菜自营店”营销改进项目式学习的核心问题及子问题

问题驱动式学习需要一系列的高阶技能——提出问题、评估证据、辩证思考、收集反馈等，在这个学习的过程中，不断被学生所经历、所发展。在本次项目式学习中，为研究“如何设定合理的蔬菜价格”这一核心问题，教师引导学生提出问题假设、规划解决方案、收集各类信息、分析研究数据、进行分享反馈等，问题解决的流程和要素不断地发生和循环。学生从一个事实的情境开始，不断经历真实的学习问题，制订可行的行动计划，而后通过研究加以解决。学生的学习能力在不断增强，思维品质不断跃升，跨学科知识在有机融合与运用中不断累积并转化为素养。

（三）以动手创造，达成循环满足和成功

创造能力不仅具有实际价值，还能够令人内心感到满足。为了获得自己的劳动果实和满足感，学生们的学习成为一个创造自主性的循环过程：学习（相关的知识方法）—克服（各种挑战）—解决（过程性成果性）—收获（自己的或团队的劳动成果）—分享（成果或过程）—制定（更高的目标）。动手创造让学生在真实世界中学习知识和培养技能，借助学习工具和充足的资源，聆听他人给予的反馈，不断获得成功，不断肯定自我以获得成长。

创造性劳动项目不仅帮助学生达成跨学科学习，提升其分辨、分析、整合知识的能力，并刺激学生萌生创新的种子。最重要的是，学生能学以致用，融入生活场景并创造性地解决问题，获得有价值的劳动成果。

（四）以创新知识，发展过程适应和联系

《国家中长期教育改革和发展规划纲要（2010—2020年）》明确指出，教育应以培养创新型人才为目标，要不断挖掘人才的创造性和创新能力。创造性思维是学生综合素质的体现，也是学生学习能力的象征。在创造性劳动的进行中，学生要融会贯通，灵活运用跨学科的知识和解决问题的方法，需要更为普适性的、超越具体内容之上的思辨能力和问题解决技巧。对小学生而言，创造性项目化劳动是一个持续地认知自己、认知世界的过程，是一个不断创新发展的过程，是成为更好的全面发展的人的过程。在创造

性劳动中，学生持续地学习，学习创新的意义和价值，同时也在用创造的力量改变学习方式。

学生在劳动实践中引入新技术、新思维、新方法，实践新形态，体验劳动场所、劳动工具，尤其是劳动技术的多种可能性，而非禁锢于重复性劳动和机械的体力劳动中。创造性的劳动实践氛围极大地激发了学生热爱劳动的内在动力，使他们能够积极主动地参与劳动，传承和发扬劳动精神，成为一名合格的、德智体美劳全面发展的社会主义建设者和接班人。

二、小组合作与协同学习策略

在小学劳动教育课堂教学中，为了培养学生树立劳动责任意识和提升劳动实践能力，教师需要给予更多耐心和精力。小学生年纪小，个人能力相对较弱，有的活动无法有效开展，对此，教师可以通过小组合作与协同方式开展劳动教育。这种小组合作的形式，不仅能提高学生的集体荣誉感，还能通过小组比拼提高学生学习积极性和认真程度，并在不断实践的过程中与同学建立互相帮助和互相信任的关系，从而提高学生的亲和力、沟通能力、表达能力、协作能力以及人际交往能力，促进学生全面发展。基于此，教师需要进行指导和监督工作，在劳动教育过程中，通过观察，对每个学生进行深入了解，发现每个人的优点和闪光点，促进全班同学共同进步。

教师在引导学生进行小组合作与协同的过程中也要注意一些问题：首先，科学分组，形成合力。每个学生的能力不同，分组时教师要有一定了解，能够搭配不同水平的组员，促进整组水平提高，还要考虑学生的交际能力，确保小组能够具有较强的凝聚力，可以共同协作完成实践活动。其次，明确目标，增强归属感。在小组合作中，成员之间有着共同的目标，小组目标的达成意味着每个组员的目标达成。一个小组就是一个集体，在他们的劳动阵地里我们可以直观地看到这个小组集体成长的历程。在成长过程中，学生们也会找到自己的归属感和幸福感。最后，合作讨论，多元评价。讨论是指组内成员的交流过程，其中包含了分工、管理、协作等内容；而评价，不仅包括教师对小组劳动成果的评价，还包括小组内每个人的评价及小组之间的评价，让学生通过劳动实践，发现别人的优点，改正自己的缺点，在劳动教育课程中有所收获。

三、案例分析：有效教学策略的实践与评估

陶行知先生说：“生活即教育、社会即学校、教学做合一”，并提出“行是知之始，知是行之成”，主张“问题是在生活里发现，问题是在生活里研究、问题是在生活里解决”。因此劳动教育要从学生的真实生活和学生的成长发展需要出发，在现实生活情境中发现问题，继而转化为活动主题，并围绕主题开展跨学科实践性探究，从中获取新经验。这是对陶行知先生“生活教育理论”的有益探索与实践创新。我们的劳动教育课堂应该是“真、实、灵、动”的。

“真”即劳动教育的内容来源于学生的真实生活和发展需要，“实”即劳动教育的开展旨在解决学生生活中面临的实际问题，“灵”即劳动教育注重学生自主探究意识和创新能力的培养，“动”即劳动教育应以学生躬身实践为主体的方式组织开展。其中，“真”是劳动教育的出发点，“实”是劳动教育的落脚点；“灵”是劳动教育的应有属性，“动”是劳动教育的必备模式。

（一）“真·实”：从真实的生活情境中形成实践主题、解决实际问题

“真·实”强调的是在进行劳动教育课程教学实践中，教师要善于引导学生在真实的情境中发现问题、提炼主题，并组织学生开展多样化的生活实践教学活动，提高学生参与学习与实践的积极性，以现实问题的改进或解决，以学生经验的增量与增值为教学的价值目标。

（二）“灵·动”：在灵活多样的活动中深入实践反思、获得生命成长

“灵·动”强调小学劳动教育不仅要动“脑”，更要动“力”，即不仅以大脑意识的方式，突出知识的建构性、探究性、创造性，更以身体力行的方式认识和改造世界，重视学生身体的感受、体验、经历及行动，以期最大限度地满足学生的个性发展和生命成长。

1. 融合项目学习，让学生的思维“灵”起来

开展劳动教育，项目式主题学习是不错的选择。教师通过任务驱动、情境探究、实践检验、协作分享等方式，引导学生主动实践，合作制订活动方案，记录过程，交流感想，把观察、阅读、数据采集、资料检索、研究设计、作品创制、劳动作业、沟通协作、问题解决、创新创造等融为一体，并在提出问题和解决问题的过程中体悟实践的价值，培养创新能力，发展学生个性。

（1）在学科融合中实现核心知识重构

项目式学习是一种综合性的学习方式，其综合性首先表现在项目实施时不是针对某一学科，而是跨学科的。以劳动教育为例，它同样具有综合性，它与语文、科学、综合实践活动等学科存在强相关，与数学、音乐、美术、体育等学科存在弱相关，因此项目式学习为劳动教育向其他学科的渗透提供了重要的抓手。

针对基地蔬菜采取“销售”以实现其价值的研究方向，教师首先引导学生将各类问题进行了认真梳理，最终把驱动性问题确定为“如何在校内开辟一个自营点，以实现基地蔬菜自营自销”这一核心项目。在项目实施过程中，学生通过跨界整合科学、技术、工程、艺术、数学等领域内容，加强各学科核心知识的融合与重构，在活动参与、项目设计与问题解决中让核心知识内化于心。

比如在“产品包装”的设计上，学生把要完成的作品与原先学到的知识以及生活

经验联系起来，从作品的外观造型、颜色搭配、尺寸大小、材料选用等方面去构思。这不仅突出了艺术的知识，同时也有对数学与科学的要求。再如对采收方法的学习与运输工具的选用上，科学与工程的知识就比较明显。

（2）在实践探索中发展高阶认知能力

高阶认知是判断项目式学习优劣最重要的标准之一，否则就是停留在浅层次的学习上。但所有的高阶认知都起始于低阶认知，没有经历低阶认知的问题信息搜集、组织、存储与巩固，学生就没法进行比较、分类、抽象、推理等，也就达不到问题解决、创见、决策与系统分析等高阶认知，两者是相辅相成的关系。因此，设计项目式学习时，教师要引导学生根据低阶认知，充分考虑每个环节所涉及的高阶认知，推进项目的实施。

（3）在交流合作中促成创意转化为实际成果

项目式学习乃是在真实的问题情境中，以项目为依托，指导学生通过小组合作的方式而进行的一种探究式学习模式。由此可见，合作是项目式学习中一种重要而常见的组织形式。小学生由于知识经验浅薄，各项技能都还处于较低水平，因此在项目化实践过程中开展小组合作显得尤为必要。这里的合作应是多方联动的，以生生合作为主，也可以根据实际需要合理安排师生合作、学生与家长合作等。学生在小组合作中相互交流、启发，能有效促成学生在实践过程中的能力与智慧迭代，最终将创意转化为实际成果。

比如，为保证基地蔬菜的质量，学生对蔬菜的采收方法、采收时间与运输工具分组展开调研，通过资料查询与实地操作实验，经过反复验证后，学生对各类有效信息进行汇总，形成并制作了一份《基地蔬菜采收及运输策略指南》。为了能准确评估基地蔬菜的质量，合理设定蔬菜价格，我们邀请家长担任实践导师，与学生形成家庭合作小组，围绕"基地蔬菜家庭菜肴制作品尝"与"基地蔬菜市场价格调查"开展项目式家庭劳动实践。学生在家长的带领下学习做菜、品菜，与家长一起走进社区农贸市场调查同类蔬菜的价格，然后形成个性化的调查结果与反馈。在此基础上，教师引导学生通过对数据的统计与分析，对基地蔬菜的质量与口感等进行综合评估，最终合理设定蔬菜的价格。通过参与项目式学习，学生们深刻地体验和明白了所学的书本知识如何转化到现实生活中，从而实现了深度学习的目的。

2. 打通课堂内外，让学生的成长"动"起来

实践性是劳动教育课程在内容选择与组织上应遵循的原则。教师要精心设计与组织劳动教育实践活动，畅通学生课内外实践渠道，使劳动教育活动内容由单薄走向丰盈，劳动教育的形式由一维的校内"小"实践走向立体的社会"大"实践。学生通过不断经历思维训练、动手操作、出力流汗等形式多样、富有生活气息的活动过程，真正爱上劳动，乐于劳动，最终实现身心的和谐统一与健康发展。

（1）尊重个性，挖掘潜能，创造生长的芽点

每一个学生都有自己的需要、兴趣、特长和个性，都有自己独特的认知方式和学习方式。劳动教育活动要创设宽松、和谐、活泼的课堂氛围，让学生充当主角，展示才华，锻炼才干，培养和发展兴趣爱好，发展和展示个性特长。实践中，教师应有针对性地对待学生的不同个性，有的放矢地锻炼他们。如平时缺乏合作意识的同学，要让他们在劳动中感受合作的乐趣，提高合作能力；平时动手能力较差的同学，可在小组合作活动中，借助同伴的力量，锤炼自己的操作能力等。总之，学校合理设置的劳动教育课程，将成为学生生命成长初期的芽点，继而抽枝展叶。

在校内，学校将劳动教育纳入综合实践课程体系，制定相关课程计划，在学校中分低、中、高学段开设开足劳动课程，设计规划出各具特色的综合实践活动（见下表），统筹课内外劳动实践时间，激发学生内在需要和动力。

树人小学“树尚良垦”校内劳动实践课程内容安排

年级	主题模块	分册主题	实践内容	探究方式	课时安排
1–2年级	“我是新时代小农民”之“独具慧眼”	一粒种子的旅行；一园蔬果成了“精”	认识各种农作物、植物种子，观察种子发芽过程等	观察、观赏、绘画、口语交际等	结合每周科学课、校本拓展课程
3–4年级	“我是新时代小农民”之“独具匠心”	一花一果一世界；一草一叶一天地	认知常见的农耕工具、了解农作物的生长规律、生长周期等并进行蔬菜、花卉的简单种植	用摄影、短视频等形式记录农耕实践中的点滴，通过各种平台与他人分享劳动的快乐	依托校本拓展课程、校实践社团
5–6年级	“我是新时代小农民”之“独具一格”	Bye-bye，传统种植技术；尝试一点点改进	立足科技创新，探索农作物的嫁接、无土栽培等技术，展开研究型学习	学习实践小组、小组成员合作劳动	借助科学课、校实践社团、校本拓展课程

（2）导向生活，增强联动，创设成长的沃土

陶行知先生认为“真正的教育作用是使生活与生活摩擦”。事实上，劳动教育的开展不应局限在教室，不只是系统知识的学习，更应该在开放性的劳动情境和适当的开放空间中进行，否则劳动教育的实践性是难以真正体现的。学生思维的深刻性培养和经验的获得，关键渠道是走进真实生活的社会实践。学校应合理开发并利用一切校外劳动

教育资源，创设学校、家庭、社区联动的劳动教育模式，让学生有充分的机会走进生活这片沃土，在真实的生活环境中解决问题，将实践成果应用于社会，服务社区、服务身边居民。

例如，学校辖区内社区资源丰富，各具特色。劳动教育课程规划小组立足校内劳动教育课程，对各个社区的资源进行了分类整合，依托社区的个性与共性资源打造“6+3”主题项目式劳动教育课程超市（见下表）。

树人小学校外劳动教育实践活动超市

<table>
<tr><th rowspan="2">年级</th><th colspan="2">必选课程</th><th colspan="2">自选课程</th><th rowspan="2">课时安排</th></tr>
<tr><th>实践主题</th><th>实践内容</th><th>实践主题</th><th>实践内容</th></tr>
<tr><td>一年级</td><td>多肉栽培
（水沟营社区）</td><td>1. 认识多肉植物
2. 种养多肉植物
3.“画”说多肉植物</td><td rowspan="2">公益献爱心</td><td rowspan="2">1. 清理绿化垃圾
2. 修剪绿化植被
3. 参加除草植树
4. 美化家园行动</td><td rowspan="2">12 课时</td></tr>
<tr><td>二年级</td><td>花草买卖
（水沟营社区）</td><td>1. 认识植物
2. 购买植物
3. 义卖植物</td></tr>
<tr><td>三年级</td><td>金鱼养殖
（西园社区）</td><td>1. 认识金鱼
2. 学习金鱼养殖
3. 尝试金鱼养殖</td><td rowspan="2">环保小卫士</td><td rowspan="2">1. 宣传河道保护
2. 环保创意绘画
3. 家庭节水行动
4. 设计河道保护宣传标语</td><td rowspan="2">12 课时</td></tr>
<tr><td>四年级</td><td>小河长行动
（滨河社区）</td><td>1. 开展河道日常巡查
2. 探测河水水质
3. 提出河道治理方案</td></tr>
<tr><td>五年级</td><td>市场导购
（鉴湖社区）</td><td>1. 认识蔬菜
2. 学习蔬菜营养搭配
3. 开展市场蔬菜导购</td><td rowspan="2">我是小导游</td><td rowspan="2">1. 绍兴博物馆
2. 仓桥直街
3. 秋瑾故居
4. 章学诚故居
5. 青藤书屋</td><td rowspan="2">12 课时</td></tr>
<tr><td>六年级</td><td>寻“密”中草药
（府山社区）</td><td>1. 认识中草药
2. 寻找中草药
3. 解密中草药
4. 制作中草药</td></tr>
</table>

第三节 教师在小学劳动教育中的角色与作用

一、教师的角色定位与职责要求

（一）教师的角色定位

角色是在一定社会规范中履行一定社会职责的行为模式。结合新时代小学劳动教育的任务和教师的使命，教师在中学劳动教育中的角色应该是学生学习的引导者、课程与教学的设计者、劳动实践的示范者。

1. 学生学习的引导者

所谓引导者，就是要求教师成为学生劳动学习的激发者，学生劳动能力和积极个性的培养者。学生品德的养成是循序渐进的，一般需要教师按照知、情、意、行的顺序进行引导。正确的劳动认知、积极的劳动情感、坚毅的劳动精神以及主动的劳动行为的形成是一个相互联系和促进的过程。素养具有养成性，学生的劳动情感、劳动精神、劳动意识等劳动素养的养成也需要教师的引导。这需要教师扮演好一个引导者的角色，把学生放在课堂的中心和主体的位置，充分尊重学生的劳动需求和愿望，通过各种方式和方法教育引导学生崇尚劳动、尊重劳动。

在小学低年级阶段，教师要引导学生“劳动自理”，使学生了解生活劳动常识，做到基本的生活自理。在小学中高年级阶段，教师要引导学生“劳动自爱”，主动参加家庭劳动。根据劳动教育的任务，教师应该充分调动小学生的劳动兴趣，培养他们善于动脑、勤于动手的能力，通过集体劳动激发学生的劳动意志。此外，教师在教学过程中还需引导学生在劳动中积极思考，在使用传统工艺的基础上注重新技术的使用，创造性地进行劳动。

2. 课程与教学的设计者

新时代背景下，劳动的形式也发生了改变，教师作为教学的专业人员，应当结合小学生的学龄特点，担任课程与教学的设计者。

首先，教师是劳动教育课程的设计者，应根据《义务教育劳动课程标准（2022年版）》劳动教育的任务，自主设计适合学生的劳动课程。教师应积极寻求校内劳动教育课程和课外活动相结合的途径，在校内劳动必修课的基础上，结合项目式学习、职业体验、公益服务等多样化课外活动全面提高学生的劳动素养，发挥劳动教育的育人功能。此外，教师还要做到与时俱进，结合人工智能和新技术，设计新技术与劳动相结合的课程。

其次，教师作为教学的设计者，在掌握和运用教学策略的基础上，应该积极探讨和设计劳动教育和各学科融合的教学新方式。教师应挖掘语文、数学等学科课程中隐藏的劳动教育内容，将劳动教育渗透于德育、智育、体育、美育中，着力提高学生的劳动素养。

最后，小学阶段的学生处于不同的身心发展阶段，教师应考虑到各学段学生的差异性，立足学生的“最近发展区”，并结合学生的学习方式、实践能力等进行课程开发和教学设计。针对不同学段的学生，教师应以个性化的方式开展教学活动。

3. 劳动实践的示范者

为实现新时代劳动教育的培育任务，教师作为劳动实践的示范者，应该发挥好榜样示范的作用。学生具有“向师性”的特点，教师的行为对学生有着耳濡目染、潜移默化的影响。所以，教师理应规范自己的言行，做学生劳动教育的践行者和示范者，引导学生形成正确的劳动认知、积极的劳动情感、坚毅的劳动精神以及良好的劳动习惯，完成劳动教育的任务。更重要的是，作为劳动的示范者，教师应通过言传身教、以身作则的示范作用，将教师的教育力转化为学生的行动力，促进学生知、情、意、行的统一与和谐发展，进而发挥出劳动教育在德、智、体、美方面的育人价值。

（二）教师的职责要求

明确教师实施劳动教育的职责要求对劳动教育课程的开展有着重要的意义。基于劳动教育的课程目标，教师在劳动教育中的职责要求可以概括为：着力于全面提高学生的劳动素养，致力于发挥劳动教育的综合育人价值。

1. 着力于培养学生的劳动素养

劳动素养是指学生在学习与劳动实践过程中逐步形成的适应个人终身发展和社会发展需要的正确价值观、必备品格和关键能力，是劳动课程育人价值的集中体现，主要包括劳动观念、劳动能力、劳动习惯和品质、劳动精神。劳动教育的总目标也通过劳动教育的核心素养展开，教师实施劳动教育的职责要求亦由此而来。

随着劳动形态的演进，学生具备的劳动素养也应该与时俱进。一方面，教师要把握新时代社会劳动的本质，注重培养学生符合时代发展需求的劳动素养。另一方面，虽然人工智能将人从繁重的体力劳动中解放出来，但是，教师应该让学生认识到技术的发展并不意味着不需要劳动，也不意味着弱化生活技能。比如，对小学生来说，扫地机器人的出现并不意味着不用掌握扫地与拖地的基本生活能力。在劳动素养培养方面，教师应结合小学生身心发展的规律和特征，按照劳动任务的要求，循序渐进地开展劳动教育。例如，在小学低年级，教师着重培养学生的劳动意识和个体日常生活技能的掌握，使学知劳动、爱劳动。在小学中高年级，教师注重培养学生劳动观念、劳动习惯的养成和基本劳动技能的掌握，让学生学会与他人合作劳动。

2. 致力于发挥劳动教育的综合育人价值

新时代的劳动教育并非单一的知识与技能教育，也不是单纯的体力劳动，它是基于劳动核心素养培养意义上的整体教育、完整教育。要实现劳动教育的任务，教师必须将劳动教育融入其他四育，发挥出劳动教育的综合育人价值。由此可见，劳动教育具有全人教育的功能，是促进学生全面发展的必由之路。教师在具体的劳动教育实践中，需要探讨符合新时代学生生活实际的劳动教育新形式，致力于发挥劳动教育的综合育人价值。

小学阶段，教师要让学生通过劳动树立良好的品德，开发思维，开拓创新，强身健体，提高审美能力，进而促进四育成效和质量的提升。例如，通过刺绣、陶艺、剪纸等劳动课程，教师在教授学生劳动知识与技能的同时，培养他们合作劳动和创新意识。通过校园保洁劳动，学生认识到劳动能使学校干净整洁，从而认识到保护环境的重要性。通过种植瓜果蔬菜，引导学生懂得“一分耕耘，一分收获”的道理，使其养成勤俭节约、不怕困难的劳动精神。通过这样的活动，学生既能够养成保护环境、爱惜粮食的良好品德，也能在劳动中体验美、发现美，提高审美能力，从而发挥劳动教育的综合育人价值。

二、教师的专业素养与教学技能培养

《义务教育劳动课程标准（2022 年版）》将劳动教育确立为义务教育的一门课程，要求每周安排一节课，并对义务教育阶段劳动教育的课程性质、理念、目标、内容、素养、实施等提出了系统的要求，确立了为谁培养人、培养什么人、怎样培养人的劳动教育要求和规范。那靠谁培养人呢，教师无疑是劳动教育课程的重要执行者。建立专职或兼职劳动教育教师队伍是学校开展劳动教育的必然要求，同时，其他学科教育和教学也应与劳动教育同向而行、相互配合，因此，必须全面明确和提升教师劳动教育的专业素养。

（一）立德树人，培训赋能

教育的根本任务是立德树人，劳动教育对于落实党和国家对教育的要求、优化学校教育目标和过程、帮助学生树立正确的三观和健康成长都具有重要的意义。教师要牢固树立全面育人的观念，根据时代的要求和学生成长的需要，不断提升劳动教育的能力，积极参加劳动教育的专业培训。学校要着眼课程理念，帮助教师深刻认识劳动教育的意义，领会劳动课程的设计意图、核心素养的表现，把握劳动课程任务群与核心素养的关联，不断探索指导劳动实践的方法，更好地达成课程目标，落实立德树人根本任务。

为此，师训部门要及时地组织教师进开展网络研修，补足思想认识的短板；教研部门要开展《劳动课程标准》专题培训，分学段、分年级研讨课程方案和精心设计劳动教育教案，提高课程实施的自觉性和能动性；学校要结合自身的教学实际，组织教师走进学生所在的社区、乡村、家庭，了解学生的劳动环境、经验和需求，邀请劳动模范和能工巧匠进校园传授经验，与优秀企业和种植养殖专家共建劳动教育培训基地；教师要有效地利用校内外的劳动课程资源，开展不同层次的集体备课、听课、评课等校本研修，积极总结反思，形成优秀案例，加以推广交流。

（二）热爱劳动，积累经验

劳动教育是要让每一个人都热爱劳动，成为自食其力的生活者，更要成为符合新时代要求的优秀劳动者。学校和老师不仅要对学生进行劳动的目的和意义、经验和原理的教育教学，也要激发学生的劳动兴趣，组织学生开展技能训练，让学生获得良好的情感体验，从而做到直接经验和间接经验相结合、物质收获和兴趣爱好相促进，提高劳动教育的实效。同时，劳动教育具有综合性的特点，需要各学科教学与劳动教育相互渗透，家庭、社会的劳动教育相互衔接。

为此，学校和教师要大力开展以劳动为主题的校园文化建设，开展家校联系，走进村庄或社区开展劳动教育宣传，减轻家长为孩子因文化课带来的焦虑，营造劳动光荣、劳动有益、劳动促进成长的浓厚氛围，弘扬劳动精神、劳模精神、工匠精神。教师要挖掘、整合学科教学中的劳动教育元素，全面践行劳动教育，并积累教育教学素材；要引导学生积极参加家务劳动、生产劳动和社会服务，亲历劳动过程的情感体验，积累劳动操作的技术经验，收获劳动成果的喜悦感受；设计劳动教育的方式方法，要做到实施真实的、有情怀的、有效果的劳动教育。

（三）对照课标，落地落实

《义务教育劳动课程标准（2022年版）》是一套全新的、系统的、指向操作的劳动教育规范，学校、教师首先要认真研读《课程标准》，从目标的高度、纵横的维度、学生的角度做好学校总体规划和学科课程定位，整体推进劳动教育活动策划、技能指导、练习实践、总结交流等进程；其次要做到有效评价，发挥评价的激励作用，从不同学段学生的生活经验、劳技基础等要素出发，设置差异化的劳动教育目标，注重平时表现评价和阶段综合评价，激发学生的劳动兴趣，让学生在劳动过程中获得积极的情感体验，不断提升劳动能力和思想境界。

三、教师发展的支持与评价机制

（一）落实劳动教育教师发展保障工作

为保证劳动教育工作的开展效果，学校在提高课程重视程度和做好设施建设的同时，还要加强教师队伍建设，为相关教学工作的顺利开展提供基础保证。优质的教师团队能够为学生呈现更加优质的课堂内容，为学生的进步和发展贡献力量。学校要对此有正确的认识，并结合实际采用多种方法加强教师队伍建设，让教师形成正确的教学观念，了解最新的教学理念，并将其落实到课堂教学当中。基于此，学生能够在优秀教师的正确引导下，实现自身能力的提升，树立正确的劳动意识，进而在日后的生活和学习中取得更好的发展。

1. 加强劳动教育师资培养

学校对劳动教育专业师资培养有着精确调研和细致规划。学校整合各方力量资源，与绍兴市农科院、绍兴市关工委等单位形成合作，切实保障学校劳动教育专业师资的配备。

2. 定期开展全员教育培训

有关专家、学者多次进校讲座参与课程的有效指导，以理论联系实际，思想结合经验，行之有效地提高教师把握课程的能力和教育教学水平的提升，强化每位教师的劳动意识、劳动观念，提升实施劳动教育的自觉性（见下图）。

校专家讲座交流

此外，还需保证经费投入，做好后勤保障。学校每年安排一定的经费用于教师培训、进修以及外聘特长专任教师。

（二）健全劳动教育教师发展评价机制

教师专业发展是教师职业生涯过程中的重要方面。教师工作的特殊性决定了教师评价机制必须以符合教师的心理特点和合理需要为前提，评价重点应该是运用评价激励因素去调动教师工作的积极性。

1. 建立阶段性评价机制

在教师的职业生涯中，由一名新教师成长为专家学者型教师，需要经历不同的发展阶段。建立阶段性评价机制，通过阶段性教师评价的导向、激励、调控作用，既可以把握教师专业发展过程中各个阶段的起点和基础，又为教师新一阶段的发展提供动力和支持。比如学校可以打破教师年龄、职务、职称的限制，侧重于能力和实践的评价，配以相应的津贴，激发教师专业发展的动力。

2. 探索个性化评价机制

在教师评价中必须有明确的标准，这些标准不但对于提高评价的准确性和客观性是必要的，更重要的是它为教师提供了努力的方向和目标。小学劳动教育课程是实施劳动教育的重要途径，具有鲜明的思想性、突出的社会性和显著的实践性，因此劳动教育教师发展应有属于自己的一套评价机制，要重视课程的属性、教师的个体差异和教学背景，激发教师的教学创新和自身潜能的发挥，这样才有利于教师的专业发展。

3. 推行目标导向激励评价机制

对教师工作的评价，不是终结性的鉴定，而是阶段性的、动态的督导手段，其目的不在于评价本身，而在于给教师工作以引导和启发，促进教师的专业成长和教育教学效果的优化。在新时代背景下，我们应该更加注重评价的导向、激励、改进功能，从而使评价达到促进教师自我教育和自我发展的目的。

学校的总体发展目标需要教师的专业发展来实现，因此通过导向激励机制确定的教师发展目标应尽可能地符合学校的总体发展目标。教师的发展目标应根据其职责、任务和业务水平的不同有所侧重，突出重点，并富有弹性。为实现教师的发展，学校应该制订一系列有助于目标实现的措施，如政策支持、物质保障、进修提高、定期回访和自我评价等。

4. 构建多元协商评价机制

《基础教育课程改革纲要》指出，“建立促进教师不断提高的评价体系。强调教师对自己教学行为的分析与反思，建立以教师自评为主，校长、教师、学生、家长共同参与的评价制度，使教师从多种渠道获得信息，不断提高教学水平”。因此，在评价时要重视学生、同行、家长的评价信息，建立多元主体参与评价的协商机制，以利于教师专业发展。

学生是教学活动的直接参与者，对教师的教学最有发言权，应当成为评价教师教学态度、教学水平、教学效果的主导力量。当然评价之前要对学生进行正确的引导，使其明确评价的意义和方法，保证评价的客观性和真实性。学生的评价与反馈有助于教师革新教学方式、提高教学技能。

积极开展教师之间的互评活动。教师的教学水平、开拓精神，同学科教师是非常清楚的。由此，劳动教育课程教研组要经常性开展听课、评课和丰富多彩的教研活动，为教师提供展示才华的舞台。每次活动后要组织教师及时座谈交流，以获取准确的评价信息，并及时将评价信息反馈给任课教师。

动员广大学生、家长参与教师评价。可通过家长会、家长观摩课、提供教师的成长录像、课堂教学资料、教学日志等形式，制定“家长评教表”，让家长参与课程评价，促进教师发展。

第六章

小学劳动教育的
课程评价与反馈

第一节 多维度评价指标体系的构建

一、建构基于师生双主体的小学综合实践课程评价指标体系

（一）现状

1. 小学阶段综合实践活动课程的评价理念混沌繁杂

2017 年，教育部颁布的《中小学综合实践活动课程指导纲要》进一步对综合实践活动课程性质、基本理念、课程目标、课程内容、课程实施与管理等方面进行了规定，切实强调了综合实践活动课程在基础教育课程中的重要地位，并体现出综合实践活动课程的目标、内容等方面与传统学科课程的差异。这意味着师生所谙熟的学科课程评价方法与模式难以适应综合实践活动课程的要求与价值取向。而如果套用传统学科课堂评价方式来评价综合实践活动课程，极易产生课程评价与课程设计不匹配、课程内容与课程实施不协调等问题，进而阻碍教师专业发展和育人目标的实现。

2. 小学阶段综合实践活动课程的评价工具总体缺失

《中小学综合实践活动课程指导纲要》明确这门课程是义务教育的必修课程。小学综合实践课程目前正在如火如荼地开展与实施。鉴于该课程不同于其他课程，教师从“教”转变为“指导”，学生从“学习知识”转变为“合作参与”，教师在实施课程中并不清晰如何适当地评价课程并改进后续活动。原有的学科课程评价方式并不适用于全新的综合实践课程。对小学综合实践课程开展有效评价，急需开发相关评价工具。

3. 小学阶段综合实践活动课程的评价路径不够清晰

综合实践课程要以促进学生综合素质持续发展为目的开展评价。开发评价工具的目的并不是简单地为了评价，而是为了及时获得学习过程的反馈，并不断改进课程活动，促进学生成长。然而，在实际课程中教师缺乏具体的操作指南，不能运用课程评价的信息来改进和优化小学综合实践课程。

由此，本校在多年研究的基础上，开发了一套适合小学综合实践活动课程的评价工具，并运用开发的评价工具进行课程评价，构建了改进和优化小学综合实践课程的实践路径。

（二）具体做法

构建师生双主体的小学综合实践活动课程评价体系，首先需要明确 CIPP 评价模式的优势所在。基于相关文献，以及对国内外 CIPP 课程评价模式的深度分析发现，CIPP 评价模式具有如下几个方面的优势。一是 CIPP 评价模式以决策为导向，重视改良取向。改良取向是一种循序渐进的改革模式，具有一定的温和性，适用于小学综合实践活动课程的渐进式改革评价。CIPP 评价模式的目的是为综合实践活动课程提供决策而服务的，其摆脱了评价的控制属性。二是 CIPP 模式能够突出评价的发展性，重视过程性评价，这是 CIPP 模式与传统性评价模式存在差异的地方，该模式更强调课程评价的过程性和全面性。三是 CIPP 评价模式具有很强的系统性，该模式整合了诊断性评价、形成性评价和终结性评价，能对实践活动课程进行全周期性的、建设性的评价。

综合以上的分析，本课题基于斯塔弗尔比姆的 CIPP 评价模型为基本的理论框架，从师生双主体的视角，在实地调研的基础上，充分借鉴美国著名课程评价专家沙纳瓦尼（Shanawani）编制的《基于 CIPP 模式的自我学习课程评价量表》、我国台湾学者方德隆等编制的《校本课程评价量表》，教育部印发的《中小学综合实践活动课程指导纲要》（教材〔2017〕4 号），以及参考《义务教育劳动课程标准（2022 年版）》等相关文件，初步拟定了《基于师生双主体的小学综合实践课程 CIPP 评价量表》的指标体系。为了保证指标体系的逻辑性、通顺性和可理解性，我校邀请了 4 位高校专家、3 位小学校长、6 位小学教师、12 位三年级以上的小学生对初始指标体系中题目的重要性、顺畅性和逻辑性等进行了逐条的阅读和修订，最终形成了包含 4 个一级维度，9 个二级维度，22 个三级维度共计 43 个题项的《基于师生双主体的小学综合实践课程 CIPP 评价量表》。量表采用李克特 5 点计分法，1 为非常符合，5 为非常不符合，指标点的得分越高，说明小学综合实践活动课程的建设水平越高。

小学综合实践课程评价工具

<table>
<tr><th>一级维度</th><th>二级维度</th><th>三级维度</th><th>评价内容</th></tr>
<tr><td rowspan="5">背景评价</td><td rowspan="2">课程设置</td><td>开设必修课程</td><td rowspan="5">1. 综合实践课程具有清晰的课程目标和理念
2. 综合实践课程理念体现了《中小学综合实践活动课程指导纲要》的精神
3. 综合实践课程理念体现了本省基础教育改革与发展趋势
4. 学校将综合实践课程建设置于学校发展的重要位置
5. 综合实践课程能够服务于学校发展的长远目标
6. 综合实践课程能够回应本地经济文化背景下小学生学习与发展的独特需要
7. 家长了解并支持综合实践课程建设的目标及内容
8. 综合实践课程有助于为儿童小学阶段的学习奠定基础
9. 综合实践课程有助于促进小学与社区医院、敬老院、博物馆、消防队等公共服务部门的联系与合作</td></tr>
<tr><td>设立周期性劳动课程</td></tr>
<tr><td rowspan="3">课程目标</td><td>目标的取向</td></tr>
<tr><td>目标全面性</td></tr>
<tr><td>目标合理性</td></tr>
</table>

<table>
<tr><th>一级维度</th><th>二级维度</th><th>三级维度</th><th>评价内容</th></tr>
<tr><td rowspan="6">输入评价</td><td rowspan="3">课程内容</td><td>与目标一致性</td><td rowspan="6">1. 学校设立了综合实践课程建设的专门部门
2. 综合实践课程建设部门具有明确的成员分工和工作机制
3. 学校能提供综合实践课程开展工作所需要的经费
4. 学校针对综合实践课程建设制定了相关配套制度
5. 综合实践课程方案对课程结构进行了清晰说明
6. 综合实践课程方案明确了课程内容的课时和组织形式
7. 学校制定了综合实践课程评价的标准与实施细则
8. 学校对校内外可利用的课程资源进行了登记与整理
9. 学校鼓励教职工、学生和家长参与综合实践课程资源的收集
10. 学校设置了课程资源的存放空间并有专人负责整理</td></tr>
<tr><td>时代教育性</td></tr>
<tr><td>生活实践性</td></tr>
<tr><td rowspan="3">课程资源</td><td>环境基础</td></tr>
<tr><td>资源开发</td></tr>
<tr><td>组织保障</td></tr>
<tr><td rowspan="7">过程评价</td><td rowspan="2">学生参与</td><td>劳动知识与能力</td><td rowspan="7">1. 教师能够设计发展学生分析和推理能力的活动
2. 教师能够提供可产生学生自己想法和创作作品的机会
3. 教师能够帮助学生将新旧知识和经验联系起来
4. 教师能够密切联系学生的实际生活
5. 当学生在理解知识回答问题或者完成任务有困难时，教师能够为学生提供支持和帮助
6. 教师能够通过启发思维的方式对学生的行为或表现进行反馈
7. 教师会向学生提出疑问或者要求学生对自己的想法、反应及行为的原因做出解释
8. 教师能够提供特定的情境来拓展学生先前的行为或者反应
9. 教师能够通过鼓励提高学生在活动中的参与性和坚持性
10. 教师和学生在综合实践课程实施中交流频率很高
11. 教师能够向学生提出许多开放性问题
12. 教师能够使用更丰富的内容和句子结构来重新表述学生提供的信息
13. 教师能够使用描述自己行为或者描述学生行为的方法来拓展学生的语言能力
14. 教师会使用大量的名词、形容词、动词、副词等与学生交流</td></tr>
<tr><td>劳动习惯与品质</td></tr>
<tr><td rowspan="2">教师参与</td><td>课程实施表现</td></tr>
<tr><td>课程实施水平表现</td></tr>
<tr><td rowspan="3">课程实施</td><td>流畅性</td></tr>
<tr><td>全面性</td></tr>
<tr><td>引导性</td></tr>
</table>

<table>
<tr><th>一级维度</th><th>二级维度</th><th>三级维度</th><th>评价内容</th></tr>
<tr><td rowspan="4">成果评价</td><td rowspan="2">学生体验</td><td>学生自评</td><td rowspan="4">1. 综合实践课程使本校学生的语言能力得到充分发展
2. 综合实践课程使本校学生健康与体能得到充分发展
3. 综合实践课程使本校学生的数学能力得到充分发展
4. 综合实践课程使本校学生的科学素养得到充分发展
5. 综合实践课程使本校学生的社会能力得到充分发展
6. 综合实践课程使本校学生的艺术素养得到充分发展
7. 综合实践课程使本校学生表现出良好的学习品质
8. 综合实践课程及活动得到了家长的好评
9. 综合实践课程建设形成了可推广的成果
10. 综合实践课程建设促进了本校与同行的交流合作</td></tr>
<tr><td>教师评价</td></tr>
<tr><td rowspan="2">整体效果</td><td>学校层面</td></tr>
<tr><td>课程效果层面</td></tr>
</table>

（三）基于数据验证指标体系的合理性和科学性

1. 量表测试

本研究采取整群抽样和分层抽样的策略，以本校教师和学生为研究对象，抽取了本校全体教师的量表，以及从三、四、五、六年级每个年级抽取 3 个班的学生的量表。2022 年 9 月 14 日，在前期充分准备的基础上进行了测试问卷的发放和回收，共回收教师问卷 68 份，学生问卷 476 份，剔除一些无效问卷后，最终回收有效教师问卷 62 份，有效学生问卷 458 份，问卷有效率分别为 91.2% 和 96.2%。问卷回收之后，采用 SPSS26.0 和 AMOS21.0 对数据进行了系统性的分析。

2. 项目分析与探索性因子分析

在探索性因子分析之前，首先基于测试数据，对原始量表进行项目分析。本研究采用了题总相关、极端组检验，以及克隆巴赫 α 系数等三种方法进行了项目分析。首先，研究者将有效量表的分值进行了从高到低的排序，按照学者吴明隆对数据分析的基本解读，将数据分成了三份，将得分靠前的 27% 样本划定为高分组，将得分靠后的 27% 划定为低分组。然后对低分组和高分组进行独立样本 t 检验，检验其差异是否显著。结果显示，样本数据在每个维度的高低分之间均存在显著性差异（$p < 0.001$），说明此量表在各个维度的甄别能力达到合格水平。其次，进行题总相关分析，将每个题项与各维度的总题项和值进行威尔逊相关性检验，总体相关系数介于 0.632 到 0.941 之间（$0.632 \leq r \leq 0.941$，$p < 0.001$），表明每一个题项均与总题项高度相关，具有较高的甄别性，因此各题项均予以保留。最后，采用克隆巴赫 α 系数进行项目分析，计算得出 α 系数为 0.956，表明该量表的信度较高，可以进入下一步的探索性因子分析。

接下来，课题组尝试对量表数据的 43 个题项进行探索性因子分析，结果显示，

KMO 值为 0.936，$p < 0.001$，说明该量表数据适合进行主成分分析。接下来，课题组采用主成分分析法进行了因子提取，采用最大方差正交旋转，提取了因子载荷值大于 0.4 的因子，共提取了 4 个因子，总解释率达到了 86.354%，与量表编制的最初维度吻合。

课题组结合因子分析的结果，对量表的进一步优化提出了以下建议：首先，输入评价环节的第 9 题，过程评价环节的第 1 题和第 8 题，成果评价环节的第 8 题出现了多重载荷现象，且载荷在各因子上的差异小于 0.20，按照数据统计的一般规则，应予以删除。其次，输入评价第 6 题、成果评价环节第 9 题和第 10 题虽然也出现了因子的多载荷现象，但各因子间的载荷差值小于 0.2，且相关题项在本体系中有重要影响，因而经过课题组的反复讨论，以及参考相关文献的处理过程，最后决定保留这 3 个题项。最终，经过探索性因子分析对题目进行了优化之后，保留了 39 个题项。

小学综合实践课程 CIPP 评价指标体系的因子分析

维度	量表题目	因子 1	因子 2	因子 3	因子 4
背景评价	1. 综合实践课程具有清晰的课程目标和理念		0.362		0.667
	2. 综合实践课程理念体现了《中小学综合实践活动课程指导纲要》的精神				0.715
	3. 综合实践课程理念体现了本省基础教育改革与发展趋势				0.730
	4. 学校将综合实践课程建设置于学校发展的重要位置				0.721
	5. 综合实践课程能够服务于学校发展的长远目标				0.750
	6. 综合实践课程能够回应本地经济文化背景下小学生学习与发展的独特需要				0.716
	7. 家长了解并支持综合实践课程建设的目标及内容		0.445		0.628
	8. 综合实践课程有助于为儿童小学阶段的学习奠定基础				0.695
	9. 综合实践课程有助于促进小学与社区医院、敬老院、博物馆、消防队等公共服务部门的联系与合作		0.390		0.601

维度	量表题目	因子 1	因子 2	因子 3	因子 4
输入评价	1. 学校设立了综合实践课程建设的专门部门		0.710		0.392
	2. 综合实践课程建设部门具有明确的成员分工和工作机制		0.736		0.365
	3. 学校能提供综合实践课程开展工作所需要的经费		0.734		
	4. 学校针对综合实践课程建设制定了相关配套制度		0.361		0.742
	5. 综合实践课程方案对课程结构进行了清晰说明		0.757		
	6. 综合实践课程方案明确了课程内容的课时和组织形式	0.351	0.708		0.387
	7. 学校制定了综合实践课程评价的标准与实施细则		0.720		0.352
	8. 学校对校内外可利用的课程资源进行了登记与整理		0.738		
	9. 学校鼓励教职工、学生和家长参与综合实践课程资源的收集	0.423	0.587		0.350
	10. 学校设置了课程资源的存放空间并有专人负责整理		0.682		
过程评价	1. 教师能够设计发展学生分析和推理能力的活动	0.604	0.459	0.358	
	2. 教师能够提供可产生学生自己想法和创作作品的机会	0.692	0.396		
	3. 教师能够帮助学生将新旧知识和经验联系起来	0.724	0.378		
	4. 教师能够密切联系学生的实际生活	0.735			
	5. 当学生在理解知识、回答问题或者完成任务有困难时，教师能够为学生提供支持和帮助	0.748			
	6. 教师能够通过启发思维的方式对学生的行为或表现进行反馈	0.719		0.378	
	7. 教师会向学生提出疑问或者要求学生对自己的想法、反应及行为的原因做出解释	0.687		0.392	
	8. 教师能够提供特定的情境来拓展学生先前的行为或者反应	0.661	0.389	0.408	
	9. 教师能够通过鼓励提高学生在活动中的参与性和坚持性	0.745		0.381	

维度	量表题目	因子 1	因子 2	因子 3	因子 4
过程评价	10. 教师和学生在综合实践课程实施中交流频率很高	0.702		0.408	
	11. 教师能够向学生提出许多开放性问题	0.672		0.411	
	12. 教师能够使用更丰富的内容和句子结构来重新表述学生提供的信息	0.689		0.402	
	13. 教师能够使用描述自己行为或者描述学生行为的方法来拓展学生的语言能力	0.716		0.394	
	14. 教师会使用大量的名词、形容词、动词、副词等与学生交流	0.659		0.432	
成果评价	1. 综合实践课程使本校学生的语言能力得到充分发展	0.458		0.657	
	2. 综合实践课程使本校学生健康与体能得到充分发展	0.462		0.677	
	3. 综合实践课程使本校学生的数学能力得到充分发展	0.395		0.722	
	4. 综合实践课程使本校学生的科学素养得到充分发展	0.402		0.720	
	5. 综合实践课程使本校学生的社会能力得到充分发展	0.429		0.716	
	6. 综合实践课程使本校学生的艺术素养得到充分发展	0.428		0.694	
	7. 综合实践课程使本校学生表现出良好的学习品质	0.421		0.711	
	8. 综合实践课程及活动得到了家长的好评	0.423	0.358	0.682	
	9. 综合实践课程建设形成了可推广的成果	0.340	0.362	0.698	
	10. 综合实践课程建设促进了本校与同行的交流合作	0.417	0.363	0.675	

3. 验证性因子分析与信效度检验

在前期探索性因子研究的基础上，课题组确定了本研究所需量表。对于量表的深度检验，还需要通过进一步的验证性因子分析。课题组采用修订后的《基于师生双主体的小学综合实践课程 CIPP 评价量表》共计 39 个题项，其中背景评价计 9 道题，输入评价计 9 道题，过程评价计 12 道题，成果评价计 9 道题，将样本数据随机分成两半，一半做探索性因子分析，一半做验证性因子分析，采用 SPSS26.0 进行结构效度和信度检验，采用 Amos22.0 做验证性因子分析。

（1）结构效度

结构效度需要计算量表总分和各维度之间的相关系数，以及各维度之间的相关系数情况，相关系数越高，代表量表的结构效度越好。计算结果显示，背景评价、输入评价、过程评价、成果评价四个维度之间的相关系数均高于 0.700（$0.722 \leqslant r \leqslant 0.857$），总体小于各维度与量表总分之间的相关系数（$0.876 \leqslant r \leqslant 0.933$），具体情况见下表。

综合实践课程 CIPP 评价各维度与总量表的相关系数

	1	2	3	4	5
背景评价	1	0.756**	0.739**	0.722**	0.876**
输入评价	0.756**	1	0.761**	0.756**	0.901**
过程评价	0.739**	0.761**	1	0.857**	0.933**
成果评价	0.722**	0.756**	0.857**	1	0.916**
总分	0.876**	0.901**	0.933**	0.916**	1

（2）验证性因子分析

课题组随机选取调查样本一半的数据，对综合实践课程评价四个因子的结构模型进行验证性因子分析，分析结果显示，各项指标总体符合数据分析的基本要求。一般而言，AIC 值与 ECVI 值的变化范围须满足被测模型指数小于独立模型指数，本研究中，AIC 值为 846.183，独立模型的值为 14341.531；ECVI 为 0.528，独立模型的值为 9.634，均满足被测模型指数小于独立模型指数的相关要求，说明模型可以接受。结果显示，本量表的 $\chi^2/df=2.254$，RMSEA=0.072，CFI=0.943，GFI=0.916，TLI=0.913，均符合数据分析的相关要求，通过了验证性因子检验，说明本量表适合用于小学综合实践课程的评价分析。具体数据信息见下表。

综合实践课程 CIPP 评价量表各维度数据拟合指数汇总表

检验统计量	标准指标	量表检验值	评价
RMR 值	<0.05	0.017	满足
RMSEA 值	<0.08（0.05）	0.072	满足
NFI 值	>0.9	0.926	满足
RFI 值	>0.9	0.912	满足
IFI 值	>0.9	0.936	满足
TLI 值	>0.9	0.913	满足
CFI 值	>0.9	0.943	满足
GFI 值	>0.9	0.916	满足
CMIN/DF 值	<3	2.254	满足
AIC 值	被测模型的值 < 独立模型的值	846.183<14341.531	满足
ECVI 值	被测模型的值 < 独立模型的值	0.528<9.634	满足

（3）信效度分析

课题组利用克隆巴赫信度系数来检验量表的信度问题，结果显示，本量表的信度系数均高于0.750，介于0.756至0.832之间，量表的总体信息达到0.902，信度良好。课题组利用球形检验KMO值来检验本量表的效度问题，通过因子分析发现，本量表各维度的KMO值均高于0.780，介于0.783至0.934之间，量表的总体KMO值高达0.936，效度良好。综合而言，本量表适合用于基于师生双主体的小学综合实践课程实施效果评价。具体情况见下表。

小学综合实践课程评价量表的信效度分析结果

维度	信度系数	KMO值	项数
背景评价	0.784	0.783	9
输入评价	0.756	0.846	9
过程评价	0.832	0.858	12
成果评价	0.815	0.934	9
总量表	0.902	0.936	39

二、真实性评价与综合评估方法

师生双主体视域下的小学综合实践课程评价尤其强调真实性评价。

（一）真实性评价的概念

真实性评价是学生评价的一种方式，兴起于20世纪80年代末的美国。最初的真实性评价重视对学生解决实际问题能力的考查，经过十几年的试验和发展，其理念已扩展到不仅要关注学生的综合能力，而且要通过评价促进学生的发展。要理解真实性评价的概念首先必须理解“真实性任务”。真实性任务是类似于某一个具体领域的从业者所面临的那些真实的活动、表现或挑战，具有复杂性和多维性的特征，需要批判性思维等高级认知思维能力。而真实性评价就是让学生完成一个真实性的任务，通过实际行动或作品成果展示，考查学生知识与技能的掌握程度，以及实践、问题解决、交流合作和批判性思考等多种复杂能力的发展状况。因此，真实性评价可从以下三方面理解。

第一，真实性评价是检验学生学习成效的一种评价方式，是基于真实任务情境的评价，要求学生应用一定的知识和技能去完成真实情境或模拟真实情境中的某项任务，通过学生完成任务状况，判断学生对已有知识能力的理解和驾驭能力。

第二，真实性评价是检验学生综合能力的一种评价，提供学生真实生活中的种种问题、挑战，学生为完成任务，充分应用相关知识、技能、态度，并且相互交流合作，进行探究学习，是对多种复杂能力的考验。

第三，真实性评价也是学习的一部分，评价任务同时也是学习任务，边学习边评价。真实性评价不是要给学生一个特定的分数或特定的等级，而是希望能从评价的过程中了解学生的学习情形，并通过不断地给予学生正向反馈与肯定，帮助他们进一步完善学习。

（二）真实性评价的特点

1. 真实性

首先，评价任务的真实性。真实性评价实施过程中要求给学生设定一个与学习内容相关的真实情景作为学习任务，这种真实情景的学习任务是真实工作情景中的实际工作环节的再现，使学生直接面对任务，迎接智力、情感和技能的挑战。在完成真实学习任务的过程中考查学生，通过完成真实情境中的真实任务，学生所表现出或反映出来的东西也是他们真正学到的东西，因而是可靠的、真实的。

其次，评价方式的真实性。真实性评价使用表现性评价和档案袋评价等多种质性评价方式。这种评价方式直接考查学生的真实表现，收集有关学生发展的直接信息，这种信息是真实性的，因为可以直接向教育者和公众展示可观测的学习成果。没有使用孤立的数字，一定程度上避免了传统测验对学生的评价偏见。

最后，真实性评价不用唯一的标准来限定学生的答案，而要求学生能在复杂的任务中进行思考、辨析、梳理和证实自己的观点，可以使学生全方位地表达已经掌握的知识和技能，创造性地完成任务，这是问题解决过程和批判性思维过程，而非对文本知识的记忆和复制，这样的评价才能真实地反映被评价者的学习、成长和进步。

2. 过程性

过程性评价是相对终结性评价而言的，是通过系统的资料搜集和分析整理，对教学过程及其效果做出价值判断，过程的重要性在于学生问题解决的综合能力，如高层思考能力、反思能力、合作能力、信息搜集能力和创造力等，都必然在评价过程中展现出来，而作品则是各种能力综合作用的结果。

在真实性评价中，评价任务同时也是学习任务，评价被自然地包含在学习过程中，实现了课程、教学和评价的整合，评价过程会持续较长的时间。在评价过程中，学生要综合运用掌握的知识技能去思考问题、解决问题、完成任务，也可以通过评价及时检查课程目标达到的程度。可见，过程和作品都是真实性评价的重点。

3. 人本性

真实性评价是“以人为本”的评价。第一，真实性评价中，学生有更多的自主权，因为真实性评价重视学生参与评价。学生成为评价活动的积极参与者，而不是被动考试者，他们会更多地投入设计自己的评价任务和评价过程，自己建构和反应，有更多的自主权去选择要调查的主题、方法以及评价技术。第二，真实性评价和真实性任务所使用的是以学习者为中心的教学方法。这种评价方法尊重学生个性和个体间的差异性，将包括有特殊需要的学生在内的活动与常规的教育环境很好地协调起来，有助于测量每个学生的学习过程、学习结果以及学习进步情况。同时清楚地告诉学生，不同背景的学生有不同的成功标准，将不同成功标准与学生对其进步情况的反思结合起来，激励学生更积极地投入学习，创造出高质量的作品，因此真实性评价是以人为本的评价。第三，真实性评价活动展示的是学生能够做什么，而不是强化他们的弱点，目的是通过评价促使学生将自己的能力最好地、真实地展示出来，体现出评价对人的尊重。

4. 发展性

真实性评价提供了基于真实性任务的真实挑战，随着学习和评价的发展，其间出现的一些课本上找不到的新挑战和问题，需要学生开动脑筋进行积极的思考，这一过程涉及许多不同的知识和技能。比如，学习可能涉及查找相关文献资料、访谈、制图、实验以及制造产品等一系列活动，评价鼓励学生分析、综合、运用等高级思维技能。因此，评价也将与这些技能的发展相关。学生通过真实性评价对自己的技能发展进行调整和监控，并接受任务挑战，发挥自身的批判意识和创新意识。其结果是，真实性评价经常会促使学生产生多种解决问题的方法。

另外，真实性评价采用的是标准参照评价，而非常模参照评价，评价的目的不只是对过去学习情况的监测，而是了解学生的能力和不足，为学生今后的发展提供支持性信息。因为真实性评价要求在进行学习活动前就向学生提供一系列的评价标准，使学生在开始评价之前就能够理解评价标准，主动使用和对照评价标准对自己的表现和行为做出自我评价和反思，寻找自己和标准之间的差距，明确方向，改进不足。

（三）综合实践活动课程的评价

郭元祥提倡用发展性评价统领综合实践活动的学生评价，在理念上首先要重视对学生活动过程的行为表现进行整体评价，使课程、教学和评价形成统一体；其次强调评价方式多元，避免将评价简化成分数或等级；最后要关注过程兼顾结果，不管学生得出的结论是否正确，只要学生经历了活动过程，获得了经验和体验，都应肯定学生付出的努力，给予积极的评价。李树培比较了几种不同的评价思路，指出在综合实践活动的学生评价中要处理好四对矛盾，才能厘清评价思路。一是处理好过程评价与结果评价的关系，兼顾两者；二是处理好质性评价和量化评价的关系，根据评价对象和内容选择恰当的评价方法，不应过多采用量化评价法，采用描述、展示交流等质性方法较为适宜；三是处理好外在评价与内在评价的关系，外在评价者要在深入了解的基础上做出评价，内在评价者也要以平常心看待他人对自己的评价，独立做出选择与判断；四是处理好认知评价和人格发展评价的关系，关注的重点不在于学生学会了多少知识，而在于学生人格发展是否健全和谐，是否培养了良好的个性品质。王薇认为其是动态生成的，要进行过程性评价，强调随时性；再是有真实情境的，要立足于真实的活动情境；接着是评价内容要重视学生体验的过程和能力的培养，评价主体从教师和同学扩展到家庭和社会；最后是尊重差异的，要根据学生的实际确定评价标准。

（四）综合评估方法

在实施的过程中，具体使用德尔菲法凝聚研究主题，并确定研究工具，利用问卷调查法获得一手的调查数据，并基于调查数据进行系统性的分析论证。

1. 德尔菲法

德尔菲法（DelphiMethod）又叫作专家咨询法或者专家调查法，是一种由权威专家对某一研究的指标、维度或权重进行匿名反馈的方法。在人文社科领域的研究中该方法得到了广泛的应用。此方法的总体应用流程是：首先，需要就某一主题邀请该领域内权威的、可靠的专家进行意见征询，由专家对该主题研究的展开给予意见；其次，收集到所有专家的意见后，整理并进行梳理和分析，根据相关意见对最初的研究设想进行修订，进一步聚焦研究主题和研究思路；再次，将修订后的研究设想匿名反馈给各位专家，再次征询并收集专家的相关意见，并对研究设想或设计进行不断地修订，如此循环往复；最后，在征询过多轮专家意见后，专家的意见达成一致，再无新增的修订意见，则最终完成研究计划的设计。德尔菲法的关键在于专家的权威性。在本研究中，课题组为了论证“基于师生双主体的小学综合实践课程评价体系”研究设计，邀请了小学一线的名师6位（均为高级职称）和省内高校关于小学教育方向的专家8位（均为高级职称）组成权威的专家组，请各位专家对《基于师生双主体的小学综合实践课程评价体系》中的指标和维度提出修订意见，并对各维度指标进行赋值和取舍，通过三轮的删除、修订以及补充新的对应指标，完善了本研究最核心的评价量表。在此过程中，课题组充分兼顾和吸收了一线学校的实践经验和高校教师的理论高度，使得本课题的指标和维度设计有了较高的科学性和合理性。

2. 问卷调查法

本研究所用问卷评价法，是基于CIPP理论而开发的，在验证其科学性的基础上，使用此《基于师生双主体的综合实践活动课程评价表》对本校综合实践活动课程进行测量评价，并基于评价所发现的问题，结合观察法和访谈法所发现的相关问题，对本校的综合实践活动课程进行进一步的优化调整，以使其能够更好地满足本校学生的发展需求。CIPP评价模式包含了对课程的背景评价、输入评价、过程评价、结果评价四个维度。在本课题中，背景评价旨在评价综合实践活动课程建设的环境与相关需求，诊断综合实践活动课程建设可能面临的问题，并提出合理性目标；输入评价旨在评估综合实践活动课程建设所需要的计划和预算等，评估资源投入的情况，为综合实践活动课程的建设提供所需信息；过程评价旨在通过收集综合实践活动课程实施过程中的相关信息来分析可能存在的问题，进而为课程改进提供相关反馈建议；结果评价旨在对综合实践活动课程是否达到预期成果进行评估，为是否继续、停止或改进综合实践活动课程计划而提供相关信息。

三、反馈与调整策略的实施

编者系统梳理并修订了本校的综合实践课程体系，将本校既有的《树尚良垦》《四点半自营店》《童走长征路》《儿童绘本剧场》等综合实践课程置于师生双主体的视野下，基于评价工具的信息反馈，对这些综合实践课程进行了系统的修订和完善。以《树尚良垦》课程为例，介绍具体的评价过程。

（一）课前：进行背景评价

教师在课前通过评价反馈对课程设置和课程目标进行修改。以其中一课为例，同学们对这一堂课的背景评价分值较低，说明学生并不清晰综合实践课的课程目标。基于此，从四个维度出发制订明确的目标。如下表所示：

小学综合实践课程的目标

维度	目标
价值体认	通过亲历等方式形成集体观念，热爱劳动
责任担当	能处理劳动课程中的日常活动，养成自理自立态度
问题解决	在教师的引导下发现并提出自己感兴趣的问题，并将问题转化为研究小课题，努力解决问题
创意体验	通过动手操作实践，初步认识农业知识，如农具等

（二）课中：开展输入评价

为验证《树尚农垦》的课程内容的适切性，结合评价工具，依据模型开展课程实践。本课程内容分为 4 个环节。在课程实践过程中，学生遇到了一些困难和问题，均在实践劳动中得到解决，促进了综合素养的全面发展。

以下以“葫芦兄弟本领大”课程实施过程为例进行介绍。根据葫芦种植劳动过程反馈的问题，在接下来的劳动过程中，教师进一步改进课程内容，优化课程方案。

综合实践课程问题及改进

综合实践课程存在的问题	改进方向和思路
学生缺乏一定的组织性，在实践过程中没有有效利用葫芦种子，造成一定的资源浪费	基地教师和学校教师联合制定劳动课程，学生遵守守则，教师引导学生规范劳动行为
葫芦生长日记记录流于形式和表面，没有仔细观察葫芦的生长过程和生长变化	制定植物成长日记辅助单，规范学生对劳动课程的书面记录行为，引导学生在劳动中养成认真观察的好习惯

（三）课中：及时开展过程评价

基于过程评价，通过观察、记录和反馈教师和学生在课程实施过程中的行为、态度、情感和状态等信息，调整和改进课程实施过程。比如三年级课程中的第一课《葫芦兄弟本领大》，教师可以观察小朋友在种植基地进行活动的参与程度和合作能力；记录小朋友在播撒种子和起架栽培时的操作过程，包括他们如何准备土壤、选择合适的种子、种植方法等。评价表如下表所示。

表 3 综合实践课程评价表

活动内容	评分标准（ABCDE）	自我评价	小组评价
农耕活动	【劳动星】参与综合实践活动的积极性高，能探索出有效的操作方法等 【学习星】掌握活动要求的技能，成果达到活动要求。例如，学会操作农具，熟悉农田作物 【团结星】在小组活动时候，能够做到互帮互助，共同成长		
感悟收获			
教师评语			

除了学生评价，教师也需在每节课开展自我反思性的评价，可从以下几个方面进行：1. 劳动教学准备充分，课程目标明确，过程明了，内容清晰；2. 事先对学生的个性特点和劳动需求进行充分了解；3. 对劳动课堂中教学和活动时间分配合理，劳动课时间不被随意占用；4. 激发学生参与劳动的热情，活跃课堂氛围的能力强；5. 熟悉劳动教学的内容，内容难易程度控制得当；6. 灵活使用多种教学方法，能够有效指导学生参与各种劳动活动；7. 劳动活动开展自然流畅，活动环节创新多样；8. 注重学生劳动价值观引导和劳动习惯培养；9. 时刻关注学生的劳动表现并及时给予适当的评价和反馈。

（四）课后：关注成果评价

基于成果评价，通过对他们的收获和相关信息的反馈评价来判断课程目标是否达成、实施方案是否有效以及可否常态化推广，不仅仅以最终成果作为评价来源与依据。在成果评价中应重点关注学生的收获、教师的专业发展以及课程的实际成果。

在评价学生收获时，应关注他们通过参与考察探究活动所获得的意识和能力的提高，评价指标可以涵盖学生的体验效果和实际成果。例如，在学习测量时，学生可以使用尺子、量杯等工具来测量植物的生长高度。在评价教师的发展时，主要从指导实效和学习提高的角度进行。在评价教师的指导实效时，可以考察他们在活动课程中的指导能力和实际效果。评价教师的学习提高则可以关注其在课程实施过程中的专业知识和能力的提升。例如，教师是否会通过测量和照片等方式，收集小朋友在劳动实践中的成果；

量化和描述小朋友成功播撒种子的情况；鼓励小朋友分享他们的经验和观察等。在课程实际成果评价时，注重整体效果。本课题组主持的综合实践课程实施和评价活动获得了广大师生以及家长的喜爱和支持。教师积极带领学生们动手实践、感受田间劳作的乐趣，丰富孩子们的成长体验，感受劳动的快乐。

第二节　小学劳动教育成果展示与评估

一、学生作品展示与评价

学习评价是综合实践课堂中必不可少的环节，但评价普遍重视学生作品而轻视创作过程。最新的课程改革强调教学评价不仅要通过作业来评价学生学习的结果，更需要评价学生在学习过程中的表现。过程性评价的理念基础倾向于发展性评价，是包括学习动机、过程和效果在内的、有机的、全方位的评价。

（一）国内关于过程性评价的研究现状

新一轮课程改革提倡过程性评价，众多一线教师也在教学中践行了过程性评价。随着课程改革、评价观念的转变，各领域学者对于过程性评价的研究逐渐深入。在中国知网中搜索“过程性评价”这个词条，有 1368 条结果，从发表年度趋势图来看，2007 年前较少学者进行研究，从 2007 年开始增加，2017 年至今呈大幅度上升趋势。然而，“过程性评价”还没有一个清晰的界定，国内高凌飚教授对于过程性评价有深入的研究，在《关于过程性评价的思考》一文中，他根据国内的文献和实践总结出三种主流观点并总结阐述了自己的见解。

第一种观点是以“过程性观察为主”的评价，评价的内容是学生的认知学习过程，强调过程性评价是对心理学意义上的、微观的学习过程的评价。

第二种观点是提倡对学生学习过程中的情感、态度、价值观做出评价。在综合实践教学中典型的方法有“学习档案袋”和“课程学习单”，这一观念摈弃了以往的“以分数论英雄”，强调对非智力因素的重视。

第三种观点认为过程性评价是“在教育、教学活动的计划实施过程中，为了解动态过程的效果，及时反馈信息，及时进行调节，使计划和方案得到完善，以便顺利达到预期的目的”而进行的评价。这一观念实际上是从 20 世纪五六十年代在欧美发展起来的，将较长的学习阶段划分为较短的章节，具体方法是在每节课进行小测试和练习，所重视的仍然是对学习效果的评价，并不重视学生在学习过程中的发展，不符合新课程中的理念导向。

高凌飚教授结合以往观点归纳出，过程性评价的理念基础倾向于发展性评价，是包括学习动机、过程和效果在内的、有机的和全方位的评价。在课程实施的过程中对学生的学习进行评价的方法，在评价主体上不仅教师可以进行评价，学生也可以自评和互评。

（二）过程性评价在劳动教育中的特点

1.“过程性评价”是一种内部的评价方式

外部评价一般是正式的、权威性的评价，通常称为总结性评价或者终结性评价，在教学结束后对教学目标、教学方法和教学结果所做出的总结性评价。这类评价在教学中一般反映为课后的作业打分。但通过长期一线教学发现，作业打分的方式更多的是有助于教师在期末时统计每位学生的成绩，劳动课与大多数文化课不同，它没有具体的对错之分，当学生看到自己的分数后并不能很好地判断出自己应该在哪一方面进行提高，所以打分数对于促进学生的能力发展效果微乎其微。这类型的评价方式对劳动教学只能起到宏观调控的作用，难以具体到教学方式、教学方法应该如何改进。过程性评价就是一种内部的评价方式，评价者是参与教学活动的人，包括教师、创作者和欣赏者。这种评价方式是从教师与学生的互动中来的，在教学的过程中直接进行评价，当评价者为教师时，学生可以及时并且明确地接收到教师的建议，学生还可以与教师进行沟通改进。当评价者为学生时，从同龄人的角度能更好地将自己的建议给到被评价者，进行相互学习。

2.“过程性评价”的方法具有多样性

劳动教育与语文、数学等科目相比更加灵活和多变，其作品也具有多样性，这就意味着单一的评价方法不能满足于劳动教育的课堂。总结性评价一般有基本的规范、严密的逻辑、具体的操作程序以及步骤、在一定的时间内完成作品或者测试，对于劳动教育来说不能完全否认它的价值，毕竟这是学生期末成绩评定中相对公平、便捷、有效的一种评价方式，但应对复杂多变的实践课堂，还是需要添加过程性评价，小学劳动课程没有升学的压力，但劳育作为全面发展中必不可少的组成部分，要求教师在评价的内容上不仅要涉及知识与技能，更要注重对过程、态度、动机以及价值观等多方面的评价。课程性质的原因，在一节45分钟的劳动实践课中，教师的讲授环节控制在15~20分钟内，剩下的20~25分钟留给学生实践创作。在大部分情况下，教师要对学生的表现进行实时评价与回馈，在学生创作作品的时候教师可以使用观察评价法，在班级内进行巡视指导，一方面控制学生的纪律情况，一方面可以及时观察到学生在创作方面遇到的问题，如果发现大部分学生都出现同样的问题，教师可以利用作品展示法，阶段性地展示学生的作品，起到及时反映问题、解决问题的作用。劳动教育课堂中的评价强调实用、有效而不拘泥于形式的规范，因此教师应该抛弃各种正式评价程序上的条条框框，灵活、快速、综合地运用多样化的方法，来发挥评价的作用。

（三）展示作为过程性评价在劳动教育中的教学形式

1.作品展示法

作品展示评价法是劳动教育过程性评价中运用最多的评价方式，在劳动实践课堂中作品最能反映课堂的学习成果，这里的“作品”可以是学生一节课所创作出来的最终成品，也可以是创作过程中的半成品，甚至是课后和学生一起布置的综合性实践展览。采用作品展示评价法时教师要尽可能多地给予学生展示作品、表现自我的机会，除了展示最后的成果，学生还可以介绍自己的创作理念、在完成作品的过程中遇到的问题等。在展示评价的同时，教师要时刻记住学生是评价的主体和对象，评价是为学生更好地学习而服务，是为了促进学生进一步有效学习。在采用作品评价法时不仅要关注到学生作品中的优点，也要指出不足之处，帮助学生取长补短，同时还要重视学生的个性差异，在评价时不能草率地用“好”和“不好”这样的词汇来评判，每个作品都包含了学生丰富的想象和新奇的想法，教师应该正向激励学生，尊重学生间的个性差异。作品展示评价法在课堂中可以分为结尾展示和过程性展示两种。

2. 结尾展示

顾名思义，结尾展示是在课程结束之时展示学生作品的一种形式，随着评价观念的转变，教师不再只展示优秀学生的作品，而采用一种集成性的呈现方式，也就是在课程结束之时集中展示所有学生的作品。作品采用装裱的个别展示，这种方式对于思维灵活的小学生而言就显得略微枯燥，而集成性的展示极大地增加了作品的视觉冲击力，能够提升作品的艺术价值。对于学生而言，这样能发挥评价的激励作用，美国心理学家詹姆斯曾说：“人最本质的需要是渴望被肯定。”展示学生的作品是满足学生成就感的有效手段，当学生看到所有作品都被展示出来时会产生兴奋的状态，这能够提升学生劳动的积极性，有利于促进自身的学习与发展。通过教师的设计，所有的学生都能够在展示中见到自己的作品，有机会体验到创作的成就感，尤其是不善于表达自己的学生，有助于提升他们的自信心，体验劳动的快乐。丰富多样的展示不仅可以激发学生的兴奋感，还能够激发学生再次创作的动机。最后，这样一种方式有利于学生的自我评价和相互评价，所有学生围在展区前更清晰地关注全班学生的作品，进行相互评价时也更有利于对比出其他同学值得自己学习的地方，形成一个有效的评价模式。

3. 过程性展示

过程性展示是指在劳动教育的课堂中阶段性地呈现学生学习成果的展示环节，与一般只存在于课程结尾的最终展示不同，它贯穿于整个教学环节，使课程的结构更清晰，在每一课程的节点上起到承上启下的作用。每一个展示都是对前一阶段学习成果的总结，并且对后续学习内容有所引导。过程性评价中也包含预言评价，适当的预言式评价能给学生强烈的心理暗示，促进教育教学效果的提升，对于学生后续的成果输出有很大的激励作用。

案例：《编草鞋》

年级：小学五年级地点：树人小学授课教师：傅老师

本节课的教学目标是让学生能够运用对称与均衡，了解一些简单易懂的创意和手工制作，进行简单的设计和装饰，还能随意地自由组合，同时明晰“设计”必须具有一定的目的和秩序。教师在整节课上用了两次过程性展示。

第一次展示

展示内容：编制出较为平坦的鞋底

展示意图：解决学生对称与均衡难以把控的问题

这一环节是教师让同学们手工编出一半较为平坦的鞋底，但在巡视过程中老师发现大部分学生编的鞋底疏密不同，从而导致翻边，难以把控对称与均衡。于是老师请了一位学生上台现场编了 2 排，在实践中，师生共同找原因。教师发现了教学环节中一个非常微小的问题，运用一次过程性展示来解决。

第二次展示

展示内容：学生设计的创意鞋面

展示意图：针对学生在创作过程中遇到的问题进行讲解

第二阶段是学生创作最终作品的环节，教师展示了一位学生的半成品，针对大多数同学遇到的设计缺少目的性和秩序性的问题进行讲解，充分反映教师在巡视过程中能就学生创作过程中遇到的问题及时给予反馈，让学生在后续的创作里有改进的方向。

（四）展示和过程性评价其他方法之间的关系

1. 观察评价法

观察评价是劳动教育课堂中使用广泛但是容易被忽视的一种过程性评价方式，它是指教师有目的、有计划地对自然条件下出现的现象进行考察的一种方法。观察法适用于对劳动教学中不易被量化的行为和表现进行评价，例如学生的动机、情感、态度以及价值观等，教师要想有效地使用观察评价法，巡视指导、启发式语言和及时反馈这三点必不可少。《论语》曾言：“不愤不启，不悱不发。”观察评价法可以通过教师的观察来判断出学生知识的掌握程度，巡视指导时发现学生的困难和疑惑，教师不应该直接告知学生如何改正，要利用启发的方式来帮助学生解决遇到的问题。

2. 学习任务单

学习任务单是依据课程目标，为达成学习阶段性目标而设计的课堂学习活动的载体，是教师能够准确有效地交代任务的方式之一。随着评价方法的多样化，任务单也逐渐承载了更多功能，比如在任务单中加入评价，学生可以通过填写任务单学习自我评价与评价他人。但实践中不难发现有些任务单设计得过于复杂，需要学生填与大量文字，耗时较长学生也没有耐心，这样的效果未必好。因此在设计任务单时尽量根据课程的中心节点来设计，在任务单上体现重要的过程，学生不一定要用大量文字来描述，通过画图或者勾选的形式会更加直观且有效。

3. 自评和互评

自评和互评是指学生在评价过程中进行自我评价和相互评价，通常结合展示一起使用。新课标提倡多主体评价方式，评价主体从单一转向多元，评价由单项转向多项，这也是众多一线教师最常使用的评价方式之一。这样的评价方式有利于培养学生的公平公正、客观态度，还能培养学生善于发现他人闪光点，从而不断提高自己、发展自己。学生的自评和互评是展示环节中学生体现个性的重要方式，展示过程中尽量地多让学生来表达自己的看法，学生在互评时要指出优缺点，不仅仅是作品本身的优缺点，还要结合作者本人的介绍、课堂表现等进行评价，不仅教师要改变只关注作品的观念，同样也要引导学生有正确的评价观念。另外，要善于引导学生进行反思，在评价他人可改进之处的同时思考自己能否在这方面更加完善。

4. 学习档案袋

学习档案袋指记录学生劳动实践成长过程的资料夹，其内容包括：学习任务书、研究报告、劳动过程、完成的作品、自我反思与评价表等。一般会在每学期初制作学习档案袋，教师可以以此为基础展开一系列的评价。将每节课展示的东西汇总至学习档案袋中，在课上不仅仅是展示学生最终的作品，还有过程性的展示，这就包括学生的草稿、任务书、任务单等材料。

二、成果展示活动的组织与推广

成果展示是每个主题性综合实践活动学生探究的汇报、显示阶段，是学生综合素养展示的平台。它是学生实践活动作品展示与小结的环节，是师生探究学习和交流的平台，是学生发现自我、欣赏他人的契机，更是下一阶段实践探究、延伸的起点。我们以绍兴市树人小学在劳动教育实践中开展的项目化成果展示活动为例进行探讨。

（一）“劳艺节”“劳动周”系列活动：擦亮成果品牌

2021 年 11 月 24 日，学校承办越城教育教学节之“实践融合”劳动教育专场，同时举办了树人小学教育集团劳动实践基地展示活动。这是学校第一次开展全校性的劳动成果展示活动。

1. 讲座·助发展

课程负责人做了题为《基于“劳动教育 +”的五育融合课程实践探索》的观点报告，学校以陶行知的“行知”思想为指导，开发市级精品课程《树尚良垦》，报告从课程设置、开发、实施、评价、保障等方面详尽介绍了学校扎实开展劳动教育的情况，注重课程体系与劳动教育元素的融合，充分发挥劳动教育的综合育人作用，以跨学科的多元视野，为小学教育注入新的元素，借此撬动“五育”融合发展。

2. 授课·拓视野

学校两位老师分别开展了《水培芽苗菜》和《蔬菜标识我设计》的劳动实践课程。《水培芽苗菜》课上，小培育师们观察了彼此的芽苗菜，在比较中思考、积累经验。小烹饪师们现场收割了松柳芽苗菜，为小试菜员们现场制作了健康美味的拌菜。《蔬菜标识我设计》课堂中，孩子们运用联想与概括的方法了解菜圃标识的特点、设计过程及设计标准，这堂活动课激发了学生热爱劳动、热爱大自然的情感，还通过设计蔬菜标识牌来培养学生的劳动实践能力和创新意识。

3. 实践·做中学

全校各班利用农耕地种得的劳动果实在“蔬菜集市”上售卖，有的通过漂亮的包装提高销量，有的通过吸睛的表演招揽顾客，有的通过有创意的摊位布置吸引来客……同学们热情高涨，干劲十足。活动最后，大家通过星星贴征集赛，最终评出了“摊位优胜奖”“热力销售奖”和“创意销售奖”。

市关工委科普团还为“树尚良垦”劳动实践基地颁发了“劳动小明星”“劳动模范辅导员”和“劳动先进集体”的荣誉称号。

4. 探究·不止步

学校主题性综合实践活动不止步，“枇杷节”“樱桃节”“春日野菜”等实践活动异彩纷呈，一般安排在春秋两季。不同年级通过不同的项目化学习形式，开展劳动学习，展示学习成果。关工委科普团农耕专家从旁指导、点评。

（二）“山海协作”“教共体联谊”：传递劳动之火

为进一步推进“山海协作”工程，推动优势互补、资源共享，学校利用“山海协作”“教共体联谊”将劳动之火传递到结对学校。2023 年 5 月，两校开展了“衢绍手拉手 郑树一家亲”线下联谊活动。两校学生共度两天一夜的美好时光。树小学生带着各自的伙伴开启一场古越研学之旅，乘坐地铁 1 号线，跟着课本游绍兴，亲近鲁迅，走进先贤。在新伙伴家中，两地学生相互展示劳动小技能，切水果、浇花、铺床、洗袜子、煎鸡蛋、煮意面……拉开了一场跨地区的“劳动技能友谊赛”。在树小校园里，开化同学还参与“劳动周”活动，现场烹制了开化美食——炒青蛳、煎汽糕，特色摊位前人头攒动。

（三）“四点半自营店”：辐射劳动成果

非生产劳动教育分为日常生活劳动教育和服务性劳动教育，前者注重在学生个人生活自理中强化劳动自立意识，体验持家之道，这也是学生健康发展、适应社会生活的重要基础；后者具有较强的时代特点，注重利用知识、技能、工具、设备等为他人和社会提供服务，特别是在公益劳动、志愿服务中强化社会责任，培养良好的社会公德。开办“蔬菜自营店”项目正是将日常生活劳动教育与服务性劳动教育相结合的举措。

每周校门口会摆放不同班级的“蔬菜自营店”，将班级劳动所得出售给学生、家长及附近居民，义卖所得全部捐献，既收获了劳动体验，又培养了社会责任感，获得了家长及社会的一致好评。

基于项目式学习构建与实施劳动拓展性课程，学校实现了劳动教育与学校文化的无痕融合，形成了本校特有的课程景象，进而形成了特色鲜明的学校文化气象。通过对项目的探究，学生完成各种具有挑战性的复杂且真实的任务，不仅对知识的本质有了更深刻的认识，而且有利于促进学生未来发展所必备的品格、关键能力的形成，实现核心素养的提升。

三、案例分析：有效评估与成果展示的实践

案例一：

师：本次活动分为三个环节：活动我准备、准备成果我展示、清洁我行动。今天，我们来完成第一个环节——活动我准备。（板贴）准备什么呢？

生：工具。

师：只要准备工具就够了吗？看来，我们得围绕“清洁”开展一次小研究。同学们，你们在平时的清洁过程中有没有遇到过什么问题？或者有何经验心得？我们聊一聊。

（师生对话，奖励劳动星，随机写主题，完成板书）

师：同学们真了不起，提供了这么多有价值的研究内容。其实还有很多内容值得我们去研究。（贴省略号的牌）

——《校园清洁行有我一定行（启动课）》片段

案例二：

师：大家都讨论得差不多了。请各组将方案贴到展板上。汇报前，我们先来看看活动要求。（出示活动要求：①汇报要求：声音响亮，口齿清楚，重点呈现本组项目方案的亮点。②倾听要求：尊重他人，认真倾听，边听边思考哪个项目最值得实施。）开始交流。

（随机三组汇报）

（预设）

师：你们的设想可真完善，那你们具体该怎么做，设计师和大家交流一下？

师：考虑得可真周到。如果方案中增加一份你的设计稿，就更完美了。

师：后勤组长打算如何开展工作？

师：施工员有什么好主意？

师：看来你们要做的工作还真多呢。

师：遇到的困难也设想了。

师：感谢你们的分享。

师：咱们公司的员工真是创意无限！相信这几组的分享一定带给大家很多思考。评评看，你觉得哪个项目最值得推进？

（学生交流）

师：作为公司负责人，我也认为xx项目都值得率先推进，恭喜你们获得授权书！请项目经理上台领取。

（师颁发授权书，生贴在展板上）

师：也希望其他团队不断调整优化方案。我也期待着能尽快为其他团队颁发授权书。

师：为了鼓励大家为公司尽心尽力，我要为每组送上员工福利。赶紧打开看看，信封里藏着什么？

生：工具。

师：都认识这些工具吗？

生：剪刀、卷尺、强力胶、无痕粘钩、小刀、铁丝、榔头、老虎钳、扳手、螺丝刀。

师：想让改进过程更顺利，自然少不了工具的帮忙。你们组的项目可能会用到哪些工具？请贴在方案上。

（小组补充方案）

师：有了这些工具的帮助，相信你们的改进一定能事半功倍。

——《教室用品小改进（启动课）》片段

以上两个案例，教师均在课堂中进行了有效性评价，通过“劳动星”对学生的畅想进行评价，通过颁发“授权书”推进项目的有效开展与成果的展示。指向性有所不同，评价的侧重点也应有所不同。日常生活劳动应侧重丁对卫生习惯，生活能力和自理、自立、自强意识等的评价；生产劳动侧重于对工具使用和技能掌握、劳动价值观、劳动质量意识以及劳动精神等的评价。如果是服务性劳动还应侧重于对服务意识、社会责任感的评价。

积极构建一套科学合理的劳动教育评价体系，发挥评价的育人导向功能是劳动教育不可或缺的重要一环。

首先，学校要对劳动课建立一套评价标准。一节合格的劳动课，要做到教学目标明确、恰当，符合劳动教育规律和学生年龄及身心发展特点，着眼于提高学生的劳动素养；要结合学生实际，围绕教学目标，科学组织教学内容，容量适当，重难点定位准确；教学过程应当面向全体学生，尊重学生主体地位，人人动手、主动操作、积极思考，教师有效发挥劳动教学的组织、示范、指导作用；遵循劳动教学规律和学生身心发展特点，科学有序地推进教学进程；注重培养学生掌握劳动技能，能发现并有效解决问题，提高劳动实践能力；培养学生积极的劳动态度，重视劳动规则、岗位职责和团队协作，关注劳动效率；合理运用信息技术手段辅助教学，科学融合其他学科及生活知识，适时、适度、适宜地体现劳动课程与其他学科的深度融合；达成既定的教学目标，有效突破教学难点，学生的劳动技能掌握较好，劳动任务完成率高，劳动成果质量高，劳动分享效果好。课堂上，教师要情绪饱满，富有感染力，教学语言要简洁准确，富有示范性。

其次，建立学生劳动量化档案，将学生各学段的必修课学习，每学年一次的劳动周和课外劳动总时长，日常生活劳动、生产劳动、服务性劳动总次数进行汇总。结合各年级在劳动观念、劳动能力、劳动精神、劳动习惯和品质等培养方面，对学生的劳动教育过程进行综合评定。健全学生劳动素养评价标准、程序和激励机制，将劳动素养作为学生综合素质评价的重要内容，纳入学生综合素质档案，并将结果作为衡量学生全面发展情况的重要参考。

最后，合理运用多元评价，善用多种评价工具，结合大数据、云平台等科技优势，对劳动教育评价进行有益探索。在劳动课中，教师应当高度重视学生的劳动实践和劳动成果，将总结性劳动评价与过程性实践评价有机结合。应用多元化评价手段，如项目实践、交流对话、技能测试等方式，采用多种评价工具，如劳动任务单、劳动清单、劳动问卷等，制订多维度评价指标内容。同时，还可以采用学生自评、互评、家长评、老师评和服务对象评等多方评价，保障评价的系统性、科学性。

在大数据时代背景下，劳动教育评价需要与时俱进，不断完善评价学生劳动素养的程序、方法与指标，有效利用现代信息技术，实时监测劳动教育评价全过程，认真记录评价内容，充分发挥劳动教育评价的反馈、诊断、激励等育人功能，让劳动教育获得更好的发展，培养出一大批劳动素养高的优质人才。

第三节　学生参与小学劳动教育的反馈与自我评价

一、学生反馈机制的建立与运行

李秉德先生主编的《教学论》把教学的构成要素归为课程、方法、学生、教师、反馈、环境和目的七个方面，其中反馈是劳动教学中的重要构成要素。七个要素的关系示意图如下所示：

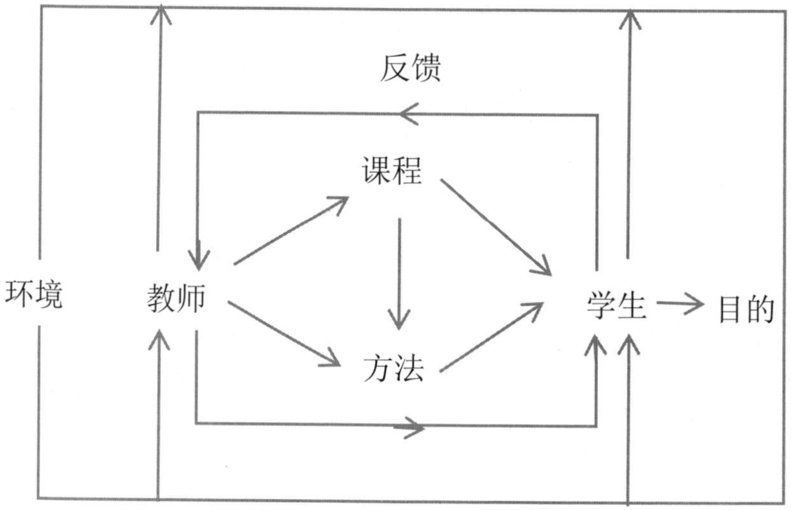

图例说明，“为了达成目的，必须通过课程与方法的中介。这种影响情况究竟如何？目的任务是否完成？或达到什么程度？这就要看从学生方面发回来的信息如何判定”。劳动教学的七个构成要素相互联系，每个环节缺一不可，而反馈作为劳动教学中的重要构成要素，与劳动教学评价相伴而生。刘显国先生曾在《反馈教学论》一书中提出，“评价是反馈的伴生物，是反馈活动的重要组成部分，没有评价的反馈是无效的”，强调了评价和反馈之间是密不可分的关系。教育部于 2001 年 6 月 8 日印发的《基础教育课程改革纲要（试行）》提出：“建立促进学生全面发展的评价体系。评价不仅要关注学生的学业成绩，而且要发现和发展学生多方面的潜能，了解学生发展中的需求，帮助学生认识自我，建立自信。发挥评价的教育功能，促进学生在原有水平上的发展。”国家教育政策强调了要在教学中完善评价体系，评价是反馈中必不可少的环节，更加验证了反馈在劳动教学中的重要性。李秉德先生主编的《教学论》提出：“对于反馈，过去从事教育工作的人也是较少注意的……不承认反馈是教学活动的要素之一，也是对教学活动认识上的片面性的一种表现。”这强调要重视反馈在劳动教学中的重要地位，在劳动教学中运用反馈，突出学生的主体地位，使学生在劳动教学中可以通过反馈充分了解自己在学习中存在的问题并加以改正；教师也能够通过反馈及时、全面地了解学生的学习情况，进行教学调控，进而提高学生的学习效果。

在当前的教学中，因为探究学习、合作学习的倡导，多主体反馈成为教学反馈的主要发展趋势。“新理念下反馈教学中的课堂评价艺术，要求逐渐呈现出多样性与开放性，既有教师对学生的评价，也有学生对教师的评价，还有学生之间互相评价和学生的自我评价”，因此需要在教学中发展多主体的反馈，特别是学生反馈，巨大作用。有实验证明，小学生（特别是男生）非常重视同伴对自己的评价，对他们来说，同伴的评价甚至比教师的评价更能影响自己的行为。早在 2001 年 5 月颁布的《国务院关于基础教育改革与发展的决定》就提出：“开展研究性学习，培养学生提出问题、研究问题、解决问题的能力；鼓励合作学习，促进学生之间相互交流、共同发展。”国家颁布的政策强调了在教学中合作学习的重要性，要提高学生参与合作学习的兴趣，需要增强学生的合作行为，而社会价值取向会影响个体的合作行为，不同社会价值取向的学生参与劳动教学时反馈也会存在差异，在劳动教学中要基于学生存在的个体差异性，充分考虑不同社会价值取向的学生在参与反馈机制时的个性偏好，重视发展多主体反馈，强化学生的主体地位，得到多渠道的反馈信息，促进学生之间的交流，培养合作学习的意识，创造互帮互助的良好学习氛围。而教师在教学中通过师生的相互反馈、学生之间的相互反馈、个体自我反馈等多主体的反馈途径，多方面了解了学生的学习情况和需求，及时地进行教学调控，从而提高劳动教学效果。

（一）基于亲社会取向的学生的教学反馈建议

亲社会取向型的学生在劳动教学中的反馈水平较高，能够积极主动地参与到劳动教学反馈当中。在引导亲社会取向的学生在良好的反馈水平的基础上，建议采用以下方法进一步提升反馈的质量：教师安排小组比赛，培养亲社会取向的学生合理的竞争意识；引导学生之间主动交流，使得亲社会取向的学生通过观察他人的学习情况，比照自身的不足进行改正，提高教学效果；优化教师的反馈形式，增加给予学生积极的鼓励式反馈，增强学生自信心，提高学生参与反馈的成效。

（二）基于个人主义取向的学生的教学反馈建议

个人主义取向型的学生在劳动教学中反馈水平较低、沟通能力较差。在劳动教学中建议运用以下方法提高个人主义取向学生反馈水平：丰富教学手段，提供合作学习的平台，积极增进学生间的主动交流；培养输送反馈的能力，通常情况下个人主义取向的学生参与教师反馈时主要以接受教师的反馈为主，因此在劳动教学中要培养学生向教师给予反馈的意识，增强其主动学习的意识，从被动地接受转为主动地输出。

（三）基于竞争取向的学生的教学反馈建议

竞争取向型的学生有较强的竞争意识，在劳动教学中参与教师反馈的水平较低，在劳动教学中建议运用以下方法提高竞争取向的学生反馈水平：优化教师反馈的质量，提高学生参与师生反馈的积极性，在劳动教学的过程中教师应积极引导竞争取向的学生参与师生反馈，尤其是给予针对性的反馈，鼓励学生向劳动输送反馈信息；丰富教学手段，运用合作教学方式，采用小组合作的方式，以提高同伴成绩为指标，实行小组评比制，帮助学生获得成功体验，引导学生形成合理的竞争意识；制造团结协作的良好学习氛围，提升竞争取向的学生团结协作的能力，使学生充分体验到劳动的魅力，培养合作意识，激发合作行为。

二、学生自我评价的引导与指导

在当前的小学阶段教育中，教师过分重视终结性评价，以成绩排名作为评价的主要标准。这种评价对于部分努力学习的同学无法做到准确，并不符合素质教育所倡导的“全体性”要求。小学时期，学生身体与心理素质都在快速发展，小学阶段的综合实践教师在教学过程中，除了要提高学生身体素质，还要培养学生对劳动的兴趣。学生自我评价能够体现出学生学习的自主性，学生通过自我评价发现自身进步与不足，提升“自我成就感”，培养终身劳动意识。

小学阶段是学生个性开始形成的重要时期，在这个阶段，学生的大脑神经系统迅速发展，大脑对各种刺激都很敏感，个体的模仿性、可塑性很强。陈福秋在有关小学不同年级听课重点相关研究中曾指出，小学阶段各年级都有关注的重点，一年级听课堂常规，二年级听学习习惯，三年级听师生互动，四年级听语言表达，五年级听自主学习，六年级听思维活动。可以看到，四年级的小学生处于儿童期后期，他们开始从被动学习向主动学习转变，有探索的需求和求知的欲望，遇到问题时能有自己的想法，正在形成自己的价值判断和思考方式，也希望用合适的方式去表达与分享。小学五、六年级的学生已经可以使用自己掌握的学习方法、尝试用自己的学习方式去开展自主学习活动。根据皮亚杰的认知发展理论，小学高年级学生，智力的发展水平正处于形式运算阶段，对于自身行为的评判由依赖外部环境转化为通过内在标准进行调节，这一变化也要求教师在教学过程中采取有效策略，提高学生评价自身行为的能力。小学高年级是小学衔接的关键时期，要了解这一阶段学生自我评价的特征，加强教师指导，培养学生良好的自我评价习惯，为学生日后学习打下基础。

我们在阅读文献及实践中发现，小学阶段，尤其小学高年级学生，在劳动教育中已经具备自我评价能力，但小学阶段处于学生自我意识发展初级阶段，逻辑能力、自我表达能力、发现错误的能力相对欠缺。自我评价是自我意识的重要组成部分之一。现代教育理论所倡导的教学评价是充分发挥教师在评价中的指导作用，提高学生自我评价能力。教师可以在学生自我评价的过程中获得更多的信息反馈，从而对学生知识掌握情况有更加全面的了解，发现集体中普遍存在的问题。在课堂学习中更具有针对性，对优化教学具有重要意义。

（一）发挥教师反馈对学生自我评价的促进作用

威金斯曾提出，“当我试图引起什么，并且信息告诉我正处在正确的轨道上或者需要做出改变时，信息才会反馈”。也就是说，教师进行反馈的重点在于与学生分享学习现状并给与学生后续学习有关的建议，而教师建议的效果，对于反馈的作用也十分重要，如果只是简单说明学生的不足，是无法发挥反馈的真正价值的。教师反馈常常是学生对自我认知结构进行完善的依据。同时，为了提高反馈的作用与效果，不仅应该致力于加强教师反馈的质量，更要提高学生的自我评价能力。小学高年级的学生能够根据相关信息做出相应的自我评价，将自我评价与外部反馈结合起来思考学习活动，对于提升学生自我评价能力和效果至关重要。因此教师在处理评价结果时应与学习目标相结合，了解学生反馈的需求，为学生提供更加有针对性的和更加具体的反馈。

我们在观察中发现，劳动能力本身较强的同学在课堂中更加积极，对操作熟悉，也帮助其有时间思考自身的优缺点和问题，往往能在评价中更加自信；而劳动能力较弱的同学一方面由于纠结于如何完成任务，并无太多精力思考原因，或将任务无法完成主观认为是自己本身能力较弱，未能发现问题的根本原因，另一方面，由于劳动能力弱于同伴产生的自卑心理也导致其自我评价时不够自信，不能完全准确地表达出自身想法。这就要求教师在教学过程中发现劳动能力较低、自信心较弱的同学，在技术及心理上给予帮助，适当予以鼓励，帮助其确定目标。

（二）强化小学生自我评价主体意识

自我评价是自我意识的一种形式。具备自我评价意识说明个体有能力去探究自身行为与目标的差异，从而增强学习动力，能够主动地调整自我向目标方向发展。自我评价是通过对自身行为进行分析而完成的，所以，自我意识是学生自我评价的基础，小学高年级阶段的学生自我意识存在差异，如果学生自我意识不当，例如过高的优越感会导致过高评价自己，或过度的自卑感会导致过低评价自己等。因此，教师需指导学生增强和发展自我分析能力，强化学生自我评价的主体意识。

布鲁姆认为，学生进行自我评价，是学会独立学习的重要标志，具备了自我评价意识和主动性的学生，能够更好地参与学习。新课程改革同样重视评价对象的参与意识和主体意识，所以帮助学生转变观念，主动参与学习过程的评价项目，提升自我评价能力和学习能力，教师需要重视对学生自评意识的培养。首先，激发学生自我评价的兴趣，培养学生学习的成就感，是提高学生自我评价主体意识的关键。班杜拉在自我效能感相关研究中认为，让学生获得更多成功的体验，提升自我效能感，是学生乐于评价的关键。

教师可以根据小学生好胜心强，喜欢自我表现的特点，融入学生自我评价，为学生提供表现自我的机会。让学生畅所欲言，表达自己的想法。教师在教学过程中，将自我评价落到实处，让学生真正地去体验自我评价，在不断尝试中进步，让学生养成自我评价习惯，认为自我评价属于课堂学习的一部分，对于启发学生思考，提高自我评价能力同样十分重要。

此外，要提高学生评价能力，教师应首先更新教育观念，改变错误的教学态度，选择合理有效的评价方法，积极关注学生，善于发现学生的进步表现，客观评价学生，公平对待每一名学生，合理平等地对待优等生和后进生，善于发现每一名学生的闪光点，激发学生自信心，帮助学生正确评价自身，这对学生提高自我评价能力意义重大。

（三）自我评价与学生间互相评价相结合

同伴关系在青少年社会化的过程中发挥着成年人无法替代的作用，同伴间互相比较可以相互获取信息，积极的同伴关系能够帮助青少年获得更多的社会价值、提高青少年社会交往能力，促进健康人格的发展。因此，教师应指导学生与同伴形成良好的关系，使学生在集体间通过与同学的互相评价认识自我和提高自我。自我评价与他人评价总会存在差异，独立的自我评价与他人评价都无法做到真正的客观，这是源于评价本身就具有浓厚的个人价值观色彩。实际上，他人评价也源于他人主观，与自我评价源于自身主观想法一样不够准确，只有将二者结合分析才能发现真正的价值，通过二者的比较，可以发现其中的不同，在思考他人评价与自我评价差异的过程中，寻找差异产生的原因，是了解和完善自我的重要基础，也是提高学生自我评价能力的重要途径。

所以，在课堂中可以增加学生演示环节，让学生互相评价对方的表现。教师在组织教学评价的过程中，应合理利用同伴间互相评价，如指出能力较强同学的缺点，发现能力、水平稍差的同学的优点，这样既可以让先进生发现自身问题，也可以激发后进生的学习兴趣，善于发现同伴的进步以及除自身能力以外的优点，如态度、速度、力量等，不认真地对同伴进行评价，只是敷衍，可能会影响到同伴的自我评价，相应地，同伴对自己的片面评价也会影响到自我评价。引导学生全面评价同学，互相帮助、互相进步，一方面能客观辩证地评价同学，另一方面是能对他人的评价认真反思，不过分骄傲或自卑，对学生的自我评价起到积极的影响。同时在互相评价中发现自身存在的问题，为学生自我评价提供参考，让学生间的联系更加紧密，增强学生劳动学习中的合作能力。

三、反馈与评价结果的应用与改进

在教育教学过程中，课堂教学评价与反馈扮演着至关重要的角色。它不仅帮助教师了解学生的学习情况，还有助于教师及时调整教学策略，更好地满足学生的学习需求。

（一）评价与反馈在教学中的应用

评价与反馈作为教学的指导工具，应当合理使用评价与反馈的信息，从而实现教学过程的优化。首先，评价可以帮助教师了解学生对知识的接受程度和理解深度。通过课堂观察、问题探究等方式，教师可以收集到学生在学习过程中的表现和问题，进而对教学目标的实现情况做出准确评价。其次，评价与反馈有助于教师及时调整教学策略。在教学过程中，如果发现学生对某一知识点理解较为困难，教师可以通过反馈及时调整教学方法，用更加清晰易懂的方式进行讲解，提高学习效果。最后，评价与反馈能够激发学生的学习动力和积极性。积极的反馈可以让学生感受到自己的进步，并激发持续努力的动力，从而更好地实现教学目标。

（二）评价与反馈的改进方法

1. 以理念革新为切入口，智慧开展劳动教育效能评价

劳动教育是一项综合的育人工程，从教育评价的标准和视角看，仅用传统的纸笔测试、数据分析显然是不合适的。因此，在学校层面对劳动教育进行系统化、具象化的评价，需要建立起智慧的劳动教育评价机制，从评价相关的对象、主体、内容、方法等各方面展开研究，确立以评价促改革、以评价促发展的思想观念，以评价激发劳动教育生态建构的活力。从学生个体看，智慧开展劳动教育评价，教师要关注学生参与劳动实践的感性认识、感官体验，也要关注学生在劳动获得感方面的理性思考，要加强学生劳动意愿的持续塑造，注重劳动观念的入脑入心和劳动行为的见行见效评价体系建设。从班集体建设看，学校应注重劳动教育的整体覆盖，兼顾学生文化知识学习指标和班级管理效能，通过抓好班容班貌、营造文化氛围、创新劳动项目等，打造学生创新能力强、教师业务能力优、学校文化特色鲜明的教育场域。从评价主体看，应当明确学生不仅是被评价者，还是主动的评价者。策划、组织、实施劳动教育评价，应注重“整体评价”“因材施评”“程序评价”与“灵活施评”结合，要充分认识到评价的终极目标是学生的全面发展，要重视发挥学生参与劳动评价的智慧性与创造性。从评价内容看，要秉持发展理念，不断更新劳动教育的评价观念，不断深化劳动教育评价的内涵，借助现代信息技术辅助劳动教育智慧评价的开展；要明确评价要点，明晰影响劳动教育质量的关键因素。从评价方法来看，要结合学生发展实际，灵活施加评价，既要在特定情况下适当运用某一评价方法，又要根据具体评价情境，将各种评价方法融通、协调应用。

2. 以表现性评价为抓手，彰显学生在劳动实践中的成长提升

劳动教育是一项系统的育人工程，涉及学生从小到大的成长经历，所以更适合采用能够表现学生成长过程中劳动素养发展情况的表现性评价，以任务参与、成长积分、素养达成等形式表现劳动教育的效果。

劳动任务可由教师设计布置。任务可以由学生个体完成，也可以由学生团队合作完成。任务的完整过程，可包含实施前的教育教学、实施过程中的管理协调和实施后的成果检验与反思改进。教师还可全程介入学生围绕劳动任务所进行的相关知识储备、相关技能发展、相关工具操控等个性化学习过程。对于学生参与劳动实践的表现，可从劳动素养的四个核心要素出发，划分大的水平等级并制订量化评分细则。评分细则分教师角度、学生角度。评价时，教师与学生同时对劳动素养的发展状态进行实时评价，从而使内隐的素养发展外显化、可视化。关于素养的达成与进阶发展，教师可根据学生在劳动实践中所表现出的劳动品质，从劳动观念、劳动能力、劳动习惯和品质、劳动精神等方面进行比较，并尝试给予参考性量化，帮助学生形成参与劳动、收集积分的意识和习惯，由外而内地对学生进行劳动素养的锤炼。综合而言，指向劳动素养培育的表现性评价，应当贯穿劳动育人的全过程，要将学生发展各学段各年龄段的劳动教育达成转变为学生成长全过程的阶段表现的科学评估。

3. 紧跟课改创新形式，评价学生素养水平，促成教学优化

劳动教育是一项具有发展性的育人工程，新时代的劳动教育已经超越了传统意义上的劳动技能教育。对于劳动教育的评价，也应该随着相关课程的建设而不断丰富内涵、创新形式，确定指向素养发展水平的多元评价方式，以确保评价对教学方向的引领和对教学效果的保障。不少地区、学校在劳动教育评价的方式上进行了积极探索，我们综合研究后推荐这样三种操作形式：对学生劳动技能发展给予资格证书评定；将劳动教育纳入学生综合素质评价；预设学期劳动清单，期中期末加以评估验收。

对学生劳动技能发展给予资格证书评定是参考社会从业资格的证书发放模式。通过完成相应学段的劳动任务，学生掌握相应的劳动技能，由学校给予相关项目资格证书，证明其所具备的劳动能力与品质。资格证书的颁发可与学生生涯规划、班级团队活动及学校德育工作相融合。相关证书的获得，可以激励学生拓宽劳动视野、提升劳动技能、涵育劳动素养。将劳动教育纳入学生综合素质评价就是对传统的学生成绩单进行优化，加入劳动项目，评价学生参与劳动实践的具体表现，系统记录学生劳动的过程和成效，并结合审核、公示等，与学生的评先评优有机融合，真正发挥劳动教育评价对教育教学的引导作用。预设学期劳动清单，期中期末加以评估验收的评价方式，主要的意义是可以对劳动教育进行过程评价。劳动清单采用“必做＋选做”模式。必做部分是学生在各学段必须完成的劳动任务，适用于所有学生。选做部分供学生结合自身特长、兴趣爱好、学业时间等，通过与校本课程、研究性学习或社会实践课程融合完成，以问题解决或项目完成的方式加以呈现。这样的劳动教育评价，不仅可以有效评价学生劳动课程的学习情况，而且可评估学生在跨学科知识习得与综合能力发展方面的表现；不仅丰富了劳动教育评价的内容，而且是对劳动教育评价新方式的积极探索。

第七章

小学劳动教育的
课程保障与发展

劳动教育的成功开展需要政府、教育管理部门和学校的紧密协作，以确保学生能够获得全面的劳动教育，培养实际技能和正确的劳动观念。教育管理部门和学校应当积极推动劳动教育的理论体系建设。这包括研究、制定和推广适用于小学生的劳动教育理论框架，以明确教育目标、内容、方法和评估标准。教育管理部门协助学校制订学校劳动教育课程实施计划，确保课程内容的全面性和连贯性。政府可以增加对劳动教育的资源投入，为学校提供所需的劳动教育设施、教材和教具等资源[1]。

1　季晓华．城市小学劳动教育课程实施现状研究[J]．教学与管理，2023（09）：28-32.

第一节　小学劳动教育的组织与管理

劳动教育规划体现在组织与管理，特别是课程组织与管理上。因此除了劳动教育的制度保障之外，学校还需要根据各年龄段学生的身心发展特点，科学构建劳动教育课程体系，这是小学劳动教育组织与管理的重要内容。

一、学校劳动教育的制度保障

影响教师施教的更深层次的力量，应该是促进和维持劳动教育实施的管理制度。因而，劳动教育制度在现行学校劳动教育改革中的突破也是促使劳动教育有效实施的重要因素。

（一）建立劳动教育管理机制

学校内部的协调管理机制对于确保校内各项劳动教育活动的有序展开至关重要。这一机制旨在提供重要的保障，以确保教师能够有效地履行劳动教育的职责，并使学生充分受益。以下是关于协调管理机制的更详细的阐述，以及如何在劳动实践中发挥其作用[2]。

首先，很多学校都将劳动教育的实施职责交给教师，这是因为教师在学生的日常教育中起着至关重要的作用。然而，为了确保劳动教育课程的有效实施，还需要协调规范的部门来协助。协调部门可以是学校领导机构的一部分，也可以是专门负责协调劳动教育活动的团队。他们的角色包括协助教师规划和组织活动，提供支持和资源，解决潜在问题，并确保活动的有序进行。这种协调机制有助于确保教师在劳动教育方面有足够的支持和指导。

同时，为了保证协调管理机制的有效运作，需要营造良好的内部组织环境。这包括建立明确的劳动教育政策和流程，确保所有教职员工都了解其职责和义务。学校可以制定相关政策，明确劳动教育的目标和期望，以及教师和学生在劳动教育中的角色。此外，建立有效的沟通渠道和反馈机制也是至关重要的，以便及时解决问题和改进实践。

教师在开展劳动教育活动前应该进行详细的规划。这包括确定活动的目标、内容、方法和评估方式，特别需要强调活动的育人价值，以确保学生在劳动实践中获得综合素

2　苏君阳．我国学校内部组织管理：科层化与扁平化的冲突和协调［J］．北京师范大学学报（社会科学版），2010（01）：13-20.

养的提升[3]。这意味着劳动教育活动不仅仅是一种技能培训，还包括了对学生品格、价值观和社会责任感的培养。通过将这些元素融入活动，可以确保学生在劳动实践中获得更全面的教育。

总之，协调管理机制在学校内部的劳动教育活动中起着关键作用。通过建立明确的责任分工，提供支持和资源，营造良好的内部组织环境，以及详细规划和融合劳动的教育活动，学校可以确保劳动教育的有效实施，为学生的全面发展提供坚实的基础。这种综合的教育方法有助于培养具备技能、价值观和社会责任感的学生，他们将成为未来的领导者和有益的社会成员。

此外，学校应在劳动教育活动的实施过程中确保主体责任落实到个人。为此，可以设立专门的劳动教育领导小组，该小组将负责协调和监督劳动教育课程及相关活动的全过程[4]。建立和运作劳动教育课程实施领导小组的应做到如下几点：

其一，明确小组成员和职责：学校应明确定义劳动教育领导小组的职责和任务。这可能包括规划劳动教育活动、资源分配、监督与评估、问题解决等。小组成员应包括校领导、学科教师、教育专家和其他关键利益相关者。每个成员的角色和职责也应明确。

其二，科学管理和规划。领导小组应采用科学的方法来规划和管理劳动教育活动。这包括制定明确的教育目标和计划，确保资源的合理分配，制定时间表，以及建立有效的监测和评估机制。这有助于确保活动的有序进行。

其三，全程监督与指导。领导小组的一个关键职责是在劳动教育课程和活动的开展过程中进行全程监督与指导。这包括对教学质量、学生参与度以及活动效果的实时跟踪和评估。小组应为教师提供支持和指导，确保他们能够有效地履行劳动教育的任务。

其四，问题解决和改进。如果在活动过程中出现问题，小组应迅速采取措施解决问题。这可能涉及重新分配资源、调整计划、提供培训和支持，以确保活动能够顺利进行。此外，小组还应该定期评估劳动教育活动的效果，并根据反馈和数据做出改进。

其五，协调管理机制。小组应协调各个相关部门和利益相关者之间的合作。这包括与家长、学生、教育部门和社区合作，以确保劳动教育的全面推进。协调管理机制有助于促进信息共享和资源整合。

其六，建立反馈渠道。学校应建立有效的反馈渠道，以便教师和学生能够提供意见和建议。这可以通过定期会议、问卷调查、焦点小组讨论等方式实现。收集来的反馈将有助于不断改进劳动教育活动。

3　雷丽珠，易骏．综合实践活动视角下的小学劳动教育 [J]．教学与管理，2020（35）：26-28.

4　孙红军．当前劳动教育实施中的突出问题及对策 [J]．小学管理，2022（01）：53-55.

综上所述，设立专门的劳动教育领导小组并强化科学管理是确保劳动教育活动有序展开的关键步骤。这个小组将协调管理机制进行到底，确保活动的质量和效果，并为学生提供有意义的劳动教育经验，帮助他们培养技能、价值观和社会责任感，以更好地迎接未来的挑战。

（二）健全劳动教育课程实施与评价机制

劳动教育的评价制度是实现劳动教育评价的关键部分，唯其如此，才能保证劳动教育课程的实施与改善。而有效的评价需要涵盖多个方面，既包括具体技能和知识，也包括情感、态度以及道德层面的目标[5]。为更全面地反映学生的成长和发展，劳动教育课程实施与评价机制主要包括如下几个方面：

多元化评价机制。首先是劳动教育的评价方式多元化，涵盖多个维度。除了基本的劳动过程以及劳动表现，还应该综合考虑学生的团队合作能力、创造力、责任感、领导潜力等。多元化评价机制可以通过学生参与项目的质量、对任务的积极投入、团队合作表现等来评估。其次，多元化评价机制包括评价主体的多元化。引入自评和同学评价的机制，让学生自己参与评价过程。通过自评，学生可以反思自己在劳动活动中的表现和成长，有助于他们提高自我认知和责任感。同学评价可以帮助学生学会观察和评估他人的工作，培养合作和团队精神。

反馈和改进机制。学校应建立定期的评估机制，以衡量劳动教育课程的效果。这些评估可以包括学生的学业成绩、技能发展、态度和价值观等方面的表现。同时，也应该收集教师和家长的意见，以了解他们对课程的看法。反馈不仅应该点出学生的弱点，还应该强调他们的优点和成就，因为正向反馈可以提高学生的自尊心和自信心，激励他们更努力地学习和改进。基于反馈结果，学校应该制订具体的行动计划来改进劳动教育课程。这可能包括更新课程内容、提供额外支持或资源，或改进教学方法。

教师培训与支持制度。为了有效进行多维度评价，教师需要不断学习和发展相关技能。提供培训、支持和资源可以帮助他们更好地应对评价任务，确保评价不仅仅关注学生的学业成绩，还包括情感、社交和实际技能等多个维度的目标。这有助于建立更全面和综合的劳动教育评价体系。

综上所述，劳动教育评价应该是一个全面的过程，旨在反映学生的技能、知识、情感和道德层面的发展。通过多元化评价方式，具象化情感目标，以及不断改进的反馈机制，学校可以更好地实现劳动教育的培养目标，为学生的综合成长和未来的成功做好准备。

二、学校与社会资源的整合与利用

根据吴刚平教授对课程资源的分类界定，本书将小学和中学劳动教育课程资源划

5　徐丽．校本课程有效评价的实践与研究［J］．基础教育参考，2018（01）：36-37.

分为两类，即素材性课程资源和条件性课程资源。“素材性课程资源的特点是作用于课程，并且能够成为课程的素材或来源……条件性课程资源的特点则是作用于课程却并不是形成课程本身的直接来源，但它在很大程度上决定着课程的实施范围和水平。”[6] 从空间角度来看，无论是在学校内部还是学校外部，这两类课程资源都会包含在内。本书根据这一分类展开对学校与社会劳动教育资源的整合与利用。根据我国劳动教育的分类，劳动教育可以分为日常生活劳动教育、生产劳动教育和社会服务性劳动教育[7]，这三类劳动教育在资源的整合与利用方面各有侧重。

（一）素材性资源的整合与利用

素材性课程资源分为两种主要形式，即非生命载体和生命载体。非生命载体的课程资源包括劳动教育的指导纲要、课程标准，以及承载小学劳动教育课程知识和内容的教材及其他教辅材料，这些资源可以是纸质印刷品或电子音像制品。生命载体则主要涵盖了那些具备劳动教育课程内容、方法和素材的专业人员，如课程专家、研究人员、教育管理者和教师。此外，也包括那些能够提供课程素材的学生、家长、劳动者以及其他社会成员。生命载体还包括劳动教育实施所需的知识、技能、活动方式和方法，以及教师、学生、家长、劳动者和社会成员的生活经验、劳动经验、劳动价值观以及劳模精神等因素[8]。

日常生活劳动教育的素材性课程资源包括了教师、家长以及学生已有的日常生活经验和劳动经验。这些经验可为课程提供丰富的素材，用来向学生传授与日常生活相关的知识和技能。生产劳动教育的素材性课程资源除了教师和家长的职业劳动经验以外，还包括劳动工人和农民的生产劳动经历和经验，同时也涵盖各个生产行业的勤劳工作者所具备的劳模精神和工匠精神。这些资源可以为学生提供实际的生产劳动背景和经验，帮助他们更好地理解和掌握相关知识和技能。服务性劳动教育的素材性课程资源包括了教师、学生、家长、社区工作人员以及各行各业的服务从业人员。这些人员拥有服务劳动领域的知识、经验和感受，同时也具备了劳动精神。这些资源有助于学生学习与服务相关的技能和价值观，以及在服务领域的职业发展方向。

小学劳动教育课程资源的开发与利用需要各方的积极参与和协作[9]。主要可以通过下述方式促进资源的充分利用：一是家长和教师的引导与示范。家长和教师可以扮演引导者的角色，鼓励孩子和学生积极参与社区的劳动教育实践活动，并通过自己的参与示

6　吴刚平．课程资源的理论构想 [J]．教育研究，2001（09）：59-63+71.

7　中共中央 国务院关于全面加强新时代大中小学劳动教育的意见 [EB/OL].（2020-03-20）[2023-4-8].http://www.gov.cn/gongbao/content/2020/content_5501022.htm.

8　赵婉斐．小学劳动教育课程资源开发与利用研究 [D]．广西师范大学，2021.

9　纪世元．区域推进小学劳动课程开发路径探析——基于长三角地区的实践 [J]．现代教育科学，2020(05):122-128.

范正确的劳动态度和行为。二是社区志愿者的计划活动。社区志愿者可以有计划地设计与小学生相关的劳动实践活动，例如植树节等活动，以帮助小学生建立正确的劳动观念。这些志愿者在活动中可以充当导师的角色，传授相关技能和价值观。三是各行各业的劳动者的影响：各行各业的劳动者的工作和态度会无形地影响小学生的劳动观念与价值观。他们可以与学校合作，分享自己的工作经验和劳动精神，为小学生提供宝贵的实际经验。四是社区资源整合。社区应该充分整合各方人力资源，通过组织各种交流活动，如“劳动技能交流会”“劳动故事演讲比赛”和“学习先进劳动模范事迹”，促进资源的交流与共享，形成劳动教育的综合力量。五是社区宣传。社区可以通过宣传活动，如张贴尊重劳动和热爱劳动的宣传标语、发放劳动教育宣传资料、设立劳模事迹墙等方式，加强对劳动价值观的教育。同时，组织小学生成立各种小组，参与社区文化活动，以培养他们的社区责任感和劳动价值观。

通过上述方法，学校和家庭、社会共同努力，创造出良好的劳动教育氛围，有助于小学生的劳动教育更加全面和深入。总之，素材性课程资源从不同角度提供了丰富的内容，为日常生活劳动、生产劳动和服务性劳动的教育提供了有力的支持。

（二）条件性资源的整合与利用

条件性课程资源在劳动教育中扮演着至关重要的角色，为劳动教育的有效实施提供了必要的支持和保障。这些资源包括人力资源、物质资源、制度与文化环境资源，以及时间性资源等，每个资源都在不同层面上对劳动教育产生着直接或间接的影响。本部分主要讨论人力资源和物质资源，因制度与文化环境资源在整合利用方面需要学校的核心领导参与，故另述之。

人力资源方面，主要包括学校领导、教师、学生、家长以及社区成员。其中学校领导在决策、规划和资源分配方面发挥着关键作用。他们需要领导、支持并致力于劳动教育的发展。教师是劳动教育的关键实施者，他们需要具备相关知识和技能，并愿意积极参与劳动教育活动。家长的支持和参与对于学生的劳动教育至关重要，他们可以提供额外的支持和鼓励。社会成员可以为学校提供外部支持，例如志愿者、行业专家等，他们可以为学生提供实际的工作体验和导师指导。学生是劳动教育的受益者，他们需要积极参与、学习、成长，发展相关技能和品格。

物质资源方面，包括教室和教学设备、活动场地、活动材料、实践基地等。其中教室和教学设备指适合劳动教育活动的布局和设备，例如工作台、工具等。活动场地是学校要有合适的场地来进行劳动教育活动，包括户外场地和室内工作坊。活动材料指需要各种材料和工具来支持不同类型的劳动教育活动，这可能包括木材、绳索、绘画材料等。实践基地则是学校可以与社区或产业部门合作，提供实践基地，使学生能够获得实际的工作经验。

综合来看，条件性课程资源是劳动教育的基础，与素材性课程资源一起为学生提供了实践机会，培养了技能和品格，共同促进了学生的全面发展。这些资源的合理分配和充分利用将有助于学校实现劳动教育的培养目标，并为学生未来的成功做好准备。

三、小学劳动教育课程管理的制度与梳理

劳动教育是小学教育中不可或缺的一部分，它旨在培养学生的实践动手能力、劳动意识和团队合作精神。为了有效管理小学劳动教育课程，提高学生的参与度和学习效果，我们需要建立一套科学、合理的制度。本文将介绍小学劳动教育课程管理的制度与梳理，以帮助学校更好地组织和推进劳动教育。

（一）课程目标的确定

劳动教育课程的目标应该明确而具体，以确保学生能够在实践中获得全面发展。我们可以将目标划分为以下几个方面：

1. 培养学生的实践动手能力，提高他们的技能水平。

2. 培养学生的劳动意识和职业道德，使他们明白劳动的价值和意义。

3. 培养学生的团队合作精神，让他们学会与他人合作、协调和沟通。

（二）课程内容的设计

在确定了课程目标之后，我们需要设计相应的课程内容，以满足学生的需求和发展。以下是一些常见的劳动教育课程内容：

1. 实践技能培养：包括手工制作、农作物种植、餐饮服务等，通过实际操作培养学生的动手能力和技能。

2. 劳动知识普及：介绍不同行业的劳动知识，让学生了解各种职业的特点和要求。

3. 劳动伦理教育：培养学生的劳动意识和职业道德，让他们明白劳动的重要性和对社会的贡献。

（三）课程安排与时间分配

为了保证劳动教育的有效开展，我们需要合理安排课程时间，并根据不同年级的特点进行适当的时间分配。以下是一些建议：

1. 制订课程计划

制订劳动课程计划是确保劳动教育顺利开展的重要一步。学校应该根据自身的实

际情况和学生的需求，制订劳动教育课程的整体计划。这个计划应该明确每个学期的课程内容和目标，以便学生能够有条不紊地进行劳动活动。

首先，学校可以考虑学生的年级特点和需求来安排劳动课程。对于低年级的学生，可以安排一些简单的劳动活动，例如清扫教室、整理书本、种植小花园等，以培养他们的动手能力和责任感。而对于高年级的学生，可以安排一些更具挑战性和实用性的劳动活动，例如园艺、维修设备、组织社区服务等，以提高他们的实际操作能力和解决问题的能力。

其次，学校还应该考虑学生的学习负担和其他课程的安排。劳动教育课程的时间应该合理分配，既要确保学生有足够的时间参与劳动活动，又要避免给学生增加过多的负担。可以将劳动课程安排在其他学科课程中或者在课余时间进行，以确保学生能够充分参与并享受劳动的乐趣。

最后，学校还可以根据学生的兴趣和特长来安排劳动课程。例如，对于对艺术感兴趣的学生，可以安排一些与艺术相关的劳动活动，如绘画、雕塑等；对于对科学技术感兴趣的学生，可以安排一些与科学实验或科技创新相关的劳动活动。这样不仅能够激发学生的兴趣，还能够促进他们在特定领域的发展。

2. 年级差异化

根据学生的年级特点，适当调整课程难度和内容，确保每个年级都能够有针对性地进行劳动教育。

由于学生在不同年级的认知能力、兴趣爱好和身体发展等方面存在差异，一刀切的劳动教育课程难以满足每个年级学生的需求。在劳动教育中，应根据学生的年级特点，适当调整课程的难度。对于低年级学生，可以通过简单的手工制作活动来培养他们的动手能力和观察力；对于高年级学生，可以引入一些复杂的实践项目，如科学类的小发明、小创造，小型机械装配、电子电路搭建等，以提高他们的实践能力和创新能力。

不同年级的学生，兴趣爱好和身体发展也存在差异。在劳动教育中，应根据学生的年级特点，适当调整课程的内容。对于低年级学生，可以选择一些简单有趣的劳动活动，如手工制作、植物培育等，以激发他们的兴趣；对于高年级学生，可以引入一些与科技、环保等相关的实践项目，以满足他们对知识的渴望和对社会问题的关注。

为了确保每个年级都能够有针对性地进行劳动教育，需要采取一些措施。首先，教师应了解学生的年级特点，掌握他们的认知能力、兴趣爱好和身体发展情况，以便进行有针对性的教学。其次，学校可以根据学生的年级特点，设计不同的劳动教育课程，满足每个年级学生的需求。最后，学校还可以通过组织劳动教育实践活动，让学生在实践中学习、探索和成长。

3. 时间合理分配

时间合理分配是制订劳动教育课程计划时需要考虑的一个重要因素。学校应该根据学生的学习负担和其他课程的安排，合理分配劳动教育课程的时间，以确保学生有足够的时间参与劳动活动。

首先，学生在不同年级的学习负担是不同的。较高年级的学生可能需要更多的时间来完成学术课程的学习和任务。因此，在制订劳动教育课程计划时，学校应该考虑到这一点，并确保不会给学生增加过多的负担。合理分配劳动教育课程的时间，可以让学生在学业和劳动之间取得平衡，避免压力过度。

其次，学校还需要考虑其他课程的安排。学生在学校里还有其他科目和活动需要参与，如美术、音乐、体育等。这些课程也需要一定的时间和精力投入。因此，学校应该综合考虑学生的整体课程安排，合理分配劳动教育课程的时间，避免与其他课程冲突，确保学生能够充分参与并受益于劳动教育活动。

最后，在时间合理分配的基础上，学校还可以根据学生的实际情况和需求，进一步调整劳动教育课程的时间分配。例如，对于初中生而言，他们可能需要更多的时间来学习基础的劳动技能，如木工、电工等。而对于高中生来说，他们可能更需要更多的时间来进行实际的劳动实践，如社区服务、实习等。因此，学校可以根据学生的年级特点和需求，灵活地安排劳动教育课程的时间，以满足不同年级学生的需求。

总之，时间合理分配是制订劳动教育课程计划时需要考虑的重要因素。通过合理分配劳动教育课程的时间，学校可以确保学生有足够的时间参与劳动活动，促进他们的全面发展。同时，根据学生的年级特点和需求，灵活地调整课程时间分配，可以更好地满足学生的需求，提高劳动教育的效果。

（四）评价与反馈机制

为了评估学生的学习情况和劳动成果，建立一套评价与反馈机制是非常重要的。以下是一些细化和补充的建议。

1. 定期评价

每学期结束时进行一次综合评价，评估学生在劳动教育方面的表现和成果。评价可以包括学生在劳动活动中参与度、技能掌握情况、团队合作能力、创新能力等方面的表现。通过定期评价，学校可以及时了解学生的劳动教育情况，并为他们提供必要的指导和支持。

参与度：评估学生在劳动活动中的积极参与程度。参与度高的学生通常表现出对劳动教育的兴趣和主动性，能够主动参与各种劳动活动，并积极贡献自己的力量。

技能掌握情况：评估学生在劳动技能方面的掌握程度。不同年级的学生可以有不同的劳动技能要求，评价时可以根据学生所学技能的难度和要求，评估他们的技能掌握情况。

团队合作能力：评估学生在团队劳动中的合作能力。劳动教育通常需要学生在团队中合作完成任务，评价时可以考查学生在团队中角色扮演、协作能力、沟通能力等方面的表现。

创新能力：评估学生在劳动中的创新能力。劳动教育不仅仅是简单的重复劳动，还需要学生能够灵活运用所学知识和技能，提出创新的解决方案，评价时可以考查学生在劳动中的创新思维和创造力。

这些维度的选择是基于劳动教育的目标和要求，通过评价这些方面，可以全面了解学生在劳动教育中的表现和成长情况。同时，这些维度也能够帮助学生发展全面的能力，提高他们在劳动教育中的综合素质。

2. 多元评价方式

口头评价：可以通过与学生进行面谈或小组讨论的方式进行。教师可以提出问题，让学生分享他们在劳动教育中的体会、困惑和收获。通过与学生的交流，教师可以了解学生的思考过程、态度和参与度，评估他们在劳动活动中的表现。

书面评价：可以通过学生的作业、报告或反思日记等形式进行。学生可以通过书面作业记录自己在劳动活动中的学习过程、困惑和收获，进行自我评价和反思。教师可以根据学生的书面作业评估他们的学习情况和劳动成果，同时提供指导和建议。

实际成果展示：一种直观的评价方式，学生可以通过展览、演示或报告等方式展示他们在劳动教育中所学到的技能和成果。教师和同学可以观摩和评估学生的展示，了解他们在劳动教育中的实际表现。这种评价方式可以激发学生的创造力和表达能力，同时也能够促进学生之间的交流和学习。

组织评价：学校或教育机构对劳动教育的整体评价。学校可以通过观察劳动教育的组织和管理情况，来评估课程设置的合理性和教师的教学水平。这种评价方式可以帮助学校改进和提高劳动教育的质量，为学生提供更好的学习环境和机会。

同伴评价：学生可以互相评价和反馈对方在劳动教育中的表现。这种评价方式可以促进学生之间的合作和交流，同时也能够培养学生的评价能力和责任感。

自我评价：学生可以对自己在劳动教育中的表现进行评价。通过自我评价，学生可以更加客观地认识自己的优点和不足，制订改进和提高的计划。

通过采用多元评价方式，可以从不同角度来评价学生的学习情况和劳动成果。这样能够更全面地了解学生的学习情况，同时也能够激发学生的学习兴趣和积极性，促进他们在劳动教育中的全面发展。

3. 反馈与鼓励

及时给予学生反馈和鼓励是帮助他们改进和提高的关键。学校可以通过定期的个别反馈或班级讨论的方式，向学生提供关于他们在劳动教育方面的表现的反馈。这些反馈应该具体、明确，并提供改进的建议。

首先，口头表扬是一种简单而有效的鼓励方式。老师可以在课堂上公开表扬学生的优秀表现，称赞他们在劳动教育中的进步和成就。这种表扬可以激发学生的自信心，增强他们对自己能力的认同感。

其次，学校可以设立奖励机制来鼓励学生在劳动教育中的积极参与和优异表现。例如，学校可以设立优秀劳动者的称号，每学期或每学年评选出表现突出的学生，并给予他们奖励和认可，可以是奖状、奖品或其他形式的奖励，以激发学生的积极性和动力。学校还可以设立劳动奖学金制度，以奖励学生在劳动教育中的优异表现。这也为那些在劳动教育中表现出色的学生提供经济上的支持和激励，进一步激发他们的学习兴趣和积极性。

除了以上方式，学校还可以组织劳动成果展示活动，让学生有机会展示他们在劳动教育中所学到的技能和知识。这种展示活动可以是学校内部的展示，也可以是与其他学校或社区的交流活动。通过展示自己的成果，学生可以感受到他们的努力得到了认可和赞赏，从而激发他们对劳动教育的兴趣和热情。

小学劳动教育课程管理的制度与梳理对于学校的劳动教育工作至关重要。通过明确课程目标、设计合理的课程内容、合理安排课程时间以及建立评价与反馈机制，我们可以更好地组织和推进劳动教育，培养学生的实践能力、劳动意识和团队合作精神。相信在这样的制度与管理下，学生们将能够在劳动中快乐成长，为未来的发展打下坚实的基础。

四、小学劳动教育与社会资源的整合与利用

在劳动教育中，学校与社会资源的整合与利用是非常重要的。通过与社区、家庭、“山海协作”、“教共体”、高校、农科院等关键资源的合作，学校可以为学生提供更丰富的劳动教育体验和更广阔的发展空间。

（一）学校可以与社区合作

利用社区资源开展劳动教育活动。社区中有许多实际的劳动场所和项目，例如公园、社区花坛、环境整治等，学校可以与社区合作，让学生参与其中，亲身体验劳动的乐趣

和价值。这不仅可以增强学生的实践能力，还能培养他们的社会责任感和公民意识。

寒暑假，每个班都会组织小队活动让学生参与社会实践，且每个班级不同小队所参加的项目不同。比如社区组织的垃圾分类活动，学生在社区工作人员的带领下，进入小区，走进居民家中宣传垃圾分类的知识，在这一过程中，学生不仅自己梳理了垃圾分类的过程，还对身边的居民进行宣传。

（二）学校与家庭合作也是整合社会资源的重要途径

家庭是孩子成长的重要环境，家长可以在家庭中引导孩子参与劳动，例如家务劳动、庭院绿化等。学校可以与家长进行沟通，共同制订家庭劳动任务，鼓励家长与孩子一起完成，促进家庭与学校的紧密联系，形成家校合作的良好氛围。

在树人小学教育集团所制定的家校联系手册中就有一项“家务劳动”，学生除了完成文化知识类的作业外，还需要进行实践劳动。当然，劳动的内容根据学生的家庭实际情况决定，可以是做饭、洗衣服、洗碗、拖地，也可以是拿快递、遛狗、帮家人组装新到的家具等。学生在劳动的这一过程中，能够主动和家长进行沟通，家庭进行集体劳动有利于营造家庭的和谐氛围。当然，学校对学生的指导，和家长的沟通也强化了家校之间的沟通。

（三）“山海协作”也是整合社会资源的一种方式

学校可以与当地的山区或海岛开展劳动教育交流活动。通过组织学生前往山区或海岛，参与当地的农田耕作、渔业捕捞等劳动活动，让学生亲身体验农耕文化和渔民生活，增强他们的劳动意识和对自然环境的保护意识。

我校和开化的郑家小学有着良好的合作关系。在我校开展“劳动周”期间，我们就邀请了开化镇郑家小学的师生来我校进行特色摊位展示，郑家小学的同学在现场制作甜美糕点和清新菊花茶，不仅让学生现场观摩了不同地区糕点制作的不同方法，还进行了美食品尝和比较。因此，学生能在本次活动中获得启发。后续，我们不仅派教师前往开化进行支教授课，还将组织优秀学生前往开化进行农耕体验、渔业捕捞等跨域实践，从而丰富学生的劳动经验。

学校可以加强与“教共体”、高校和农科院等教育机构的合作。“教共体”是由多所学校组成的教育合作组织，学校可以通过与其他学校的合作，共享资源和经验，开展更多样化的劳动教育活动。同时，学校还可以与高校和农科院等科研机构合作，邀请专业人士来学校进行劳动教育讲座或实践指导，为学生提供更专业的劳动教育内容。

我校的专项劳动社团，就请了农科院的老师给孩子们授课，并且在农耕基地进行实践种植。此外，在农科院老师的带领下，我们还前往农科院进行种植基地的观摩、种植技术的学习，学生在实践活动中收获劳动知识。

综上所述，学校与社会资源的整合与利用对于劳动教育至关重要。通过与社区、家庭、“山海协作”、“教共体”、高校、农科院等关键资源的合作，学校可以为学生提供更广阔的劳动教育平台，培养学生的实践能力、劳动意识和团队合作精神。这种整合与利用的模式将有助于学生全面发展，为他们未来的成长打下坚实的基础。

五、小学劳动教育环境的规划与建设：科创农耕基地建设

劳动教育在小学教育中具有重要地位，为了培养学生的实践能力、劳动意识和团队合作精神，建设一个科创农耕基地是必要的。本文将从基地选址、设施建设、课程设计和评价机制等方面，详细介绍小学劳动教育环境的规划与建设。

劳动教育作为小学教育的重要组成部分，对学生的全面发展至关重要。为了更好地培养学生的实践能力和劳动意识，我们决定规划和建设一个科创农耕基地，为学生提供一个实践劳动的平台。

（一）选址

科创农耕基地的选址是规划与建设的首要任务，应选择一个离学校较近、交通便利、环境优美的地方作为基地。同时，基地应具备一定的面积，以满足学生的实践需求。在选址过程中，我们还需要考虑基地的土壤质量、水源供应等因素，以确保基地的可持续发展。

（二）设施建设

科创农耕基地的设施建设是为了提供良好的劳动教育环境。

首先，我们需要建设一些基础设施，如劳动教室、工具室、储物室等，以提供学生进行实践活动所需的场所并提供工具。

其次，我们可以建设一些特色设施，如农田、花园、养殖区等，以便学生亲身参与农耕活动，了解农业生产的过程。

此外，我们还可以引入一些科技设备，如智能农耕工具、环境监测仪器等，以提高学生的科技创新能力。

（三）课程设计

科创农耕基地的建设需要与课程设计相结合，以确保学生能够在实践中学习到知识和技能。我们可以根据不同年级和学科的特点，设计相应的劳动教育课程。

1. 语文课程

学生可以通过观察植物的生长过程，描述植物的外貌特征和生长变化，写下观察日记，培养他们的观察力和语言表达能力。比如，选择一个农耕经验，写一篇有关农耕的文章，展示他们对农耕知识的理解和运用。

2. 数学课程

学生可以测量土壤的酸碱度、植物的生长速度等数据，并进行数据分析和图表绘制，培养他们的测量和数据处理能力。通过计算种植面积、估算产量等实际问题，学习如何运用数学知识解决农耕相关的计算问题。

3. 英语课程

学生可以学习农作物的名称和特征，并进行口头描述和角色扮演，提高他们的英语口语和交流能力。学生通过英语歌曲和诗歌，表达对农耕劳动的理解和感激之情。

4. 科学课程

学生可以进行植物的种子发芽实验，观察和记录植物的生长过程，了解植物的生命周期和生长需求。学生进行土壤成分和质地的实验，了解土壤对植物生长的影响，以此培养他们的科学实验和观察能力。

5. 美术课程

学生可以观察和描绘农耕基地的自然景物，通过绘画、雕塑等形式表达对农耕理解和情感。设计农耕相关的艺术作品，他们可以展示创造力和审美能力。

6. 音乐课程

学生可以学习农耕相关的音乐，通过演唱和演奏表达对农耕劳动的理解和情感。合作演奏农耕主题的音乐，可以培养他们的合作精神和音乐表达能力。

7. 体育课程

学生可以参与农耕活动，如耕种、种植等体力活动，锻炼身体的同时培养团队合作和领导能力。学生还可以进行与农耕有关的其他活动，如农耕舞蹈、农耕游戏等，提高他们的体能和协作能力。

通过这样的课程设计，学生可以在实践中学习到知识和技能，培养他们的实践能力、创新思维和综合素养。同时，学生也能够更好地理解和体验农耕劳动的重要性，增强他们的劳动意识和社会责任感。为了确保课程的有效性，可以建立一套评价与反馈机制，定期评估学生的学习情况和劳动成果，并提供指导和帮助，帮助他们改进和提高。评价方式可以包括口头评价、书面评价和实际成果展示等，以全面了解学生在劳动教育中的表现和发展。

（四）评价机制

为了评价学生在科创农耕基地的学习成果，我们需要建立一个科学有效的评价机制。评价可以包括学生的实践表现、创新能力、团队合作等方面。我们可以通过观察记录、作品展示、小组讨论等方式来评价学生的学习成果，并及时给予反馈。同时，我们还可以邀请专家或老师进行评价，以确保评价结果的客观性和准确性。

科创农耕基地的规划与建设是小学劳动教育环境的重要组成部分。通过选址、设施建设、课程设计和评价机制的合理规划与建设，我们可以为学生提供一个良好的劳动教育环境，培养他们的实践能力、劳动意识和团队合作精神。希望通过这样的努力，我们能够为学生的全面发展做出更大的贡献。

第二节　小学劳动教育的师资培养与专业发展

一、小学劳动教育教师应具备的专业核心素养

教育部颁布的中小学教师专业标准，明确提出了教师专业素养的三大构成要素：专业知识、专业能力和专业情感。这一标准的设定，旨在全面提升教师队伍的整体素质，确保教育质量。对于劳动教育教师而言，这一标准同样具有指导意义。他们应当紧密围绕这三个维度，构建并提升自身的专业核心素养。在专业知识方面，劳动教育教师需要系统掌握劳动教育的理论与实践知识。在专业能力上，他们需要具备设计与实施劳动课程的能力，能够有效引导学生进行实践操作。而在专业情感上，他们则应热爱教育事业，关心学生成长，以自身的热情和耐心激发学生的兴趣和创造力。通过这三个维度的全面提升，劳动教育教师可以更好地履行教育职责，为学生的全面发展贡献力量。

（一）扎实的劳动教育专业知识

小学劳动教育教师，作为担负培养学生劳动技能与劳动态度的重要角色，其专业素养的高低直接关系到劳动教育的质量与效果。其中，具备扎实的劳动教育专业知识是基础中的基础，这不仅包括现代的教育理念和实践方法，更涵盖了经典的劳动教育理论知识。劳动教育作为马克思主义教育理论一个不可或缺的组成部分，其核心理念在于通过劳动实现个体的全面发展。劳动不仅仅是物质生产的手段，更是个人成长和自我实现的重要途径。因此，劳动教育被赋予了更深远的意义：它不仅是传授技能的过程，更是塑造人格、培养品质的重要环节。

劳动教育的重要性在于，它体现了教育与生产劳动相结合的社会主义教育的根本原则。这一原则强调了教育与实践的紧密联系，鼓励学生在劳动中学习和成长。因此，从事劳动教育的教师，必须对劳动教育的经典理论有深入的理解和掌握。举例来说，教师需要熟悉并掌握马克思主义关于劳动与人的全面发展的理论，理解劳动不仅仅是为了生存，更是为了实现个人的全面发展。这一理论为劳动教育提供了坚实的哲学基础，也为教师的教学实践提供了理论指导。在劳动教育教师的培养与培训过程中，对经典著作、经典理论、经典思想的学习应被置于核心地位。例如，教师可以通过研读马克思主义经典著作，深入理解劳动在人类社会发展中的重要作用，以及劳动与个人全面发展的内在联系。同时，教师还应学习和借鉴国内外劳动教育的成功案例和实践经验，不断丰富和更新自己的教学方法和手段。此外，劳动教育教师还应将所学的经典理论知识与实际应用相结合，不断探索和创新劳动教育的形式和内容。例如，教师可以设计富有创意和实用性的劳动课程，引导学生通过动手实践来体验劳动的乐趣和价值，从而培养他们的劳

动技能和劳动态度。

（二）较强的劳动教育核心能力

小学劳动教育教师的角色远超过传统意义上的知识传授者。他们不仅需要深厚的理论知识，更需具备将理论与实践紧密结合的专业核心能力。劳动教育并非纸上谈兵，而是一种“行动中”的教育，它要求教师在实践中、行动中、学生参与中落实教育理念。这种教育方式可以细分为三种层次：劳动的教育（education of labor），强调对劳动本身的教育意义；在劳动中教育（education in labor），即在具体的劳动实践中进行教育；以及教育为了劳动（education for labor），指教育旨在培养学生未来参与劳动的能力与素养。

劳动教育的鲜明特点之一就是在劳动实践中展开教育活动。这就要求劳动教育教师必须具备出色的组织能力，能够将教育理论有效地融入劳动实践，让学生在亲身体验中学习和成长。这种能力是教师专业核心能力的重要组成部分。美国教育学家舍恩的反思性实践理论为劳动教育提供了有力的理论支撑。该理论鼓励教师在实践中反思、为了实践而反思，并将反思的成果再次应用到实践中。这与劳动教育的核心理念不谋而合，都强调实践的重要性以及实践与理论之间的紧密联系。举例来说，在组织学生参与农耕活动时，劳动教育教师不仅需要了解农耕的基本知识，还需具备将这些知识以学生易于理解的方式传授给他们的能力。同时，教师还需与学生、家长以及其他教育工作者进行有效的协调和沟通，确保活动顺利进行。在活动结束后，教师还需对实践过程进行深入地分析与综合，反思活动中的得失，以便在未来的教学中做出改进。

劳动教育教师的反思实践能力不仅体现在理论与实践的结合上，更表现在他们与劳动参与者的互动中。教师需要倾听学生的声音，理解他们的需求和困惑，从而提供更加有针对性的指导。同时，教师还需对劳动实践进行全面地分析与综合，提炼出有价值的教育经验，为未来的教学提供有益的参考。通过这样的劳动教育过程，教师不仅培养了学生的劳动技能，更重要的是教会了他们如何学习、如何成长。劳动教育不仅仅是技能的传授，更是人格的塑造和价值观的引导。在劳动中，学生学会了坚持、合作、创新和负责，这些品质将伴随他们一生，成为他们不断前行的动力。因此，劳动教育教师的专业核心能力不仅关乎教学质量，更影响着学生的未来发展和人生轨迹。

（三）热爱劳动教育的专业情感

小学劳动教育教师，作为塑造学生劳动观念与态度的关键人物，其专业情感的重要性不言而喻。习近平总书记指出：“要在学生中弘扬劳动精神，教育引导学生崇尚劳动、尊重劳动，懂得劳动最光荣、劳动最崇高、劳动最伟大、劳动最美丽的道理，长大后能够辛勤劳动、诚实劳动、创造性劳动。”这不仅是对学生的期望，更是对教师专业情感的明确要求。

崇尚劳动、尊重劳动、热爱劳动，这些专业情感对于小学劳动教育教师而言，不是简单的口号，而是应该深植于内心的信念。教师是学生成长道路上的引路人，他们的一言一行都会对学生产生深远的影响。因此，教师的专业情感不仅关乎个人修养，更直接影响着学生的劳动价值观的形成。举例说明，一位对劳动充满热情的教师，在组织学生进行手工制作活动时，会自然而然地流露出对劳动的尊重和热爱。他会细心指导学生如何安全使用工具，如何精心制作每一个细节，让学生在亲身体验中感受到劳动的乐趣和价值。这样的教师，不仅能够激发学生的学习兴趣，更能在潜移默化中引导学生形成正确的劳动观念。相反，如果一位教师对劳动缺乏情感，甚至抱有偏见，那么他在教学中就很难传递出劳动的正面价值。这样的教师，即使教学技巧再高超，也难以培养出劳动情感浓厚的学生。因为学生的情感态度往往是从教师那里模仿和学习来的，教师的冷漠或偏见只会让学生对劳动产生误解和抵触。因此，小学劳动教育教师必须拥有崇尚劳动、尊重劳动、热爱劳动的专业情感。这不仅是教师职业素养的重要组成部分，更是培养学生正确劳动价值观的关键所在。教师应该通过自身的言行举止，向学生展示劳动的魅力和价值，引导学生在劳动中发现自我、实现自我。同时，教师还应该不断反思和提升自己的专业情感，确保自己的情感态度能够与时俱进，满足学生成长的需要。

二、小学劳动教育教师培养的突破方向

（一）学校观念上的突破

在当下教育环境中，我们注意到一些小学在劳动教育的认识观念上存在短视和偏见。这种情况必须改变，我们必须尽快统一教育思想，以科学的态度来看待劳动教育的价值。劳动教育不仅有助于培养学生的实践能力，还能增强他们的社会责任感，提升团队协作能力等多方面的素养。为了树立科学的劳动育人观念，我们需要深入理解劳动教育的内涵和目标。劳动教育并非简单的体力劳动，而是通过劳动实践来培养学生的创新精神、问题解决能力和团队合作意识。例如，通过园艺活动，学生可以学习植物的生长周期、土壤管理等知识，同时在实践中体验劳动的乐趣，培养耐心和责任感。此外，真正落实劳动教育在“五育”中的重要地位，我们需要在课程设置、教学安排和资源配置上给予充分的支持。这意味着我们需要将劳动教育纳入课程体系，确保足够的课时，配备专业的教师，并制定科学的教学质量评估标准。例如，学校可以设立劳动教育课程，由经验丰富的教师指导学生进行手工制作、烹饪、园艺等实践活动，让学生在亲身体验中学习和成长。在解决劳动教育进课表的问题上，我们需要制订明确的课程计划和教学目标，确保劳动教育与其他学科教育相互补充、协调发展。同时，为了保障课时，学校应合理安排教学时间，避免劳动教育被边缘化。在配备教师方面，学校应选拔热爱劳动教育、具备专业技能的教师，提供必要的培训和支持，以确保教学质量。

（二）教师认同上的突破

由于多种复杂因素的影响，不少学校的劳动教育教师在对学科专业的认同感上存

在明显的缺失。他们普遍认为，劳动教育并非传统的考试科目，因此在教育体系中似乎并未获得与其重要性相匹配的地位。同时，劳动教育教师在职称评定方面往往面临较大的困难，这也进一步影响了他们对学科的认同感和教学热情。

为了深入理解这一问题，我们首先要认识到劳动教育的独特价值和功能。劳动教育不仅仅是传授技能，更重要的是它有助于培养学生的实践能力、创新精神和团队合作意识。然而，由于当前教育体制对考试成绩的过度关注，非考试科目的劳动教育往往被边缘化，这无疑是对其重要性的忽视。举例来说，在某城市的一所中学里，劳动教育课程虽然被列入了课表，但由于不是考试科目，该课程常被其他主科挤占，甚至有时会被直接取消。劳动教育教师李老师虽然对这门课程充满热情，但面对学校和家长对考试成绩的过度追求，她感到无能为力和沮丧。这样的情况并非个例，很多劳动教育教师都面临着类似的困境。

为了解决这一问题，我们必须采取切实有效的措施。首先，教育部门应重新审视劳动教育在整体教育体系中的地位，明确其对学生全面发展的重要作用。通过制定相关政策，提升劳动教育的学科地位，确保其得到足够的重视和资源支持。其次，学校应建立完善的劳动教育课程体系，保障课程的实施和质量。这包括合理安排课时、提供必要的教学设备和材料，以及加强对劳动教育教师的培训和支持。同时，学校还可以通过开展丰富多彩的劳动教育活动，如手工制作、园艺种植等，激发学生的学习兴趣和创造力。此外，为了解决劳动教育教师职称难评的问题，教育部门应完善职称评定机制，确保评定过程公平、公正、公开。同时，可以考虑设立专门的劳动教育教师职称系列，以更好地认可和激励这一群体的工作成果和贡献。

（三）专业发展上的突破

当前，我们不得不正视一个问题：小学劳动教育教师的专业发展，相较于其他学科的教师，显得较为滞后和薄弱。这一现状不仅影响了劳动教育的质量，也制约了劳动教育教师的职业成长。究其原因，一方面是历史和社会环境因素导致的对劳动教育的忽视，另一方面则是针对劳动教育教师的专业培训和教研机会相对较少。

为了更具体地说明这一问题，我们可以从几个方面进行分析。首先，从历史的角度来看，劳动教育在过去并未受到足够的重视，这导致了对劳动教育教师专业发展的忽视。长期以来，教育资源更多地倾斜于传统的主流学科，如数学、语文、英语等，而劳动教育则往往被视为辅助性或选修课程，这无疑限制了劳动教育教师的专业发展空间。其次，从现实的角度来看，目前针对劳动教育教师的培训和教研机会确实有限。许多地区和学校由于缺乏专门的劳动教育培训机构和资源，使得劳动教育教师在寻求专业成长时面临诸多困难。这种现状不仅影响了教师的教学水平提升，也挫伤了他们的职业热情和积极性。

针对这一问题，各级教育管理机构及学校必须及时调整规划，将劳动教育教师的专业发展提上日程。具体而言，可以从以下几个方面着手：一是加大对劳动教育的投入，提高其在教育体系中的地位。通过制定相关政策，明确劳动教育的目标和要求，引导学校和教师重视劳动教育的价值和意义。同时，增加对劳动教育的资金投入，改善教学设施和资源条件，为劳动教育的有效开展提供物质保障。二是建立健全劳动教育教师的培训体系。各级教育管理机构和学校应设立专门的培训机构或平台，为劳动教育教师提供系统化、专业化的培训服务。培训内容应涵盖教学理念、教学方法、课程设计等多个方面，以帮助教师提升专业素养和教学能力。三是加强劳动教育的教研工作。鼓励和支持劳动教育教师开展教学研究活动，探索有效的教学模式和方法。同时，建立劳动教育的教学评价体系，对教师的教学质量进行定期评估和指导，以促进其不断改进和提高。举例来说，某地区教育局就针对劳动教育教师的专业发展问题，制定了一系列具体的措施。他们与当地高校合作，开设了专门针对劳动教育教师的培训课程，同时还定期组织教师进行教学交流和研讨活动。这些举措不仅提升了劳动教育教师的专业素养，也激发了他们的教学热情和创新能力。

（四）评价激励上的突破

为了全面提升小学劳动教育的质量，我们必须重视对劳动教育教师的培养和激励。这不仅关乎教师的个人成长，更影响着学生的全面发展和教育目标的实现。因此，我们需要采取一系列措施来培养小学劳动教育教师，激发他们的育人积极性与创造性，并构建一套科学的评价体系，以确保他们的努力和成果得到应有的认可。

首先，针对劳动教育教师的培养，我们应该设计全面而系统的培训计划。这些计划应该涵盖教学方法、课程设计、学生心理等多个方面，以帮助教师提升专业素养和教学能力。例如，可以组织定期的教研活动，让教师们共同探讨教学中的问题，分享成功的教学案例，从而相互促进，共同提高。

其次，为了激发劳动教育教师的育人积极性和创造性，我们需要为他们提供更多的支持和资源。这包括教学材料的更新和补充、教育技术的引入和应用，以及与教学相关的研究和发展机会。同时，我们还应该鼓励教师尝试新的教学方法和手段，比如项目式学习、情境教学等，以激发学生的学习兴趣和创造力。在完善对劳动教育教师的评价标准、机制和方法方面，我们需要构建一套既能体现学科教育教学特质，又能全面反映教师工作绩效的评价体系。这套体系应该包括课堂教学质量、学生学业成果、教师专业素养和发展等多个维度。通过定期的评价和反馈，我们可以帮助教师了解自己的优点和不足，从而明确改进的方向。为了更具体地说明这一点，我们可以参考某些成功的案例。比如，在某小学，劳动教育教师通过创新的教学方法，引导学生参与校园绿化项目。在这个过程中，学生们不仅学到了劳动技能，还培养了团队合作精神和环保意识。这一成功案例不仅提升了学生的综合素质，也为教师赢得了广泛的赞誉和认可。

最后，为了消除劳动教育教师的后顾之忧，使他们有荣誉感和获得感，我们应该给予他们足够的尊重和支持。这包括提供合理的薪酬待遇、良好的工作环境和职业发展机会。同时，我们还可以通过表彰优秀教师、举办教学经验交流会等方式，让教师感受到自己的价值和成就。

三、小学劳动教育教师的培养与专业发展路径

通过劳动教育，我们的目标是使学生深刻理解和形成马克思主义劳动观，在内心牢固树立劳动最光荣、劳动最崇高、劳动最伟大、劳动最美丽的观念。我们期望学生能深刻体会到劳动是创造美好生活的源泉，认识到劳动的价值并不分贵贱，从而热爱劳动，尊重每一位普通劳动者。同时，我们还希望通过劳动教育，培养学生勤俭、奋斗、创新、奉献的劳动精神，使他们具备满足生存发展需要的基本劳动能力，并在日常生活中形成良好的劳动习惯。然而，当前社会、家庭、学校等多方面的原因，使得一些学龄儿童存在不珍惜劳动成果、不愿意参与劳动，甚至不会劳动的现象。这种现象反映出劳动的独特育人价值在一定程度上被社会忽视，劳动教育在实际教育过程中被淡化、弱化。例如，有些孩子可能因为家庭环境的优越而缺乏参与劳动的机会，导致他们对劳动的价值和意义缺乏直观的认识。为了改变这一现状，我们需要从多个方面入手，引导并帮助青少年提升劳动意识与能力。其中，加强小学劳动教育教师队伍建设显得尤为重要。首先，从教师个体来说，应提升自身的劳动教育意识和能力，通过专业培训和实践经验，使他们能够更好地传授劳动的价值和意义。其次，高校在培养师范生时，应增加劳动教育的课程和实践环节，确保未来的教师们具备足够的劳动教育素养。最后，在职后管理方面，应定期对劳动教育教师进行考核和评价，激励他们不断创新教学方法，提高教学效果。

（一）教师自身：以身作则、树立榜样

从教师个体的角度来说，以身作则、为学生树立模范榜样，是实施劳动教育的关键途径。教师作为学生成长过程中的重要引导者，其言行举止都会对学生产生深远的影响。因此，在劳动教育方面，教师首先要培养自己热爱劳动的情感与参与劳动的能力，这样才能更好地向学生传递劳动的价值和意义。无论是专职的劳动教育教师，还是其他学科的教师，在日常生活和专业的学校教育工作中，都应时刻保持以身作则的原则。身体力行，言行一致，不仅体现在传授知识，更体现在进行劳动教育的实践。例如，在组织学生进行校园绿化活动时，教师不仅要讲解绿化的重要性，更要亲自动手，与学生一同挖坑、植树、浇水，让学生看到教师对待劳动的认真态度，从而激发他们参与劳动的积极性。

劳动教育并不仅仅是课堂上的理论教学，更重要的是通过实践活动来培养学生的劳动技能和劳动精神。在这个过程中，教师的全身心投入和巨大热情是不可或缺的。例如，在劳动教育课上，教师可以设计富有创意和趣味性的劳动任务，如制作手工艺品、

烹饪等，让学生在实践中体验劳动的乐趣和价值。同时，教师在实践过程中要引导学生学会学习，培养他们思考问题的意识和解决问题的能力。好的劳动教育过程，一定是体现在教师与学生交往的过程中，是在学生实践的体验、参与、交往的潜移默化中实现的。例如，在一次以“环保”为主题的劳动教育活动中，教师可以先通过讲解和展示让学生了解环保的重要性和方法。然后，组织学生分组进行垃圾分类、环保宣传等实践活动。在这个过程中，教师不仅要关注学生的实践成果，更要关注他们在实践中的体验和感受，引导他们深入思考环保问题，并培养他们的环保意识。

此外，教师还可以结合学科特点，将劳动教育融入日常教学。例如，在数学课上，教师可以通过解决实际问题的方式，让学生体验数学在劳动中的应用；在语文课上，教师可以通过讲解描写劳动场景的文学作品，引导学生感受劳动的美和艰辛。如此，学生在学习知识的同时，也能深刻理解劳动的意义和价值。

（二）高等院校：课程设计、专业培育

随着新时代教育改革的不断深化，劳动教育作为全面培养学生综合素质的重要环节，日益受到社会各界的关注。然而，当前小学劳动教育的实施面临着专业化师资匮乏的严峻挑战。为了有效解决这一问题，我们有必要在本科师范生和教育专业硕士学位专业目录中设置劳动教育专业或者明确劳动教育方向。目前，小学阶段的综合实践活动课程、通用技术课程以及班主任工作，都对教师的劳动教育素养提出了较高的要求。但在高校师范专业目录中，我们并未看到与这些需求相对应的专业设置。通用技术专业、专门的劳动教育专业以及针对班主任工作的专业培养，在现实中都是缺失的。这种缺失直接导致了小学劳动教育师资的专业化水平不足，进而影响了劳动教育课程在小学教育体系中的地位和教育效果。

专业化师资的缺乏，不仅使得劳动教育的实施效果不佳，更可能让学生对劳动教育的价值和意义产生误解。因此，我们迫切需要在高校教师教育专业目录中增设劳动教育专业或者明确劳动教育方向。这样做的目的，不仅是为了培养出一批具备专业知识和技能的小学劳动教育教师，更是为了从根本上提升小学劳动教育的质量，确保其能够真正发挥出应有的育人价值。与此同时，教育部等部门联合发布的《关于加快新时代研究生教育改革发展的意见》为我们提供了新的思路。该意见强调要大力发展专业学位研究生教育，并推动基础学科、应用学科、交叉学科的分类发展。这一政策的出台，为我们探索小学劳动教育师资培养的新路径提供了有力的支持。

在此背景下，我们可以尝试通过劳动科学与教师教育学的交叉融合，来推动小学劳动教育教师的专业化培养。具体而言，可以在课程设置上将劳动科学的基本理论、实践技能与教师教育的专业知识、教学技巧相结合，形成一套完整、系统的培养体系。同时，还可以通过校企合作、实践教学等方式，让学生在实践中深化对劳动教育的理解，提升其实际教学能力。例如，可以设立“劳动科学与教育”这一交叉学科专业，专门培

养既懂劳动科学又具备教育教学能力的小学劳动教育教师。在该专业中，学生将学习到劳动科学的基本理论、劳动技能的培养方法以及教育教学的专业知识。通过系统的学习和实践，他们能够胜任小学劳动教育的教学工作，为推动小学劳动教育的发展贡献力量。

（三）一线学校：强化管理、积极评价

围绕劳动教育学科建设这一核心议题，我们必须深入探讨并加强小学劳动教育教师的管理。劳动教育，作为培养学生实践能力、劳动技能和劳动态度的重要环节，其有效实施离不开专业化、高素质的教师队伍。而为了确保这支队伍的高效运作，建立健全的管理制度显得尤为重要。小学开设劳动教育课程，其本质目的是通过系统的学科建设来提升学生的劳动素养。然而，学科建设并非一蹴而就，它需要一个稳固的支撑体系，其中最为关键的一环便是教师管理。若缺乏针对劳动教育教师的专门管理制度，那么劳动教育的实施效果将大打折扣。

在实际操作中，我们发现许多小学对劳动教育教师的身份定位尚不明确，这导致了管理上的混乱和效率低下。例如，在某些学校，劳动教育教师可能同时承担其他学科的教学任务，这使得他们难以全身心地投入劳动教育的深入研究和教学。此外，由于缺乏专门的职称晋升渠道和进修发展机会，劳动教育教师的职业成长受到限制，这也在一定程度上影响了他们的教学积极性和创新能力。更为严重的是，如果学校没有建立起完善的奖励和惩罚机制，那么劳动教育很可能会流于形式，变得空洞而无实质内容。例如，一些学校可能仅仅将劳动教育作为应付教育部门的检查项目，而没有真正将其融入学生的日常学习。在这种情况下，劳动教育不仅无法发挥其应有的育人功能，反而可能成为教师的额外负担，导致他们对这一学科产生抵触情绪。

为了避免上述情况的发生，我们必须从根本上加强对小学劳动教育教师的管理。首先，要明确劳动教育教师的身份和职责，确保他们能够专注于劳动教育的教学和研究。其次，应建立完善的职称晋升体系，为劳动教育教师提供明确的职业发展路径。例如，可以设立专门的劳动教育教师职称系列，并根据教师的教学成果、科研能力和学生评价等来评定职称等级。同时，我们还应重视劳动教育教师的进修和发展需求。学校可以定期组织教师参加专业培训、学术交流等活动，帮助他们提升教学水平和拓宽知识视野。此外，鼓励教师开展劳动教育相关的课题研究，不仅能提升他们的科研能力，还能为学校劳动教育课程的建设提供有力支持。当然，完善的奖励和惩罚机制也是必不可少的。学校应设立明确的考核标准，对在劳动教育教学中表现突出的教师给予相应的奖励和表彰。这不仅能激发教师的工作热情，还能在校园内营造出积极向上的教学氛围。同时，对于教学态度不端正、教学效果不佳的教师，学校也应及时进行约谈和调整，以确保劳动教育的质量和效果。

第三节　小学劳动教育的资源支持与社会合作

一、小学劳动教育资源的获取与利用

小学劳动教育是培养学生实践能力和劳动意识的重要环节。为了更好地组织和推进劳动教育，学校需要获取和利用各种资源。本文将介绍小学劳动教育资源的获取渠道和利用方法，以帮助其他小学提升劳动教育质量，并探讨与社区、家长、“山海协作”、“教共体”、高校、农科院和青少年活动中心的合作。

（一）资源获取渠道

1. 学校内部资源

学校可以利用自身的资源来支持劳动教育，如校园环境、设施设备和人力资源。校园环境可以提供实践场所，设施设备可以支持学生的实践活动，而教师和校工则是宝贵的人力资源，可以指导学生进行劳动实践。

2. 社区资源

学校可以与社区建立合作关系，获取社区资源来支持劳动教育。社区可能有一些企业、工厂或农场等，可以提供实践机会和实践场所。学校可以与这些单位合作，开展劳动实践活动，让学生亲身参与社区劳动，增强他们的实践能力和社会责任感。

3. 其他外部资源

学校可以借助其他外部资源来丰富劳动教育内容。这些资源包括与劳动教育相关的书籍、视频、网络课程等。学校可以与图书馆、教育机构或在线教育平台合作，获取这些资源，并将其融入劳动教育课程，丰富学生的知识储备。

（二）资源利用方法

1. 整合资源

学校需要对获取到的资源进行整合，形成有机的劳动教育体系。可以根据不同年级和学科设置相应的劳动教育内容，将各种资源有机结合，形成系统性的劳动教育课程。例如教材、教具、实验设备、工具等资源，可以来自学校内部、社区、企业或其他外部机构。学校可以与这些资源提供方建立合作关系，共享资源，以满足劳动教育的需求。

在整合资源的过程中，学校可以根据不同年级和学科的特点，将各种资源有机地结合起来。比如，在语文课程中，可以通过让学生参与写作、演讲等活动，培养他们的表达能力和团队合作精神；在数学课程中，可以通过实际测量和计算等活动，培养学生的观察和逻辑推理能力；在科学课程中，可以通过实验和观察等活动，培养学生的科学探究能力。通过将各种资源有机结合，学校可以形成系统性的劳动教育课程。这样的课程可以涵盖多个学科领域，通过实践学习的方式培养学生的综合能力。例如，学生可以通过参与美术创作、音乐表演、体育运动等活动，培养他们的审美能力、艺术表达能力和身体素质。总之，整合资源是为了将各种资源有机地结合起来，形成系统性的劳动教育课程。这样的课程可以更好地满足学生的学习需求，培养他们的综合能力和实践能力。

2. 制订计划

学校应该制订详细的劳动教育计划，明确每个学期或学年的劳动教育目标和内容安排。计划可以包括不同实践项目的时间分配、师生配合的安排等，确保劳动教育能够有序进行。

确定劳动教育目标：学校需要明确每个学期或学年的劳动教育目标，这可以根据学生的年龄、能力和学科需求来确定。目标可以包括培养学生的实践能力、团队合作精神、创新思维等。

制定内容安排：根据劳动教育目标，学校可以确定具体的内容安排。这包括选择适当的实践项目、课程内容和教学方法。内容安排应该涵盖不同学科领域，以促进综合能力的培养。

时间分配：学校需要合理安排劳动教育的时间，确保每个实践项目都有足够的时间进行。时间分配可以根据实践项目的复杂程度、学科重要性和学生的学习进度来确定。

师生配合的安排：劳动教育需要教师和学生的积极参与和配合。学校可以安排教师担任指导者的角色，指导学生进行实践活动，并提供必要的指导和支持。同时，学生也需要积极参与，完成分配的任务和项目。

以下是劳动教育计划模板（劳动课设计）示例。

学期 / 学年：

劳动教育目标：

内容安排

学科 1：

学科 2：

学科 3：

时间分配

项目 1：

项目 2：

项目 3：

师生配合的安排

教师角色：

学生角色：

备注：

请注意，这只是一个简单的模板示例，实际的劳动教育计划需要根据学校的具体情况进行调整和完善。

3. 培训教师

为了培养劳动教师，提高教师的劳动教育知识能力和水平，我校采取了一系列措施组织相关的培训活动。这些培训活动旨在帮助教师掌握劳动教育的理论知识、实践技能以及资源利用方法，以帮助他们提升教学效果。

首先，学校经常邀请专业的劳动教育专家或教研组成员来进行培训。这些专家分享他们的研究成果和经验，介绍最新的劳动教育理论和实践案例。培训内容包括劳动教育的目标与意义、课程设计与实施、评价与反馈等方面的知识。通过专家的指导，教师可以更好地理解劳动教育的核心概念和教学方法。

其次，学校经常组织教师间的交流与分享活动。这些活动包括教研会、研讨会、观摩课等。教师分享自己在劳动教育中的成功经验和教学案例，互相学习借鉴。通过与同行的交流，教师不断改进自己的教学方法，提高劳动教育的质量。

再次，学校还组织实践培训活动，让教师亲自参与劳动实践。例如，组织教师参观企业或农场，了解不同行业的劳动方式和技能要求。教师还经常参与一些劳动项目，如校园环境美化、手工制作、农作物种植等。通过亲身参与劳动实践，教师可以更深入地理解劳动的重要性，并将这些经验融入自己的教学。

最后，学校建立起持续的评估与反馈机制，以帮助教师改进和提高劳动教育水平。学校定期组织教师进行教学观摩和互评活动，通过互相评价和反馈，教师可以发现自己的不足之处并加以改进。同时，学校还邀请专家对教师的劳动教育进行评价，提供专业的指导和建议。

通过以上培训和支持措施，学校有效地培养劳动教师，提高教师的劳动教育知识能力和水平。这将有助于教师更好地开展劳动教育，培养学生的综合能力和实践技能。

4. 学生参与

学校应该鼓励学生积极参与劳动教育活动，并给予适当的指导和反馈。通过参与实践活动，学生可以亲身体验劳动的乐趣和价值，培养实践能力和劳动意识。

（三）合作与共享资源

1. 与社区合作

与社区建立紧密的合作关系是提高劳动教育质量的重要途径。学校可以与社区建立紧密的合作关系，共享社区资源。通过与社区企业、工厂或农场合作，学校可以为学生提供更多实践机会和实践场所，丰富劳动教育内容。

利用社区资源：学校可以充分利用社区的资源，为学生提供更多的实践场所。例如，学校可以与社区公园合作，组织学生参与公园的环境整治和绿化工作；或者与当地博物馆合作，让学生参与文物保护和展览筹备工作。通过利用社区资源，学生可以接触到不同的劳动实践，培养实际操作能力和创新思维。

社区导师计划：学校可以与社区合作，建立导师计划，邀请社区中的专业人士或有经验的工作者来学校担任导师。导师可以指导学生进行实践项目，分享自己的经验和知识。这种合作可以让学生从实践中学习，并与社区中的专业人士建立联系。

社区劳动教育活动：学校可以与社区合作，组织劳动教育活动。例如，学校可以与社区一起举办义工活动，让学生参与社区服务；或者与社区组织合作，开展社区环境整治活动。这些活动可以帮助学生了解社区的需求，培养他们的社会责任感和团队合作能力。

学校与社区的定期交流与合作：学校应与社区保持定期的交流与合作，了解社区的需求和资源，并根据实际情况进行调整和改进。定期的交流与合作可以促进学校与社区的紧密联系，共同推动劳动教育的发展。

通过与社区建立紧密的合作关系，学校可以为学生提供更多的实践机会和实践场所，丰富劳动教育内容。这种合作不仅可以提高学生的实际操作能力和实践技能，还可以让他们更好地了解社区的需求和发展，培养他们的社会责任感和创新精神。

2. 与家长合作

学校可以积极地与家长合作，共同支持学生的劳动教育。家长可以提供家庭劳动的实践机会，与学校共同制订劳动教育计划，并参与学生的劳动实践活动，促进家校合作与共同发展。

3.“山海协作”

学校可以与山区或海边地区的学校开展劳动教育交流与合作。通过互访、交流学习和共同开展劳动实践活动，学生可以了解不同地区的劳动方式和文化，促进地区间的合作与共同发展。

4.“教共体合作”

学校可以与其他学校组成教育共同体，共享劳动教育资源。通过合作研讨、资源共享和经验交流，学校可以提高劳动教育的质量，共同推进学生的实践能力和劳动意识的培养。

5. 与高校、农科院合作

学校可以与高校、农科院等科研机构合作，共享专业知识和研究成果。这些机构可以为学校提供劳动教育的专业指导和支持，共同开展科研项目和实践活动，提升劳动教育的水平和深度。

6. 与青少年活动中心合作

学校可以与青少年活动中心合作，共同开展劳动教育活动。青少年活动中心通常具有丰富的活动资源和经验，可以为学校提供劳动教育的场所和指导，促进学生的全面发展。

结论：小学劳动教育资源的获取与利用对于提升学生的实践能力和劳动意识至关重要。学校可以通过获取学校内部资源、社区资源和其他外部资源来支持劳动教育，并通过整合资源、制订计划、培训教师和学生参与等方法来有效利用这些资源。同时，与社区、家长、“山海协作”、“教共体”、高校、农科院和青少年活动中心合作可以进一步丰富劳动教育资源，提升劳动教育的质量，培养学生的实践能力、劳动意识和团队合作精神。

二、小学劳动教育与社会合作的模式与案例

小学劳动教育是培养学生实践能力、劳动意识和团队合作精神的重要环节。为了更好地组织和推进劳动教育，与社会合作是一种有效的方式。本文将介绍小学劳动教育与社会合作的模式与案例，希望能为其他小学提供经验和启示。

模式一：社区合作模式

社区合作是小学劳动教育与社会合作的一种常见模式。学校可以与社区的企事业单位、社会组织等建立合作关系，共同开展劳动教育活动。

案例一：清洁环境行动

学校与当地社区环保协会、阳明社区合作，共同策划了一次意义深远的清洁环境行动。该活动旨在让学生自觉维护环境卫生，加强他们的环境保护意识。

活动前，学校教师组织了一场简洁、生动的环境保护讲座。教师向学生传授了垃圾分类、资源回收利用以及环境保护的重要性。学生们专注倾听，翘首以待，期望能亲身参与并践行这些环保理念。

活动中，学生们分成若干小组，在老师的指导下积极参与。他们从社区门口开始，清除地面的纸屑和塑料垃圾。他们学会了识别可回收垃圾、有害垃圾以及普通垃圾，并将其分别放入相应的垃圾袋中。他们的动作熟练而敏捷，丝毫不显初次接触带来的生涩。

活动期间，学生们相互帮助，团结协作，不仅清理了公园中的垃圾，同时也深化了对环境保护的认识。社区居民经过时，对孩子们的辛勤付出表示赞赏，并自觉参与其中，共同清扫垃圾，展示了社区团结一致的精神风貌。

清洁行动完毕后，学生们聚集在一起，做了简要总结。他们回顾了自身的努力和收获，深刻感悟到自己为社区环境做出的贡献。与此同时，他们也进一步激发了保护环境的决心和动力，成为环保事业的坚定支持者。

在小学劳动教育课程中，组织学生参与清洁环境行动，能培养他们的环保意识和责任感。学生们在学校周边的公共区域进行垃圾清理活动，也是一个值得参考的典型案例。学生们分成小组，每个小组负责清理一个特定区域。他们需要佩戴手套和使用工具，如夹子和垃圾袋等，将垃圾收集起来，并将其分类处理。这个活动不仅能让学生们亲身体验到清洁环境的重要性，还能锻炼他们的团队合作能力和实践操作技能。

模式二：企业合作模式

与企业合作是小学劳动教育与社会合作的另一种模式。学校可以与企业建立合作关系，利用企业资源为学生提供劳动教育的机会。

我校每学期都会组织学生与当地企业合作进行职业体验和职业劳动教育。这个项目旨在帮助小学生们更好地了解不同职业，并在实践中提高他们的职业技能与意识。

项目开始之前，学校与企业进行了充分的沟通和协商。最终，来自不同领域的企业代表们热情地加入了这个项目，并为孩子们准备了一系列精彩的职业体验活动。

学生被分成小组，每个小组都有一位企业代表作为导师。导师首先向孩子们介绍自己的职业背景，并简要介绍他们所从事的工作。

一个小组的孩子们参观了一家餐厅，并亲身体验了厨师的工作。他们戴上厨师帽、围裙，跟随厨师学习切菜、烹饪和摆盘的技巧。虽然有些生疏，但孩子们积极投入，尽力掌握这些技能。

另一个小组中，学生们进入了一家印刷公司。他们了解了印刷的流程，并有机会亲自操作打印机。孩子们在导师的指导下，学会了调整打印机设置、选择合适的纸张和墨盒等相关技巧。他们被打印的成果所震撼，深刻体会到了印刷行业的重要性。

此外，还有一些小组体验了销售顾问、建筑师、艺术家等不同职业。孩子们在实践中了解了职业的特点、技能要求和工作环境。他们通过亲身体验，对自己的兴趣与潜力有了更清晰的认识，并开始思考将来的职业发展方向。

整个职业体验项目结束后，学生们聚集在一起进行了简短的总结。他们分享了自己的收获和体验，表达了对企业导师的感谢之情。导师们也对孩子们的积极参与和学习态度给予了高度赞扬。

小学与企业合作的职业体验劳动教育，让学生们更好地了解不同职业，拓宽了他们的职业视野和意识。通过与企业的合作，学生们不仅增加了对现实世界的了解，还培养了职业技能和合作精神。这个案例为其他学校与企业合作开展职业体验项目提供了宝贵的参考，有利于促进学生树立正确的职业观念，为未来的职业发展打下坚实的基础。

案例二：农田体验活动

学校与当地农场合作，组织学生参与农田体验活动。学生们在农场工作人员的指导下，亲自体验种植、浇水、收割等农田劳动。通过这样的活动，学生们不仅了解了农田劳动的辛苦和重要性，还培养了耐心、细心和团队合作精神。

为了让学生更好地了解农业和食物的产生过程，学校组织了农田体验活动。在这个活动中，学生们可以参观农田，了解农作物的生长过程和农民的劳动。他们可以亲自体验种植、浇水、除草等农田劳动，并了解不同季节对农作物的影响。此外，学生们还可以学习如何保护农田环境和合理利用资源，积累农业知识和培养可持续发展意识。

模式三：志愿者合作模式

志愿者合作是小学劳动教育与社会合作的另一种模式。学校可以与志愿者组织合作，让学生参与社会公益活动，培养他们的劳动意识和社会责任感。

案例三：老人陪伴活动

学校与当地养老院合作，组织学生参与老人陪伴活动。学生们定期到养老院，陪伴老人聊天、做游戏，帮助他们解决生活中的小困难。通过这样的活动，学生们不仅学会关心他人，还培养了与人沟通、关爱他人的能力。

学生可以陪伴老人聊天、听他们的故事、为他们提供帮助，比如读报纸、购物等。这个活动不仅能够培养学生关爱和尊重他人的品质，还能够促进跨代交流和理解，让学生们意识到老人对社会的贡献和重要性。

学生与老年人共同参与园艺服务，该活动加强了学生对劳动实践的经验积累。学生们亲身参与土壤的挖掘、草木的修剪、植物的种植等活动，不仅学到了实用的园艺知识与技巧，更加深刻地体验到了劳动的乐趣与成就感。同时，学生们通过与参与者的交流，从老年人所分享的专业建议与珍贵经验中获得了宝贵的收获。

结论：社区合作、企业合作和志愿者合作是常见的合作模式，通过这些模式，学生能够更好地理解劳动的意义，培养团队合作精神。希望这些模式和案例能够为其他小学提供参考和借鉴，推动劳动教育的发展。